Manfred Engeli

Was Gott zusammengefügt hat...

Vom Anfang der Schöpfung an
hat er sie als Mann und Frau geschaffen.
Darum wird ein Mann seinen Vater und seine Mutter verlassen
und seiner Frau anhangen, und die beiden werden ein Fleisch sein.
Also sind sie nicht mehr zwei, sondern sie sind ein Fleisch.
Was nun Gott zusammengefügt hat, soll der Mensch nicht scheiden.

(Markus 10,6–9)

Manfred Engeli

Was Gott zusammengefügt hat …

Ermutigung für die Ehe

n NEUFELD VERLAG

NEUFELD VERLAG

2. Auflage 2024

ISBN 978-3-86256-173-5, Bestell-Nummer 590 173

Die Deutsche Bibliothek verzeichnet diese Publikation in der Deutschen Nationalbibliografie; detaillierte bibliografische Daten sind im Internet über www.dnb.de abrufbar

Lektorat: Dr. Thomas Baumann
Umschlaggestaltung: spoon design, Olaf Johannson
Umschlagabbildung: ivector/Shutterstock.com
Satz: Neufeld Verlag
Herstellung: CPI – Clausen & Bosse, Leck

neufeld-verlag.de

Bleiben Sie auf dem Laufenden:
newsletter.neufeld-verlag.de
neufeld-verlag.de/**blog**
YouTube | Instagram | Facebook | *neufeldverlag*

INHALT

LIEBE LESERIN, LIEBER LESER!

Es gibt viele Bücher über die Ehe von Mann und Frau. Sollte ich der langen Reihe noch eines zufügen; und wenn ja, welche Art von Buch? Ich habe mich für ein Buch entschieden, das die Leserinnen und Leser beim Lesen ansprechen und ihnen praktische Hilfestellungen zur Veränderung geben soll. Es ist die Frucht aus mehr als fünfzig Jahren Ehe mit meiner Frau Fleurette und aus unserem Erleben als Eltern von fünf Kindern. Auch meine Erfahrungen als Psychotherapeut und Eheseelsorger fließen mit ein. In vielen Vorträgen über Ehe, Eheseminaren, Ehewochen und in der Ausbildung von Eheseelsorgern stand ich immer wieder einem selber betroffenen Publikum gegenüber, das auf meine Aussagen reagiert hat. Das hat mein Verständnis der Ehe davor bewahrt, vom Boden der menschlichen Realität abzuheben. Dazu hat auch das Wissen aus meinem Psychologie-Studium und aus meiner Ausbildung in Psychotherapie und in Paar- und Familientherapie beigetragen. Am stärksten geprägt hat mich aber das, was ich in der persönlichen Beziehung zu Gott, in meiner Auseinandersetzung mit der Bibel und als Mitarbeiter Gottes in der Seelsorge erlebt und erkannt habe.[1] So hat sich in mir ein Eheverständnis geformt, das viele Menschen entlastet, ermutigt und ihnen eine neue Perspektive für ihre Ehe gegeben hat; auch Menschen ohne persönlichen Glaubensbezug.

Für mich als Psychologe ist die Bibel ein äußerst interessantes Buch; Gott ist der beste Psychologe, und die Bibel hat eine beeindruckende psychologische Richtigkeit. Das ist nicht erstaunlich: Der Schöpfer kennt sein Geschöpf; er weiß, was dem Menschen gut tut und was ihn zerstört; er weiß auch, wo er Hilfe braucht und welche Hilfe er braucht. Wenn die Psychologie wissenschaftlich vorgeht, kann sie

1 Mehr zu meinem Psychologiestudium und zu meiner seelsorgerlichen Tätigkeit in meinem Buch *Gottes Angebote – Final ausgerichtete Seelsorge*, Cuxhaven 2018[3].

etwas von dem entdecken, was Gott geschaffen hat. Deshalb freue ich mich über die Bibel als außerordentlich psychologisches Buch. Oft bringt sie zentrale Wahrheiten über den Menschen und seine Beziehungen in bildhafter, kurzer Form auf den Punkt.

Viele biblische Texte, die ich anführe, beziehen sich im Kontext, aus dem sie stammen, nicht auf die Ehe. Was aber beispielsweise für die Beziehungen in einer christlichen Gemeinde gilt, hat auch Gültigkeit für die Ehe. Und vieles, das Gott seinem Volk zusagt, dürfen wir auf uns als seine Kinder übertragen. In manchen Psalmen und Berichten über das Leben biblischer Gestalten drückt sich ein typisch menschliches Erleben aus; sie zeigen, wie Gott an diesen Menschen handelt und welche Wege er sie führt. Diese Situationen haben exemplarische Bedeutung für uns.

Obwohl ich in meinen seelsorgerlichen Gesprächen viel Schwäche, Mut- und Hilflosigkeit begegnet bin, ist meine Hoffnungskapazität für menschliche Nöte und schwierige Ehe-Situationen gewachsen. Weshalb ist dem so? In meiner Tätigkeit habe ich Gott, seine Angebote und sein Wirken immer besser kennengelernt: seine große Liebe zu uns Menschen; das, was sein Sohn, Jesus Christus, für uns getan hat; seinen Wunsch, uns Gutes zu tun;[2] und dass das für alle Menschen gilt. Deshalb richtet sich mein Buch auch an Leser und Leserinnen, die Gott fernstehen. Gott will, dass die Ehe von Mann und Frau für alle, die in diesen Bund eintreten, zu einem göttlichen Geschenk wird; er will ihre Ehe gelingen lassen; sie sollen in der Ehe „makarios“[3] und durch die Ehe gesegnet werden.

Wie verändert Gott eine Ehebeziehung? Er beginnt nicht, wie wir uns das oft wünschen, mit der Veränderung des Partners; er beginnt bei uns. Und wie macht er das? Er spricht uns im Herzen durch etwas an, das wir hören, lesen oder erleben. Wenn wir uns auf seinen Anstoß einlassen, führt er uns Schritt für Schritt weiter.[4] Wenn Sie sich für Gottes Impulse während der Lektüre öffnen, wird das geschehen. Er ist in Ihnen am Werk; er will Ihre Grundhaltung verändern und Sie als Person entfalten; er macht Ihnen Angebote; Sie können sich für Neues entschei-

2 In Jeremia 32,41 sagt Gott: *Es soll meine Freude sein, ihnen Gutes zu tun* (LUT).

3 Das griechische Wort bedeutet die höchste Form des Glücks, die Gott uns auf der Erde schenken kann. Mehr dazu in: Manfred Engeli, *Makarios – Der Weg, ein glücklicher Mensch zu werden*, Neudorf bei Luhe 2024[5].

4 Vgl. Bericht 44, S. 176f., und Übersicht 13 „Gott wirkt Wachstum“.

den. Und durch Ihre persönliche Veränderung wird sich auch Ihre Ehebeziehung entwickeln. Falls Sie die Lektüre dafür nutzen wollen, sollten Sie zu Beginn im Anhang den Artikel „Seelsorge an der eigenen Seele“ lesen.

Berichte aus meinen Seelsorge-Gesprächen vertiefen das Gesagte.[5] Sie zeigen oft auch auf, wie es zur Veränderung kommt. In Bereichen, die sehr persönlich geprägt sind (zum Beispiel im Glauben und in der Gottesbeziehung), berichte ich manchmal auch von mir oder von uns als Ehepaar. Die Berichte sind für die Leser und Leserinnen als Anstoß für eine persönliche Beschäftigung mit dem Thema gedacht. Für wichtige Bereiche zeigt eine Übersicht einen Weg der Veränderung auf, der sich in meinem Leben und in der Seelsorge als hilfreich erwiesen hat. Diese Hinweise sind nicht als „Rezepte“, sondern als Anregungen für den persönlichen Veränderungs-Weg gedacht. Wenn Sie sich Gottes Führung anvertrauen, kann er Sie auch andere, Ihrer Situation gemäße Wege führen.

Für eine gewinnbringende persönliche Lektüre ist es gut, wenn Sie verdaubare Portionen machen und ein Lese-Tagebuch führen. Lassen Sie Ihrer Seele und Ihrem Geist Zeit, das Neue aufzunehmen. Wachstum geschieht langsam. Das Buch enthält zudem so viele Anregungen, dass Sie nicht alle umsetzen können. Auf dem Weg, auf dem Gott mit Ihnen unterwegs ist, sind vielleicht jetzt gerade ganz bestimmte Schritte wichtig, und andere sind später dran. Am besten vertrauen Sie dafür auf Gott. Nehmen Sie seine Impulse auf und gehen Sie die Schritte im Gebet, die er in Ihnen anstößt.

Die Lektüre wird besonders gewinnbringend, wenn Sie daraus ein Ehepaar-Projekt machen. Aber auch dann gilt: Die persönliche Auseinandersetzung mit dem Gelesenen hat Vorrang; sie bildet die Grundlage für den Austausch; und die Ehebeziehung wächst am stärksten durch die persönliche Veränderung der Partner. Deshalb spreche ich Sie jeweils zuerst persönlich an, bevor ich einen Anstoß für einen Paar-Austausch gebe.

Und nun, liebe Leserin, lieber Leser, eine gute Lektüre! Sie soll Früchte tragen. Gott hat gute Gedanken über Ihrer Ehe:

Denn ich kenne ja die Gedanken, die ich über euch denke, spricht der HERR,
Gedanken des Friedens und nicht zum Unheil,
um euch Zukunft und Hoffnung zu gewähren.
(Jeremia 29,11; ELB)

5 Einige Berichte habe ich aus dem Buch *Gottes Angebote* übernommen und überarbeitet.

1. DER ANFANG

*Gott, der HERR, sprach: Es ist nicht gut, dass der Mensch allein sei;
ich will ihm eine Hilfe machen, die ihm entspricht.*
(1. Mose 2,18; ELB)

Wenn wir Dinge verstehen wollen, müssen wir oft zum Anfang zurückkehren. Das tut auch Jesus, wenn er über die Ehe spricht: Er bezieht sich auf den Schöpfungsbericht.[6] Dieser offenbart uns Gottes ursprüngliche Gedanken über die Ehe als göttliche Ordnung und lässt die Ziele erkennen, die er für die Ehe auch heute noch hat. Lesen Sie die unten stehenden Ausschnitte aus dem Schöpfungsbericht für sich durch und notieren Sie, was Ihnen auffällt in Bezug auf den Menschen, auf Ihre Person, auf die Ehe im Allgemeinen …

Gott sprach: Lasst uns Menschen machen als unser Bild, uns ähnlich. (1. Mose 1,26)

*7 Da bildete Gott, der HERR, den Menschen aus Staub vom Erdboden
und blies Lebensatem in seine Nase. So wurde der Mensch ein lebendiges Wesen. 8
Dann pflanzte Gott, der HERR, einen Garten in Eden im Osten,
und dort hinein setzte er den Menschen, den er gebildet hatte. …
18 Und Gott, der HERR, sprach: Es ist nicht gut …* [vgl. das Motto]
*21 Da ließ Gott, der HERR, einen Tiefschlaf auf den Menschen fallen, und dieser
schlief ein.
Und er nahm eine von seinen Rippen heraus und schloss die Stelle mit Fleisch.
22 Und Gott, der HERR, machte aus der Rippe, die er vom Menschen genommen
hatte, eine Frau und führte sie dem Menschen zu. 23 Da sprach der Mensch: Diese
endlich ist Gebein von meinem Gebein und Fleisch von meinem Fleisch. Diese soll
Frau [wörtlich Männin] heißen, denn vom Mann ist sie genommen.*

6 Vgl. Matthäus 19,4–6 und Markus 10,6–9.

[24] *Darum verlässt ein Mann seinen Vater und seine Mutter und hängt an seiner Frau, und sie werden ein Fleisch.*
[25] *Und die beiden, der Mensch und seine Frau, waren nackt, und sie schämten sich nicht voreinander.* (1. Mose 2,7–8.18.21–25)

Zu welchen Schlussfolgerungen sind Sie gekommen? Vielleicht haben Sie den Kontrast bemerkt zwischen der Beziehung von Adam und Eva (1. Mose 2,25) und Ihrem eigenen Erleben. In Kapitel 2 werden wir sehen, wie das erste Paar diese paradiesische Beziehung verloren hat. Der Schöpfungsbericht ist so grundlegend für unser Eheverständnis, dass wir einige Aussagen noch besser verstehen wollen: unsere Gottebenbildlichkeit, Einheit und Ergänzung, das Ein-Fleisch-Sein und die Geschlechtlichkeit, den Liebesaustausch, die Ehe als Segensordnung.

1.1. Gottebenbildlichkeit

Gott ist Liebe.[7] Alles an Gott, seine Person und sein ganzes Wesen, ist Liebe; wer Liebe ist, sehnt sich nach Beziehungen. Gott hat uns ihm ähnlich geschaffen. Gottebenbildlichkeit bedeutet, dass wir auf ein Du hin, das heißt für durch Liebe geprägte Beziehungen geschaffen sind. Dies ist unsere Grundbestimmung; die Beziehungen sind das Zentrum des Lebens. Jeder Mensch lebt, ob er das will oder nicht, in drei Beziehungs-Dimensionen: zu Gott hin (oder zu einem Gott-Ersatz), zu den Mitmenschen hin und zu sich selber (Selbstbeziehung). Diese Bestimmung hat Gott mit einem klaren Auftrag verbunden, dem dreifachen Du sollst lieben …:

[36] *„Meister, welches Gebot ist das höchste im Gesetz?“* [37] *Er sagte zu ihm: „Du sollst den Herrn, deinen Gott, lieben mit deinem ganzen Herzen und mit deiner ganzen Seele und mit deinem ganzen Verstand.* [38] *Dies ist das höchste und erste Gebot.*
[39] *Das zweite aber ist ihm gleich: Du sollst deinen Nächsten lieben wie dich selbst.“* (Matthäus 22,36–39)

7 1. Johannes 4,8.

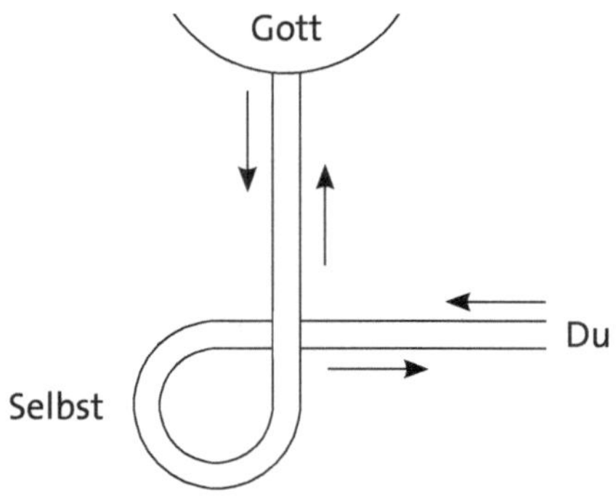

Abb. 1: Der Mensch als Beziehungswesen

Die Liebe in den drei Dimensionen ist unser wichtigster Auftrag; geliebt zu werden unser größtes Bedürfnis. Gott kommt in all dem die Schlüsselstellung zu: Er ist der Ursprung und die Quelle aller Liebe. Abbildung 1 zeigt (vgl. die Pfeile), dass der Liebesdurchfluss im „Röhrensystem der Beziehungen" in beiden Richtungen möglich ist: Das Erleben des Geliebt-Seins durch meine Frau löst in meinem Herzen auch Dankbarkeit und Liebe zu Gott aus. Unser Bedürfnis, geliebt zu werden, ist aber so groß, dass Menschen es nicht stillen können; dafür müssen wir an der Quelle angeschlossen sein. Auch den Auftrag, unsere Nächsten bedingungslos zu lieben, können wir am besten erfüllen, wenn wir Gottes Liebe durch uns hindurch zu ihnen fließen lassen. Die Erfüllung des Liebes-Auftrages hängt also von unserer Beziehung zu Gott ab. Deshalb ist Gott lieben das erste Gebot.

Die Beziehungsdimensionen sind also voneinander abhängig: Die engste Stelle im Röhren-System – sie kann in irgendeiner der drei Dimensionen liegen – bestimmt, wie viel Liebe von Gott her durch uns zum Du fließen kann. Die Aussage von Jesus in Matthäus 22,36–39 weist auf diese Zusammenhänge: Die Selbstliebe scheint das Maß der Nächstenliebe zu bestimmen.

Wie können wir diese Erkenntnisse auf unser Leben und auf unsere Ehe übertragen?

- Von der Schöpfung her sind wir auf eine persönliche Beziehung zu Gott hin angelegt; sie ist die Grundlage für alles andere. Gott will unser erstes Gegenüber sein. Er sagt uns die Stillung unseres großen Liebesbedürfnisses zu: *Die*

Liebe Gottes ist ausgegossen in unsere Herzen durch den Heiligen Geist, der uns gegeben wurde.[8] Aber wie können wir Gottes Liebe empfangen? Bericht 1:

Ein Bekannter hat dafür einen einfachen, kindlichen Weg entdeckt: In seiner morgendlichen Zeit mit Gott legt er sich in seinem Büro auf den Teppich und betet: „Vater, fülle mein Herz jetzt mit deiner Liebe." Und dann wartet er einfach, ohne etwas anderes zu tun, bis er spürt, dass es „blubb-blubb-blubb" macht, wie wenn eine Flasche sich füllt. Dann dankt er Gott dafür, steht auf und geht in seinen Tag hinein. Er hat dabei eine interessante Feststellung gemacht: je nachdem, wie viel Kraft er am Vortag verbraucht hat, dauert es mehr oder weniger lang, bis der Liebes-Tank wieder aufgefüllt ist. Gottes Liebe bewirkt nicht nur Stillung, sie ist auch der Kraftstoff für das, was er uns im Heute zu tun gibt. Wer ohne Gottes Liebe auskommen will, läuft Gefahr auszubrennen.

Gott möge Ihnen zeigen, liebe Leserin, lieber Leser, wie Sie sich Tag für Tag von seiner Liebe stillen lassen können. Wenn Ihr Herz randvoll damit angefüllt ist (so steht es wörtlich in Römer 5,5), fällt es Ihnen leichter, Gott mit Ihrer ganzen Person zu lieben: mit Ihrem Herzen, Ihrer Seele, das heißt Ihrem Fühlen, Denken und Planen, und mit Ihrem Verstand.

► Im doppelten Liebesgebot steht: *Du sollst deinen Nächsten lieben wie dich selbst.*[9] Die Selbstbeziehung ist der Schlüssel zur Nächstenliebe. Man kann nicht mehr Liebe zum Nächsten haben als Liebe zu sich selbst. Walter Trobisch sagt dazu: „Wer sich selbst nicht liebt, ist ein Egoist."[10] Was heißt, sich selber lieben? Wie war das bei Jesus? Jesus lebte in und aus der Liebe des Vaters, er verbrachte viel Zeit mit ihm im Gebet, er ordnete ihm sein ganzes Leben unter. Er wusste um seinen Wert als Person; er hatte weder Minderwertigkeitsgefühle noch Stolz, er war von Herzen demütig.[11] Er lebte in der *Freiheit der Kinder Gottes.*[12] Je tiefer unsere Beziehung zu Gott als Vater also ist, desto besser erkennen wir, wer wir in seinen Augen sind; wir sind uns

---

8 Römer 5,5.

9 Matthäus 22,39.

10 In: Walter Trobisch, *Liebe dich selbst*, Wuppertal 1975, S. 16.

11 Eine auf Jesus zutreffende Definition: Demut ist Gottesfurcht ohne Menschenfurcht.

12 Römer 8,21.

unserer Grenzen und unserer Schwächen bewusst; aber wir wissen auch, welch großen Wert er uns zumisst. Wenn wir uns selber wie durch seine Augen sehen, können wir uns so lieben, wie es Gott gefällt: „Vater, schenke mir deinen Blick auf mich selber, damit ich mich recht lieben kann."

- Nächstenliebe bedeutet für Verheiratete zuerst einmal Liebe zum Partner; der Ehebeziehung kommt, nach der Beziehung zu Gott, die zweithöchste Priorität zu. Was Nächstenliebe bedeutet, können wir wieder von Jesus lernen. Paulus gibt ihn seinen Lesern als Modell: *Nehmt einander an, wie auch Christus euch angenommen hat, zur Ehre Gottes.*[13] Die göttliche Art zu lieben nimmt das Gegenüber so an, wie es ist; sie ist bedingungslos; sie ist unabhängig vom Verhalten des Gegenübers; sie rechnet nicht; sie hat einen langen Atem und gibt nicht auf. Ihr Grund liegt im Herzen des Liebenden und nicht im Gegenüber. Das ist die „unabhängige Liebe".[14] Wenn wir Gottes Liebe durch uns hindurch fließen lassen, können wir den Partner so lieben, *zur Ehre Gottes.*

Gott hat uns ihm ähnlich, das heißt für Beziehungen geschaffen; und Liebesfähigkeit ist sein höchstes Ziel für uns. Abbildung 1 macht die Prioritäten klar und zeigt auf, in welcher Dimension wir beginnen können, um in der Liebesfähigkeit zu wachsen. Vielleicht ist Ihnen beim Lesen schon klar geworden, welches für Sie der nächste kleine Wachstumsschritt sein könnte …

1.2. Einheit durch Ergänzung

Abbildung 1 lässt erkennen, weshalb Gott sagt: *Es ist nicht gut, dass der Mensch allein sei.*[15] War Adam einsam? Er stand doch in einer liebenden Beziehung zu Gott. Was ihm aber fehlte, war die Beziehung zu einem gleichartigen Geschöpf, einem Du auf Augenhöhe.

Und was tut Gott? Er nimmt nicht wieder *Staub vom Erdboden,*[16] um daraus ein identisches Gegenüber zu formen. Er tut etwas ganz Unerwartetes: Er zerstört die

---

13 Römer 15,7.

14 Mehr dazu in Kapitel 4.1. „Liebe" und in Kapitel 9.2. „Mich dem Auftrag der Liebe stellen".

15 1. Mose 2,18; ELB.

16 1. Mose 2,7.

Ganzheit von Adams Gottebenbildlichkeit, entnimmt ihm einen Teil und formt daraus Eva, die *wahrhaftig Gebein von meinem Gebein und Fleisch von meinem Fleisch*[17] ist. Adam erkennt sie sogleich als seine „Hälfte" und empfängt sie mit großer Freude. Er ist nun nicht mehr allein, aber auch nicht mehr vollständig; ihm fehlt, was er durch Eva wieder empfangen soll. Von nun an bilden Mann und Frau *zusammen* Gottes Ebenbild.

Bei der Erschaffung von Eva entscheidet sich Gott für das Ergänzungsprinzip, das die Beziehung zwischen Mann und Frau bis heute prägt. Natürlicherweise sehnen wir uns nach Ergänzung durch ein Gegenüber des anderen Geschlechts, das in die Beziehung einbringen kann, was uns fehlt. Wir sind dabei nicht nur durch die geschlechtsspezifische Andersartigkeit angezogen, sondern wir wünschen uns auch Ergänzung im Charakter. Die Partnerwahl ist die Suche nach der uns ergänzenden „Hälfte".[18]

Auch unsere Geschlechtlichkeit ist Ausdruck des göttlichen Ergänzungsprinzips und Teil der Schöpfungsordnung:

> 27 *Und Gott schuf den Menschen als sein Bild … männlich und weiblich schuf er sie.*
> 28 *Und Gott segnete sie, und Gott sprach zu ihnen: Seid fruchtbar und mehrt euch …*
> (1. Mose 1,27–28 – wörtlich übersetzt)

Unsere Identität als Mann bzw. Frau bestimmt unser ganzes Sein. Sie drückt sich nicht nur in unserem Körper und im sexuellen Bereich aus, sondern in allem Erleben und Handeln: Männer und Frauen nehmen die Welt anders wahr, denken und sprechen anders, haben andere Bedürfnisse, ein anderes Gefühlsleben und lieben anders; sie erleben und verarbeiten dasselbe Ereignis anders; sie glauben anders, haben eine andere Gottesbeziehung und eine andere geistliche Sensibilität. In der Unterschiedlichkeit von Mann und Frau kommen andere Anteile von Gottes Person zum Ausdruck. Durch sein Zusammenfügen in der Ehe will Gott die ganze Gottebenbildlichkeit wiederherstellen.

Nun hat Gott zwei Gegenüber, die aber wieder ein Ganzes werden sollen. Jesus macht klar, dass Gott diese Einheit selber bewirken und Mann und Frau zusammenfügen will:

---

17 1. Mose 2,23.

18 Mehr dazu in Kapitel 5.1.

[8] Die beiden werden ein Fleisch sein.
Also sind sie nicht mehr zwei, sondern sie sind ein Fleisch.
[9] Was nun Gott zusammengefügt hat, soll der Mensch nicht scheiden.
(Markus 10,8–9)

Gott bewirkt die Einheit von Mann und Frau in der und durch die Andersartigkeit. Einheit bedeutet also nicht Gleichheit oder Verschmelzung (Symbiose), sondern Gegenüber-Sein in der unabhängigen Liebe, die zwischen zwei andersartigen, voneinander abgegrenzten, freien Personen fließt. In der von Gott gewirkten Einheit soll die ganze Gottebenbildlichkeit wieder sichtbar werden. Die Einheit zu schaffen, ist Gottes Teil; unser Beitrag besteht vor allem darin, Gottes Handeln nicht entgegenzuwirken, nicht zu scheiden. Das ist kein einfacher Auftrag: Wie schnell wenden wir uns innerlich vom Partner ab, verachten ihn in Gedanken oder mit Blicken, verletzen ihn in unseren emotionalen Ausbrüchen oder werden ihm innerlich untreu. Gottes Wirken auf unsere Einheit hin ist ein vielfältiger, lebenslanger Prozess, durch den sich beide Partner auch als Person verändern.[19] Um die Einheit zu fördern, bedient sich Gott eindrücklicher Beziehungs-Mechanismen, z. B. der Koevolution.[20]

Und nun, liebe Leserin, lieber Leser, was stellen Sie in Ihrer Ehebeziehung fest bezüglich der Ergänzung und des Zusammenfügens Gottes zu einer beide einschließenden Einheit?

1.3. Ein Fleisch

Die Einheit, die Gott zwischen Mann und Frau in der Ehe schaffen will, drückt sich auch im Ein-Fleisch-Prinzip aus: *Die beiden werden ein Fleisch sein.*[21] Das Bild der kommunizierenden Röhren (Abbildung 2) veranschaulicht, was dabei geschieht:

19 Vgl. Kapitel 3.4.
20 Vgl. Kapitel 5.3.
21 Markus 10,8.

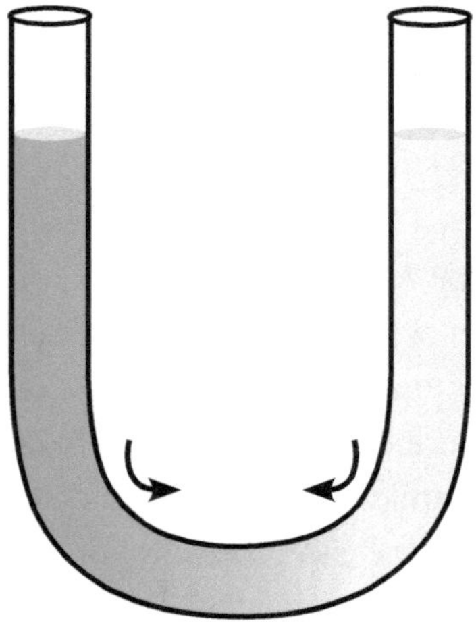

Abb. 2: Das Ein-Fleisch-Prinzip

Mit *ein Fleisch werden* oder *seine Frau erkennen* umschreibt die Bibel die sexuelle Vereinigung von Mann und Frau, die tiefste, umfassendste Gemeinschaft, die wir erleben können. Hier geben wir einander Anteil an allem, was zu unserer Person und zu unserem Leben gehört, auf der geistlichen, der seelischen und der körperlichen Ebene, am guten „Erbe" und am Segen aus 1000 Generationen;[22] am Reichtum unserer Person und allen unseren Gaben. Und für die unheilvollen Dinge, an denen wir dabei ungewollt auch Anteil geben bzw. bekommen, bietet Gott uns Erlösung an.[23] Der Austausch vollzieht sich wie ein „Naturgesetz", über das wir keine Kontrolle haben. Wir können nicht wählen, ob und woran wir Anteil haben bzw. geben möchten; das „Ein-Fleisch-Prinzip" ist immer wirksam, wenn ein Mann und eine Frau sexuellen Verkehr miteinander haben.[24]

Das volle Anteilgeben und -nehmen beim Ein-Fleisch-Werden macht verständlich, weshalb Gott die sexuelle Vereinigung dem sicheren, verbindlichen Beziehungsraum der Ehe vorbehalten hat. In außerehelichen sexuellen Beziehungen setzen wir uns unkontrollierbaren Einflüssen aus. Gott will uns vor Schaden bewahren und bezieht klar Stellung: das ist Sünde und „Unzucht". Abbildung 2

22 Vgl. 2. Mose 20,6; ELB.

23 Vgl. dazu 1. Petrus 1,18–19 und den Artikel im Anhang „Seelsorge an der eigenen Seele".

24 Auch wenn ein Mann mit einer Prostituierten schläft. Vgl. dazu 1. Korinther 6,16.

zeigt, dass eine sexuelle Außenbeziehung den Schutzraum der Ehe aufbricht und eine „dritte Röhre" dazu fügt. So werden alle Beteiligten einem ungewollten Austausch mit einer Drittperson und damit auch schlechten Einflüssen und Kräften ausgesetzt. Gott aber will, dass die Ehe ein sicherer Ort des Friedens, der Geborgenheit und des Segens bleibt.[25]

Was hat dieses Kapitel bei Ihnen ausgelöst? Notieren Sie sich, wo Sie Ihre innere Haltung verändern möchten, und was Klärung und Bereinigung braucht.[26]

1.4. Der Liebesaustausch

Nachdem Gott dem einsamen Adam ein zu ihm passendes Gegenüber geschaffen hatte, brachte er es zu ihm: *Da rief dieser: „Endlich gibt es jemanden wie mich! Sie wurde aus einem Teil von mir gemacht – wir gehören zusammen!"*[27] Welche Freude, welch klares Bewusstsein der Zusammengehörigkeit! Nun gibt es zwischen Gott und dem Menschen eine neue Beziehungsordnung: Gott hat nun zwei Geschöpfe als Gegenüber; jedes hat seinen eigenen Platz; jedes ist eine eigenständige Person mit einer persönlichen Beziehung zu ihm; Gottes Liebe fließt zu beiden hin; beide sind ihm gleich wichtig und wertvoll. Jedes ist gleichzeitig nicht nur Empfänger, sondern auch Kanal für Gottes Liebe zum Partner hin. So entsteht ein geschlossener Liebesaustausch, der kontinuierlich durch Gott als die Quelle der Liebe gespeist wird. (Vgl. Abbildung 3.)

Dies führt im Garten Eden zu einer Beziehung zwischen Mann und Frau, nach der wir uns alle sehnen: *Und die beiden, der Mensch und seine Frau, waren nackt, und sie schämten sich nicht voreinander.*[28] Beide dürfen sie selber sein; sie sind angenommen als Person und geliebt; das andere ist ist keine Bedrohung; es gibt nichts zu verbergen; sie sind „makarios"; und ihre Beziehung ist durch Liebe und Frieden geprägt. Das ist auch heute noch unser Wunsch; und auf dieses Ziel hin wirkt Gott in jedem Ehepaar.

---

25 Vgl. dazu die Bedeutung der Treue in Kapitel 3.3., 4.1. „Zuwendung" und Kapitel 8.3.

26 Die folgenden Kapitel (z. B. 6.3.) zeigen dann den Weg auf, wie Sie dabei konkret vorgehen können.

27 1. Mose 2,23; HFA.

28 1. Mose 2,25.

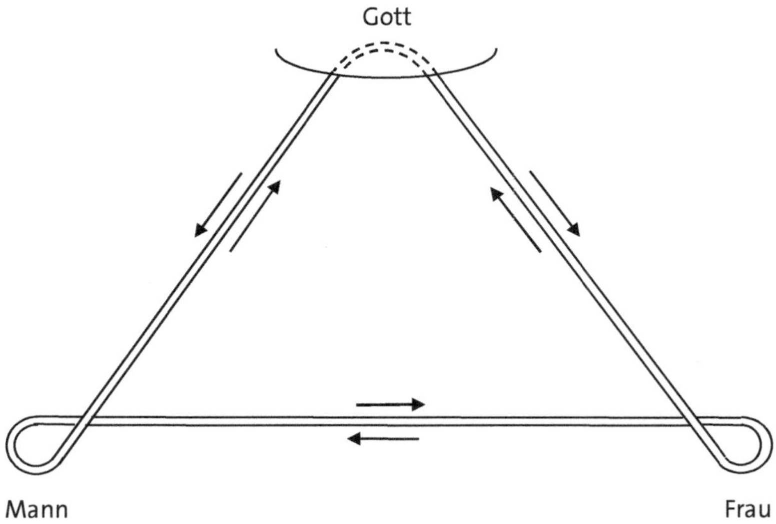

Abb. 3: Die Ehebeziehung als Liebesaustausch

1.5. Die Ehe als Segensordnung

Was Gott erschafft, ordnet er auch. Eine göttliche Ordnung soll ein Raum des Friedens sein, in dem sich Gottes Leben entfalten und in dem durch Liebe geprägte Beziehungen gelebt werden können. Sein Segen fließt zu allen, die in einer göttlichen Ordnung leben. Die Ehe als Eins-zu-eins-Beziehung von Mann und Frau ist eine göttliche Ordnung und Teil der Schöpfungsordnung. Sie wird als Gottes Geschenk an die Menschen auch Bestand haben, bis Jesus Christus wiederkommt: *... sie aßen, sie tranken, sie heirateten... so wird es auch sein beim Kommen des Menschensohns.*[29] Die Ehe ist ein Ort des Segens und wird es immer bleiben. Gottes Segen kommt auf alle, die in die göttliche Ordnung der Ehe eintreten, unabhängig davon, ob sie ihn kennen oder nicht.

Das zeigen zahlreiche psycho- und soziologische Untersuchungen quer durch die Bevölkerung von Europa und Nordamerika. Sie kommen zum Schluss, dass die Ehe deutlich positivere Rückwirkungen auf die Partner hat als andere Zweierbeziehungen, wie etwa das Zusammenleben ohne Trauschein: Verheiratete fühlen sich glücklicher, haben häufiger Sex, weniger Streit und eine geringere Gewaltrate;

29 Matthäus 24,38–39; LUT.

sie sind treuer, fühlen sich in der Beziehung sicherer und weniger von Trennung bedroht. Noch erstaunlicher sind die Auswirkungen auf die Gesundheit: Verheiratete haben eine höhere Lebenserwartung, sind körperlich robuster, weniger anfällig für gewisse Krankheiten und haben nach einer Operation bessere Heilungschancen; sie sind psychisch stabiler und weniger stressanfällig. Die positiven Auswirkungen des Verheiratet-Seins sind noch ausgeprägter, wenn ein Paar Kinder hat. Diese statistischen Ergebnisse können die Forscher feststellen, erklären aber können sie sie nicht. Für mich machen diese Fakten den Segen sichtbar, den Gott auf die Ehe als göttliche Ordnung gelegt hat. Dieser Segen ist offensichtlich größer als die Not und das Leiden, die oft auch zur Ehe-Realität gehören.

Das Gesegnet-Sein durch die Ehe gilt also auch für Sie, liebe Leserinnen und Leser. Worin zeigt sich Gottes Segen bei Ihnen als Person und wie zeigt er sich in Ihrer Beziehung?

Und zum Schluss: Welche Botschaften sind durch das erste Kapitel bei Ihnen angekommen? Welches sind Ihre wichtigsten Entdeckungen zum Eheverständnis? Tauschen Sie sich mit dem Partner über das aus, was Ihnen wichtig geworden ist. Wo sehen Sie in Ihrer Ehe gute Ansätze? Und wo liegt die größte Not? Vielleicht gibt es ein Anliegen, das Sie im Gebet vor Gott bringen, oder eine Entscheidung, die Sie gemeinsam treffen möchten?

2. ZERBRUCH UND ERLÖSUNG

[19] Ich tue nicht das Gute, das ich tun will, sondern das Böse, das ich nicht tun will. ...
[24] Ich unglückseliger Mensch! ...
Wird mich denn niemand aus diesem elenden Zustand befreien?
[25] Doch! Und dafür danke ich Gott durch Jesus Christus, unseren Herrn.
(Römer 7,19.24–25; NGÜ)

Paulus umschreibt hier, was wir alle kennen, gerade auch in der Ehebeziehung: Wir sehnen uns danach, so leben zu können, wie Gott es sich gedacht und in unsere Herzen eingeschrieben hat. Wir bemühen uns auch darum; aber wir schaffen es oft nicht und fühlen uns dann als Versager. Weshalb ist dem so? Unsere durch viel Not und Versagen geprägte Wirklichkeit wird verständlich, wenn wir in 1. Mose 3 den Bericht über den „Sündenfall" lesen. Wir leben unsere Ehe in einer gefallenen Schöpfung. Wir spüren: Wir brauchen Hilfe. Im Motto weist Paulus darauf hin, dass Gott durch Jesus Christus Erlösung bewirkt hat. Durch sein Werk eröffnen sich uns in der Realität dieser Welt neue, hoffnungsvolle Wege, auch für das Leben in der Ehe. *Und dafür danke ich Gott durch Jesus Christus, unseren Herrn.*

2.1. Der Zerbruch

Wer geliebt werden will, muss sein Gegenüber frei lassen. Deshalb schenkt Gott Adam und Eva die Freiheit; sie können wählen und sich auch gegen ihn entscheiden.

[15] Und Gott, der Herr, nahm den Menschen und setzte ihn in den Garten Eden, ihn zu bebauen und ihn zu bewahren.

[16] Und Gott, der Herr, gebot dem Menschen und sprach: Von jedem Baum des Gartens darfst du essen; [17] aber vom Baum der Erkenntnis des Guten und Bösen, davon darfst du nicht essen; denn an dem Tag, da du davon isst, musst du sterben!
(1. Mose 2,15–17; ELB)

In 1. Mose 3 wird dann umschrieben, wie sich Eva von der Schlange (Satan) versuchen lässt und Gottes Gebot übertritt. Statt dem Versucher entgegenzutreten, bleibt Adam untätig und lässt sich von Eva in die Versuchung mit hineinziehen. Sie werden zusammen schuldig und haben die Folgen auch gemeinsam zu tragen.

Wie Satan im Paradies gehandelt hat, so handelt er auch heute noch. In 1. Mose 3,1–13.16–19 wird sichtbar, wie Satan bei der Versuchung vorgeht. Er verfolgt immer dieselben Ziele: den Menschen von Gott trennen, indem er Misstrauen sät; Mann und Frau voneinander trennen, um jedes allein versuchen zu können; er kennt die besondere Versuchbarkeit der Frau und die des Mannes sehr genau. Wir sind Satan aber nicht einfach ausgeliefert. Wenn wir wachsam sind, können wir ihm widerstehen. Wie bleibt man wachsam? Durch ganze Unterordnung unter Gott: *Ordnet euch … Gott unter und widersteht dem Teufel, so wird er vor euch fliehen!*[30]

2.2. Die Folgen

Statt dem von der Schlange versprochenen *wie Gott sein*[31] erleben Adam und Eva nach der Übertretung des Gebotes die Angst des Getrenntseins von Gott. Sie stürzen in den Abgrund der Schuld und des Verlorenseins. Die Auswirkungen des Sündenfalls bestimmen aber nicht nur das Zusammenleben in der ersten Ehe und Familie, sondern das Leben der Menschheit bis heute: Alles Leiden, alle Not, Bosheit und Grausamkeit und unsere Ohnmacht all dem gegenüber haben hier ihre Wurzeln. Der Sündenfall ist die größte Katastrophe der Menschheitsgeschichte; seine Folgen sind unvorstellbar groß:

- Der Mensch verliert die ihm von Gott geschenkte Freiheit. Indem er der Schlange gehorcht, ordnet er sich selber und die ganze Schöpfung, die Gott ihm anvertraut hatte, Satans Herrschaft unter. So wird Satan *der Gott dieser*

30 Jakobus 4,7. Zur Unterordnung unter Gott, vgl. Bericht 4 und Kapitel 4.1. „Freiheit".
31 1. Mose 3,5.

Welt.[32] Hier liegt der Grund für die Not und das Leiden, die den Menschen und alles Geschaffene bedrängen: *Wir wissen, dass die ganze Schöpfung seufzt und in Wehen liegt, bis zum heutigen Tag.*[33]

- In allen drei Beziehungs-Dimensionen (vergleiche Abbildung 1) kommt es zum Zerbruch: Die Einheit, das Vertrauen und die Liebe gehen verloren. Die Schuld trennt Adam und Eva von Gott; aus Angst fliehen sie vor ihm und gehen so der Quelle der Liebe verlustig. Ihre Selbstbeziehung wird bestimmt durch Schuldgefühle und Scham, Selbstvorwürfe, Minderwertigkeitsgefühle und Stolz. Durch die gegenseitigen Schuldzuweisungen werden Mann und Frau zu Feinden; ihre Beziehung ist nun durch Streit und Beziehungskämpfe geprägt.

- Das menschliche Handeln wird durch neue Gefühle bestimmt, die Gott fremd sind, aber dem Erleben Satans entsprechen: Eifersucht, Neid, Stolz, Hass; Angst, Minderwertigkeitsgefühle, Selbstmitleid, Scham, Begierde … und das führt in der ersten Familie zum Brudermord.

- Es fällt dem Menschen nun schwer, seine Bestimmung als Kanal für Gottes Liebe und als Beziehungswesen zu erfüllen. Das „Röhrensystem" (Abbildung 1) ist beschädigt; die Kanäle sind verstopft durch Angst, Schuldgefühle, Verletzungen, Unvergebenes, zerstörerische Gedanken, innere Vorwürfe, Feindbilder, die Interpretationsfalle.[34] Zwar hat Gott eine gewisse Liebesfähigkeit durch den Sündenfall hindurchgerettet;[35] aber die Liebe kann nicht mehr ungehindert fließen.

- Für Gottes Gabe der Ergänzung gilt seit dem Sündenfall: Der Punkt der Anziehung wird später zum Punkt des Konflikts. Die frei gewählte Andersartigkeit des Partners wird zu einer der größten Herausforderungen der Ehebeziehung; und das Geschenk der Sexualität wird oft zum Schlachtfeld für die ehelichen Beziehungskämpfe.

---

32 2. Korinther 4,4; ELB.

33 Römer 8,22.

34 Vgl. die Begriffserklärung im Anhang.

35 Vgl. dazu, was Jesus sagt: „Wenn nun ihr, die ihr böse seid, euren Kindern gute Gaben zu geben wisst …" (Lukas 11,13; ELB).

- Unsere begrenzte Liebesfähigkeit führt dazu, dass unsere Gegenüber an Liebe zu kurz kommen. Unser ichbezogenes Verhalten, unsere ungerechten Urteile und unsere verletzenden Worte schlagen Wunden und schaffen Not und Minderwertigkeitsgefühle. So werden wir in der Ehe, in den Eltern-Kind-, den Geschwister- und in allen anderen Beziehungen unweigerlich immer wieder aneinander schuldig.

2.3. Das Gesetz der Perpetuierung

In diese Zerbrochenheit sind wir alle hineingeboren worden und haben dann selber auch wieder dazu beigetragen, dass die Schuldverstrickungen nicht abbrechen und das Ungute von Generation zu Generation weitergegeben wird. Das ist das Gesetz der Perpetuierung.

- Jedes Kind tritt ein unvollkommenes genetisches Erbe an (eine Allergie-Anfälligkeit oder Ähnliches). Aber auch sein seelisches und sein geistliches Erbe enthalten Belastendes (zum Beispiel eine große Angstbereitschaft, depressive Tendenzen, Familienschuld, Flüche).

- Es wird durch ein unvollkommenes soziales Umfeld geprägt. In den Beziehungen erlebt es Verletzungen und kommt zu kurz an Ermutigung und an Liebe. Alles Wichtige lernt es von Modellen und eignet sich dabei auch Fehlverhalten an. Für gewisse Beziehungs-Kompetenzen fehlen ihm die Vorbilder; so entstehen Lern-Defizite.

- In der Familie erfährt es das Leben als Kampf um „den Platz an der Sonne", die Zuwendung der Eltern. In der Auseinandersetzung mit den Geschwistern muss es Strategien und Wege finden, wie es seine Ziele erreichen kann. Die Härte des Lebens stellt es vor die Herausforderung, für sein Erleben seelische Verarbeitungsmöglichkeiten zu finden.

- Seit dem Sündenfall lebt der Mensch unter dem Gesetz der Perpetuierung: Er ist nicht nur Opfer; er wird auch an den anderen schuldig. Aus dem eigenen Verwundetsein heraus verletzt er wieder andere; Defizite führen zu Verhaltensweisen, die bei anderen wieder Defizite schaffen. So werden die Opfer zu Tätern.

Das Lesen der Kapitel 2.2. und 2.3. war vielleicht wie der Blick in einen Spiegel. Haben Sie sich in einigen Punkten wiedererkannt, liebe Leserinnen und Leser? Wo erleben Sie das Gefangensein in den Folgen des Sündenfalls; und wo handeln Sie aus dem Gesetz der Perpetuierung heraus? Wenn Sie die Freiheit und den Mut dazu haben, können Sie sich darüber austauschen. Das Wissen um diese Gegebenheiten schafft Verständnis füreinander.

Nun verstehen wir auch, weshalb das Leben in der Ehe so herausfordernd sein kann: Zwei unterschiedliche, unvollkommene und durch ihre Modelle anders geprägte Menschen haben sich auf die totalste, engste und tiefste Beziehung eingelassen, die es gibt. Das kann nicht ohne Enttäuschungen und Konflikte gehen. Wir laden im Umgang miteinander immer wieder Schuld auf uns und bleiben einander viel Liebe und Verständnis schuldig. In der Ehebeziehung spüren wir so klar wie in kaum einem anderen Lebensbereich, dass wir das uns gesteckte Ziel nicht aus eigener Kraft erreichen können. Wir brauchen Erlösung!

2.4. Erlösung

Was Gott wohl empfunden haben mag, als Adam und Eva Satans lügnerischen Versprechungen geglaubt und sich gegen seinen Rat entschieden haben? Wie antwortet er auf ihren Ungehorsam? Er bleibt ihnen zugetan, er sucht sie und ist liebevoll um sie bemüht. Er gibt das Ziel nicht auf, mit seinem liebsten Geschöpf wieder in einer Beziehung des Vertrauens und der Liebe stehen zu können. Auch das Geschenk der Ehe und der Segen, den er auf diese gelegt hat,[36] sollen gerettet werden. Wie konnte das geschehen?

Mit Hilfe einiger Bibeltexte wollen wir Gottes Plan der Erlösung zu verstehen versuchen:

36 Vgl. Kapitel 1.5.

Für unsere Erlösung ist alles getan
Jesus sagt am Kreuz: Es ist vollbracht! (Johannes 19,30)

Gottes Antwort: eine neue Schöpfung
[12] *Die ihn [Jesus Christus] aber aufnahmen, denen gab er Vollmacht, Gottes Kinder zu werden, denen, die an seinen Namen glauben,* [13] *die … aus Gott gezeugt sind.* (Johannes 1,12–13)

[8] *Denn aus Gnade seid ihr gerettet durch Glauben, und das nicht aus euch, Gottes Gabe ist es;* [9] *nicht aus Werken, damit niemand sich rühme.*
[10] *Denn wir sind sein Gebilde, in Christus Jesus geschaffen zu guten Werken, die Gott vorher bereitet hat, damit wir in ihnen wandeln sollen.* (Epheser 2,8–10; ELB)

Wenn jemand in Christus ist, so ist er eine neue Schöpfung;
das Alte ist vergangen, siehe, Neues ist geworden. (2. Korinther 5,17; ELB)

Die Freiheit der Sohn- und Tochterschaft
Wenn also der Sohn euch frei macht, werdet ihr wirklich frei sein. (Johannes 8,36)

[14] *So viele durch den Geist Gottes geleitet werden, die sind Söhne Gottes.* [15] *Denn ihr habt … einen Geist der Sohnschaft … empfangen, in dem wir rufen: Abba, Vater!*
[16] *Der Geist selbst bezeugt zusammen mit unserem Geist, dass wir Kinder Gottes sind.*

[21] *… frei werden … zu der herrlichen Freiheit der Kinder Gottes.* (LUT)

[28] *Wir wissen aber, dass denen, die Gott lieben, alle Dinge zum Guten mitwirken, denen, die nach seinem Vorsatz berufen sind.*
[29] *… Denn die hat er auch vorherbestimmt, dem Bilde seines Sohnes gleichförmig zu sein, damit er der Erstgeborene sei unter vielen Brüdern.*
(Römer 8,14–16.21.28–29; ELB)

Gott hat sich entschlossen, den Zerbruch nicht zu reparieren. Er entscheidet sich für einen Neubeginn. Durch das Leben, den Tod und die Auferstehung seines Sohnes, Jesus Christus, schafft er eine neue Menschheit. Jesus besiegt Satan, befreit den Menschen aus dessen Gewalt und bewirkt Versöhnung zwischen Gott und dem Menschen. Jesus wird zum „Adam" einer neuen Menschheit. Erlösung und Neuschöpfung sind ein göttliches Angebot: Jeder Mensch, der Jesus als Herrn aufnimmt, kann in seine persönliche Neuschöpfung und in die Gotteskindschaft eintreten, Gott als Vater finden und zur Familie Gottes gehören. Kind Gottes wird man; das ist ein Prozess.

Was bedeutet es, dass Gott uns mit der *herrlichen Freiheit der Kinder Gottes* beschenkt? Als Kind Gottes bin ich frei und habe Autorität über meine Person.

Ich kann die guten Werke, die für mich vorbereitet sind, wählen und tun. Ich kann lernen, *in der Wirklichkeit eines neuen Lebens* [in der Neuschöpfung] *meinen Weg zu gehen.*[37] Dabei habe ich einen Helfer und Ermutiger, den Heiligen Geist, der in mir wohnt.[38] Ich werde trotzdem häufig falsch wählen; ich werde oft Vergebung brauchen; aber ich könnte das Gute eigentlich tun. Welch befreiende und zugleich herausfordernde Entdeckung!

Unser Herz kann das gewaltige Werk der Erlösung, das Jesus aus Liebe zum Vater und zu uns vollbracht hat, gar nicht fassen (und schon gar nicht unser Verstand …). Aber es ist wirklich so: Ich *bin* frei; ich *kann* wieder selber über mein Leben bestimmen. Ich *bin* ein neues Geschöpf und *kann* das Gute tun. Es ist Gottes Geschenk; ich muss dafür keine Leistung erbringen. Es genügt, es im Glauben anzunehmen. Und das gilt nicht nur für mich, sondern auch für meinen Mann bzw. meine Frau!

Liebe Leserin, lieber Leser, wollen Sie das, was Sie jetzt gerade gelesen haben, im Glauben für sich annehmen? Wenn ja, dann sprechen Sie sich diese auch für Sie gültigen Wahrheiten laut zu: „Es gilt für mich, ich *bin* …"

Die Erlösung durch Jesus Christus eröffnet uns einen Weg der persönlichen Veränderung und des Wachstums, damit wir schrittweise werden können, was wir in Jesus Christus bereits sind.[39] Dies bedeutet, ihm ähnlich zu werden in unserem Wesen, in der Haltung unseres Herzens, in unserer Beziehung zum Vater, in der inneren Freiheit und in der Liebesfähigkeit. Gottes Umgestaltung setzt bei unserer Gesinnung[40] an, durch die unser Verhalten bestimmt wird. Der Heilige Geist lenkt uns im Lernprozess, im Alltag als Kind bzw. Sohn/Tochter Gottes leben zu lernen, und kommt uns dabei zu Hilfe.

Die Aussage Jesu: *Es ist vollbracht!* hat auch Bedeutung für unsere Vergangenheit: Das Werk der Erlösung gilt für uns als Person und für unsere Lebensgeschichte. Jesus hat am Kreuz alles Schwere für uns getragen: *Verachtet war er und von Menschen verlassen, ein Mann der Schmerzen … Unsere Krankheiten, er hat sie getragen, und unsere Schmerzen hat er auf sich genommen. … Und durch seine Wunden haben wir Heilung erfahren.*[41] Erlösung bedeutet, dass alles, auch

37 Nach Römer 6,4.

38 Vgl. dazu Römer 5,5.

39 Vgl. Epheser 2,10.

40 Vgl. die Begriffserklärung im Anhang.

41 Jesaja 53,3–5.

das Schwerste in unserer Vergangenheit, vom Fluch der bösen Folgen befreit ist. Gottes Kraft will aus allem Erlebten Gutes entstehen lassen; er hat die Kraft, seine Zusage zu erfüllen: *Wir wissen aber, dass denen, die Gott lieben, alle Dinge zum Guten mitwirken.*[42] Es gibt nichts, das uns daran hindern könnte, in die neue Schöpfung einzutreten und aufs Ziel hin zu laufen, zur Person zu werden, die wir in Jesus Christus bereits sind.

Welche Schlussfolgerungen ziehen Sie aus dem Gelesenen, lieber Leser, liebe Leserin? Nehmen Sie sich Zeit, um die Entdeckungen und die ermutigenden Botschaften, die Sie angesprochen haben, in Ihrem Lesetagebuch festzuhalten.

Und hier, was *ich* für Sie auf dem Herzen habe: Die Erlösung schafft die Voraussetzungen für persönliche Veränderung und für Wachstum. Und sie beschenkt uns mit großen Privilegien. Es ist mir ein Anliegen, dass Sie sich mit Gottes Angeboten[43] so vertraut machen, dass Sie diese bei der Lektüre, wenn Gott Sie an einem Punkt anspricht, auch nutzen können. Übersicht 1 im Anhang, „Der Plan der Erlösung", stellt noch einmal zusammen, was Erlösung bedeutet. Wenn Sie die Übersicht mit Hilfe der angegebenen Bibeltexte persönlich erkundet haben, können Sie das Erkannte in einem Paaraustausch vertiefen. Und wenn Sie anschließend im Anhang noch den Artikel „Seelsorge an der eigenen Seele" lesen, können Sie in den folgenden Kapiteln Gottes Anstöße aufnehmen und in konkrete Schritte der Veränderung umsetzen.

2.5. Erlösung für die Ehe

Gott macht jedem Partner das Angebot der Erlösung. Wie kann sich dadurch Ihre Ehebeziehung entwickeln? Gott wirkt in beiden auf das Ziel der Christusähnlichkeit hin; das bedeutet Wachstum als Person und Befähigung zur unabhängigen Liebe. Weil Jesus Christus alles vollbracht hat, kann Gott jeden ohne einen Beitrag des Partners verändern; dieser ist nicht Teil von Gottes Lösung. Da er Mann und Frau zu einem Ganzen zusammenfügen will, koordiniert er die persönlichen Entwicklungs-Prozesse und verändert beide aufeinander zu (vergleiche die Koevo-

42 Römer 8,28; ELB.

43 Vgl. die Begriffserklärung zu „Angebote Gottes" und den Überblick im Artikel „Seelsorge an der eigenen Seele" im Anhang.

lution). Durch die persönliche Veränderung wird auch die Beziehung wachsen. Wenn sich die Partner auf Gottes veränderndes Handeln an ihnen einlassen, entsteht daraus Gutes für jedes als Person und für ihre Ehebeziehung.

Die mit der Erlösung verbundene Verheißung, dass uns alles zum Guten mitwirken muss, gilt auch für unsere Ehe-Vergangenheit, wie schwierig sie auch sein mag; sogar für falsche Wege und Entscheidungen und für unglückliche Anfänge. Falls beide Partner dazu bereit sind, können sie die Verheißung von Römer 8,28 für eine schwierige Erfahrung aus ihrer Ehe-Geschichte im Gebet in Anspruch nehmen und dann gespannt miteinander beobachten, wie Gott seine Verheißung erfüllt.

Weil es für beide Partner Erlösung gibt, gibt es von Gott her auch Erlösung und Hoffnung für jede Ehebeziehung. Versuchen Sie festzustellen, wo und wie Gottes Erlösung in Ihrer Ehe bereits zum Tragen kommt. Und danken Sie Gott dafür.

3. DAS GOTT-EHE-DREIECK

[16] Denn in ihm ist alles in den Himmeln und auf der Erde geschaffen worden,
das Sichtbare und das Unsichtbare …
Alles ist durch ihn und zu ihm hin geschaffen;
[17] und er ist vor allem, und alles besteht durch ihn. (Kolosser 1,16–17; ELB)

Ein beeindruckender Text! Auf die Ehe übertragen bedeutet er: Gott hat die Ehe von Mann und Frau zu ihm hin geschaffen. Auch unsere Ehe. Gott soll darin der wichtigste Platz zukommen. Er will für beide Partner das erste Gegenüber sein. Jede Ehe kann durch ihn und in ihm Bestand haben. Diese Aussagen bewirken Entlastung. Sie geben der Ehe einen neuen Sinn zur Ehre Gottes. Abbildung 4 bringt diese Wahrheiten gleichnishaft zum Ausdruck.

3.1. Gottes Platz in der Ehe

Das Gott-Ehe-Dreieck stellt das göttliche Zielbild für die Ehe dar. Versuchen Sie, das Bild zu sich sprechen zu lassen und seine Aussagen zu verstehen; notieren Sie, was Ihnen auffällt. Können Sie das Gleichnis des Gott-Ehe-Dreiecks verstehen und in Worte fassen? Was fällt Ihnen auf, wenn Sie Gottes Zielbild mit der Realität Ihres Ehe-Erlebens vergleichen?

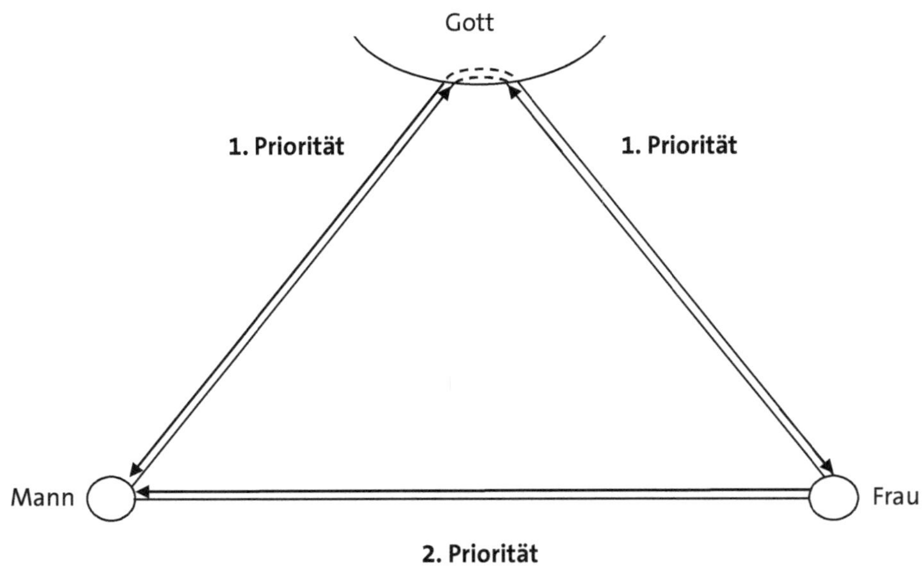

Abb. 4: Das Gott-Ehe-Dreieck

Das Gott-Ehe-Dreieck ist das Grundkonzept[44] unseres Eheverständnisses und damit auch der Finalen Eheseelsorge[45]. Deshalb habe ich die kleine Zeichnung in unzähligen Erstgesprächen jeweils langsam vor den Augen der Hilfe suchenden Paare entstehen lassen. Meistens in folgender Reihenfolge: Zuerst zeichnete ich die kleinen Kreise für Mann und Frau; dann ihre gegenseitige Beziehung (die horizontalen Pfeile); darauf das Kreissegment für Gott; nun Gottes Beziehung zu jedem Partner (die Pfeile von Gott zum Mann und zur Frau); und schließlich die persönliche Beziehung von jedem zu Gott. Obwohl meine Gegenüber aus den unterschiedlichsten Gesellschaftsschichten und Kulturkreisen stammten, habe ich immer wieder dasselbe erlebt: Das Gott-Ehe-Dreieck vermittelt eine entlastende Botschaft, die von allen verstanden wird. Viele erfassen sie sehr rasch und intuitiv und können sagen, was Entlastung schafft; andere brauchen mehr Zeit dafür. Das Gott-Ehe-Dreieck hat in den Erstgesprächen immer wieder Aufatmen und neue Hoffnung bewirkt. Bericht 2:

44 Vgl. die Begriffserklärung zu „Konzept“ im Anhang.

45 Vgl. die Begriffserklärung im Anhang.

Vor dem ersten Gespräch mit einem afrikanischen Ehepaar hatte ich gewisse Bedenken: Würden wir uns verstehen? Konnten sie die Botschaft der Konzepte aufnehmen? Als ich ihnen dann gegen Ende des Erstgesprächs das Gott-Ehe-Dreieck aufzeichnete, schauten sie sich an und riefen begeistert aus: „Das ist's! Genau so haben wir uns Ehe immer vorgestellt; wir hatten aber keine Worte dafür. Das wollen wir!" Als ich sie fragte, weshalb dieses Bild so viel Entlastung und Hoffnung bewirke, umschrieben sie mir die Beziehungsdynamik, die auf der horizontalen Ebene in Gang kommt, wenn Gott seinen Platz einnehmen kann. Die Botschaft war voll und ganz angekommen.

Geht es Ihnen ähnlich, liebe Leserinnen und Leser? Welche Aspekte von Abbildung 4 haben für Sie eine entlastende Wirkung? Die Antworten meiner Gegenüber wiesen immer wieder auf den Platz hin, der Gott im Dreieck zukommt: Je klarer ein Ehepaar ihm seinen Platz gibt, je wichtiger er für jeden Partner wird, desto mehr Freiheit und Entspannung entstehen in der horizontalen Beziehung. Wenn wir Gott zum wichtigsten Gegenüber machen, können wir den Partner aus unseren Erwartungen entlassen und unsere Bedürfnisse „hochschicken", d. h. auf Gott übertragen (z. B. die Stillung unseres Verlangens nach Liebe und Verständnis von ihm erwarten). Auch die uns so notwendig erscheinende Veränderung des Partners können wir, statt sie selber in die Hand zu nehmen, Gott überlassen; das nimmt Druck aus der Beziehung und ist viel erfolgreicher. Bericht 3:

Im vorangehenden Gespräch hatte die Klientin sich schweren Herzens entschlossen, den bislang erfolglosen Versuch, ihren Mann nach ihrem Bild umzuformen, abzubrechen und seine Veränderung Gott zu überlassen. Die Auswirkungen zeigten sich umgehend. Im nächsten Gespräch berichtete sie: „Eigentlich bin ich ein bisschen neidisch auf Gott: So lange ich versucht habe, meinen Mann durch mein Handeln und meine Worte zu verändern, ist überhaupt nichts geschehen. Nun, da ich es Gott übergeben und meine Veränderungswünsche hochgeschickt habe, beginnt der Kerl doch wirklich sich zu verändern. Das finde ich nicht richtig!"

Je mehr jeder sich für Gottes Wirken im eigenen Herzen öffnen und ihm den Partner überlassen kann, desto entspannter, freier und liebevoller wird die Ehebeziehung. Weil Gott unsere persönliche Entfaltung und den Bau unserer Einheit mit großer Kraft, Kreativität und Geduld vorantreibt, steht fest: Gott ist der wichtigste

Partner; ihm den Platz an der Dreieckspitze zu geben, ist der Schlüssel für eine „gelingende" Ehe.

Aus all dem wird klar: Unserer persönlichen Beziehung zu Gott kommt zentrale Bedeutung zu für unsere Ehebeziehung.[46] Für mich ist sie der Anker meines Lebens. Bericht 4:

> *Meine Beziehung zu Gott ist das Tiefste, das ich erlebe. Vor ihm kann ich ganz ich selber sein. Er verletzt mich nie; er begegnet mir mit bedingungsloser Annahme und freilassender Liebe. Ich kann mein Herz vor ihm ausschütten, ihm meine Sorgen abgeben, ihn um Rat bitten, seinen Frieden empfangen und mit ihm über alles reden, was mich beschäftigt. Auch über unsere Ehe. Er beschenkt mich mit allem, was für die Beziehung zu meiner Frau wichtig ist: Dankbarkeit für sie, Freude an ihr, Liebesimpulse, Vergebungsbereitschaft und mit dem Willen zu Verbindlichkeit und Treue. Gott fordert mich manchmal auch heraus; mein Wachstum und die Entfaltung meiner Person sind ihm wichtig. So bleibe ich unterwegs auf sein Ziel hin. Das Leben mit Gott ist spannend. Ich erlebe mit ihm Dinge, die für mich so kostbar sind, dass ich sie nicht einmal mit meiner Frau teilen möchte. Ich weiß, dass es ihr auch so geht. Jedes darf mit Gott Geheimnisse haben.*

Unsere Gottesbeziehung ist stark durch das Gottesbild unseres Herzens bestimmt. Wer ist der Gott meines Herzens? Habe ich einen liebenden, gnädigen Gott, dem ich vertrauen kann; oder einen fordernden, strengen, von dem ich nichts Gutes erwarte? Hat er mich enttäuscht; löst der Gedanke an ihn Liebe aus, oder Angst und Abwehr? Wenn Ihr Gottesbild Veränderung braucht, können Sie Gott eingestehen, dass Sie ihn gar nicht richtig kennen, und ihn bitten, sich Ihrem Herzen so zu offenbaren, dass Sie ihn lieben können, wie Jesus seinen Vater geliebt hat. Wenn Sie Ihr Gottesbild für sein Wirken öffnen, wird Gott es verändern.

Wie geht es Ihnen, liebe Leserin, lieber Leser, mit Ihrer persönlichen Beziehung zu Gott? Er möchte im Gespräch mit Ihnen sein und bietet Ihnen seine Freundschaft an: *Und der HERR redete mit Mose von Angesicht zu Angesicht, wie ein Mann mit*

46 Vgl. Kapitel 5.4. „Den persönlichen Glauben stärken".

seinem Freund redet.[47] Möchten Sie in Gottes Freundschaft eintreten? Sie werden es nie bereuen, wenn Sie Gottes Angebot annehmen.

3.2. Die Eheperson

Wenn ein Mann und eine Frau die Ehe schließen, schafft Gott etwas Neues. Ein uns bekannter Bibeltext weist darauf hin: *Die beiden werden ein Fleisch sein. Also sind sie nicht mehr zwei, sondern sie sind ein Fleisch;*[48] und ein zweiter: *Hat er sie nicht zu* Einem *gemacht? Zu einem Fleisch, in dem Geist ist.*[49] Für das Neue, das Gott schafft, hat der Pionier der christlichen Eheberatung, Theodor Bovet, den Begriff „die Person der Ehe" geprägt. Er schreibt dazu: „Wenn Mann und Frau einmal wirklich gewillt sind, ihr Leben gemeinsam zu erleben, und das öffentlich kundgeben, dann fängt die Ehe an. Sie ist aber noch wie ein neugeborenes Kind: schon eine richtige Person, aber schwach und entwicklungsbedürftig. Es braucht Jahre, um sie voll auszubilden. … Sie wächst mit jedem Tag und wird immer mehr, wie Gott sie gemeint hat."[50] Für jede Ehe gilt also, dass Gott beim Trauakt aus den einmaligen Persönlichkeiten dieses Mannes und dieser Frau etwas Neues schafft, eine einmalige Eheperson: 1 + 1 = 3.

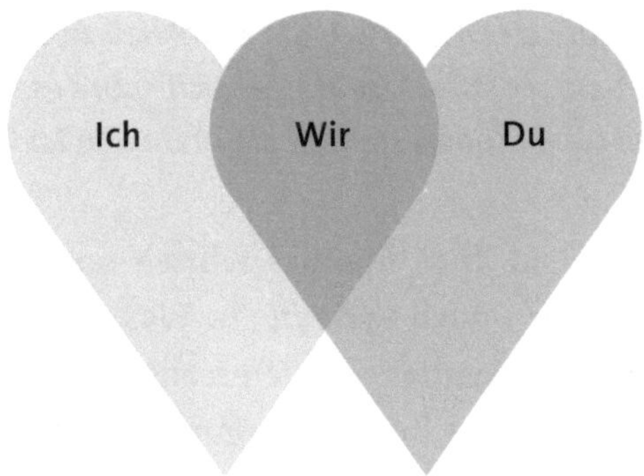

Abb. 5: Die Eheperson: 1 + 1 = 3

47 2. Mose 33,11; ELB.

48 Markus 10,8.

49 Maleachi 2,15; ELB.

50 In: Theodor Bovet, *Die Ehe – Das Geheimnis ist groß*, Bern 1962, S. 22.

Die Eheperson ist materiell nicht fassbar; ihr Ergehen und das Stadium ihrer Entwicklung drücken sich aber in der Beziehung der Partner zueinander aus. Wir können wahrnehmen, ob eine Ehebeziehung noch jung und unsicher oder von lang erprobtem, gegenseitigem Wohlwollen und von Zuneigung geprägt ist. Wir sehen, ob die Partner liebevoll oder kalt miteinander umgehen, einander zu- oder voneinander abgewendet leben, ob ihre Beziehung durch Kritik und gegenseitige Korrektur oder durch Geduld und Vergebungsbereitschaft geprägt ist, ob sie sich freilassen und einander Raum geben, ob sie für- oder gegeneinander sind … Wer die Realität der Eheperson in der Beziehung der Paare wahrzunehmen beginnt, entdeckt etwas von deren einmaliger „Persönlichkeit" und erahnt vielleicht auch, in welches Bild Gott sie entfalten will. Gott liebt, was er geschaffen hat. Er möchte, dass unsere Eheperson wächst und zur Reife des Erwachsenseins gelangt.

Beim Eheschluss wird die Eheperson geschaffen; beim Tod eines Partners stirbt sie. Dies habe ich auf eindrückliche Weise erlebt. Bericht 5:

> *J., der Mann eines befreundeten Ehepaares, lag mit einer viralen Hepatitis auf der Intensivstation des Universitätskrankenhauses. S., seine Frau, hatte einen Anruf erhalten, sie solle kommen, es gehe ihrem Manne sehr schlecht. Sie rief uns an und bat mich, sie zu begleiten. J. lag seit mehreren Tagen im Koma. Wir blieben einige Zeit an seinem Bett und beteten für ihn. Dann setzten wir uns in ein kleines Wartezimmer. Mitten im Gespräch sagte S.: „Er stirbt!" Ich war überzeugt, dass J. die Krankheit überleben werde, und widersprach ihr. „Nein, er stirbt", sagte sie, „ich spüre es. Es zerreißt etwas in mir!" Eine gute Stunde später stellten die Ärzte den Tod fest.*

Vier Monate nach dem Tod ihres Mannes schrieb uns eine befreundete Frau: „Seit H's Weggehen fühle ich mich wie zerteilt. Was immer ich tue, kommt mir so unvollständig, unfertig, lückenhaft vor. Ich realisiere schmerzlich, was mit der Eheperson geschehen ist." Dieses Erleben kann mit Abbildung 5 veranschaulicht werden: Das „Wir" stirbt. Eine klaffende, schmerzende Wunde bleibt zurück, die Zeit zum Heilen und Vernarben braucht. Aus dem Erleben der betroffenen Personen lässt sich vermuten, dass bei der Scheidung etwas Ähnliches geschieht: die Eheperson wird zerrissen.

„Wie geht es Ihrer Eheperson?", habe ich die Paare immer wieder gefragt. Viele antworteten ohne zu zögern; und die Antworten der Partner stimmten meistens überein. Diese Frage können Sie sich auch stellen, liebe Leserinnen und Leser, und sich dann darüber austauschen. Über die besonderen Charakteristiken unserer eigenen Eheperson ahnen unsere Freunde oft mehr als wir selber. Ihre Rückmeldungen können sehr überraschend sein. Wir können aber auch Gott bitten, uns etwas über sein Ziel-Bild für unsere Eheperson zu zeigen. Ich wünsche Ihnen hilfreiche und ermutigende Entdeckungen!

3.3. Der Bund

Wie sehr Gott die Ehe und die Einheit der Partner auf dem Herzen hat, zeigt sich darin, dass die Bibel die Ehe als „Bund" versteht:

> 14 *Der Herr ist Zeuge gewesen zwischen dir und der Frau deiner Jugend,*
> *... [die] deine Gefährtin ist und die Frau deines Bundes.*
> 15 *Und hat er sie nicht zu Einem gemacht? Zu einem Fleisch, in dem Geist ist.*
> *Und was erstrebt das Eine? Nachkommenschaft von Gott.* (Maleachi 2,14–15; ELB)

Um die tiefe Bedeutung eines biblischen Bundes zu erkennen, können wir ihn mit einem Vertrag vergleichen: Ein Vertrag wird zwischen zwei oder mehreren Menschen abgeschlossen. Er enthält ausgehandelte Bedingungen; er ist meistens befristet und kann gekündigt werden. Ein Vertrag kann geheim abgeschlossen werden. Bei einem Bund im biblischen Sinne geht die Initiative von Gott aus. *Er* hat die Ehe als Bund geschaffen. Er lädt die Menschen ein, in seine „Ordnung" einzutreten. Er legt die Bedingungen fest. Er ist der stärkste Partner; seine Person gibt dem Bund sein Gepräge. Weil Gott heilig ist, ist auch der Ehe-Bund heilig. Ein göttlicher Bund wird öffentlich und vor Zeugen geschlossen. Er ist mit einem Versprechen verbunden. Ein Bund ist unauflösbar; er enthält keine Rücktrittsklausel. Die wichtigste Bundes-Verpflichtung ist die Treue. Für die Einhaltung des Bundes ist jeder Partner Gott Rechenschaft schuldig. Gott übernimmt die Haupt-Verantwortung für den Ehe-Bund: Er ist dessen Garant. Er will den Beteiligten seine Einhaltung ermöglichen und tut alles, damit der Bund gelingen kann.

Gott lässt uns frei; wir dürfen wählen, mit wem wir den Bund fürs Leben eingehen wollen. Wenn sich ein Mann und eine Frau entschieden haben, tritt Gott bei der Heirat seinerseits als Zeuge mit in den Ehe-Bund ein. Er stellt sich zu unserer Wahl: Die Ehe, die wir eingehen, wird er nun mit aller Kraft und Hilfe bauen. Die Frage: „Habe ich den richtigen Partner gewählt?", stellt sich aus Gottes Sicht nach der Hochzeit nicht mehr. Die Verbindung, die wir eingegangen sind, will er wachsen lassen und uns Gelingen schenken. Und dieses Ziel kann er auch erreichen, falls wir seinem Handeln nicht entgegenwirken. Er sagt: *Sieh, ich bin der HERR … Sollte mir etwas unmöglich sein?*[51]

Beim Eheschluss ist Gott in unseren Ehebund eingetreten und hat unsere Eheperson geschaffen. Nun baut er unsere Einheit; er wacht über unserem Bund; er ermutigt, warnt und ermahnt uns. Die Treue-Verpflichtung ist ihm besonders wichtig: *So hütet euch bei eurem Leben! Und an der Frau deiner Jugend handle nicht treulos! Denn ich hasse Scheidung, spricht der HERR.*[52] Gott ist der Erstbetroffene, wenn wir uns vom Partner abwenden oder ihm die Treue brechen. Das hat David nach dem Ehebruch mit Batseba erkannt: *An dir allein habe ich gesündigt, und ich habe getan, was dir missfällt.*[53] Wenn unsere Eheperson leidet, leidet auch Gott.

Als Garant unseres Bundes beschenkt Gott uns mit allem, was wir brauchen, damit die Ehe gelingen kann: mit unabhängiger Liebe, bedingungsloser Annahme für den Partner, Vergebungsbereitschaft (für 7 x 70 Mal dasselbe …[54]), mit unverbrüchlicher Treue im Denken, in den Blicken und im Handeln … und immer wieder mit dem Mut zu einem neuen Anfang. Die innere Haltung und das äußere Verhalten, die eine Ehe gelingen lassen, müssen wir nicht aus eigener Kraft „erarbeiten“; Gott bietet sie uns als Geschenk an; es genügt, ihn darum zu bitten und seine Angebote anzunehmen.[55] Sie können es ausprobieren; es ist so!

In Prediger 4,9–12 (ELB) findet sich ein humorvolles und schönes Gleichnis für den Ehebund und für das tragende Dabeisein des „Bundes-Zeugen“:

> *9 Zwei sind besser dran als ein Einzelner …*
> *10 Denn wenn sie fallen, so richtet der eine seinen Gefährten auf …*
> *11 Wenn zwei beieinander liegen, so wird ihnen warm …*
> *12 Und wenn einer den Einzelnen überwältigt, so werden doch die zwei ihm widerstehen; und eine dreifache Schnur wird nicht so schnell zerrissen.*

---

51 Jeremia 32,27.

52 Maleachi 2,15–16; ELB. Mit *Scheidung* ist Untreue gemeint.

53 Psalm 51,6.

54 Vgl. Matthäus 18,21–22.

55 Vgl. z. B. in Kapitel 4.1. „Liebe“.

3.4. Gott fügt uns zusammen

Was nun Gott zusammengefügt hat …[56] Gottes Zusammenfügen geschieht auf viele Weisen: Er tritt als Zeuge in den Ehe-Bund ein, er schafft die Eheperson, er fügt uns durch das Ein-Fleisch-Prinzip zusammen und durch sein Handeln als Zeuge und Garant unseres Bundes. Er tut es auch im ganz normalen Ehealltag. Vielleicht haben Sie es noch gar nie wahrgenommen. Wie geschieht das? Wenn ich berichte, wie ich es erlebe, wird Ihnen vielleicht bewusst, dass und wie Gott auch in Ihnen zusammenfügend wirkt. Und je mehr Sie sich auf seine Anstöße einlassen, desto klarer werden Sie diese wahrnehmen.

Wenn ich im Alltag zu Gott hin offen bleibe, kommen immer wieder Impulse von ihm. In einer etwas „stacheligen" Beziehungssituation z. B., in der ich verletzt reagieren und zurückschlagen möchte, kommt der Rat: „Gib jetzt nicht zurück!" Oder wenn mich etwas an meiner Frau stört und ich innerlich frage: „Soll ich etwas sagen?", höre ich oft: „Ich sage es ihr selber."[57] Gott stellt sich immer wieder schützend zwischen uns. Und wenn ich nach einem Konflikt mit meiner Frau mein Herz bei ihm ausschütte und mich über sie beklage, hört er mir zwar zu, aber er gibt mir nie recht; er geht keine Koalition mit mir ein gegen sie. Im Gegenteil, er ermutigt mich: „Vergib ihr jetzt, und geh auf sie zu!"; und er zeigt mir auf, wo ich selber Vergebung und Veränderung brauche. Aus vielen Gesprächen weiß ich, dass es anderen Männern und Frauen auch so geht.[58] Es ist, wie wenn Gott das Kreuz ins Gott-Ehe-Dreieck stellen würde: Der Stamm des Kreuzes stellt sich immer wieder schützend zwischen uns; seine Arme aber verbinden uns. Durch beides fügt Gott uns zusammen und fördert die Einheit.

Gott sieht uns immer als Ganzes: *Im Herrn ist weder die Frau ohne den Mann, noch der Mann ohne die Frau.*[59] Wenn ein Partner im Gebet vor Gott kommt, hat Gott den anderen immer dabei und behält die Eheperson im Blick. Die Einheit von Frau und Mann führt dazu, dass ein Ehepartner durch den anderen *geheiligt* ist (das heißt für Gott ausgesondert, auf die Seite genommen).[60] Gott beschenkt uns auch

56 Markus 10,9.

57 Mehr dazu in Kapitel 4.2.

58 Vgl. auch Bericht 14, S. 74.

59 1. Korinther 11,11; ELB.

60 Vgl. 1. Korinther 7,14.

mit der Autorität, im Gebet stellvertretend für den Partner handeln zu können: Wir dürfen Gott seine Schuld bekennen, stellvertretend für ihn um Vergebung bitten und Buße tun. Wir dürfen eine ungute Haltung (zum Beispiel Bitterkeit oder Selbstmitleid) im Gebet stellvertretend für ihn ablegen und ihm die zur neuen Schöpfung gehörende Haltung zusprechen. Wir dürfen für ihn dem Feind entgegentreten, ihn segnen usw. Es lohnt sich, das große Privileg des stellvertretenden Handelns zum Wohle unserer „Hälfte“ nutzen zu lernen. Da bin ich auch noch dran.

3.5. Unser Beitrag

Dass Gott durch sein Wirken Mann und Frau in der Ehe eins machen will, bewirkt Hoffnung und Entlastung: Das Entscheidende tut Gott. Und das, was wir brauchen, um unseren Teil tun zu können, stellt er uns zur Verfügung. Auf einige Möglichkeiten, wie jedes persönlich zu Gottes Zusammenfügen beitragen kann, haben wir bereits hingewiesen: die Eigenverantwortung für sein Verhalten übernehmen; von Gott erbitten und empfangen, was uns fehlt; unsere Erwartungen an den Partner „hochschicken“; seine Veränderung Gott überlassen usw.

Nun komme ich noch auf zwei Schlüssel-Beiträge zu sprechen. Der eine wird schon im Schöpfungsbericht erwähnt: *Darum verlässt ein Mann seinen Vater und seine Mutter und hängt an seiner Frau.*[61] Damit sich die Ehe als neue Einheit entfalten kann, müssen die Partner ihre Eltern innerlich verlassen. Das zeigen die in Abbildung 4 eingetragenen Prioritäten auf: Der Ehebeziehung kommt – nach der persönlichen Beziehung der Partner zu Gott – die zweite Lebens-Priorität zu; sie hat klar Vorrang gegenüber der Herkunftsfamilie. In Gottes Prioritäten-Ordnung folgen an dritter Stelle die Kinder bzw. die Familie; und erst dann der Beruf, ein Dienst im Auftrag Gottes, die Herkunftsfamilie und weitere Aufträge. Es entsteht viel Segen, wenn wir die ersten drei Prioritäten einhalten.

Der göttliche Auftrag, Vater und Mutter zu verlassen, fällt manchen Söhnen (seltener auch Töchtern) etwas schwer. Bericht 6:

61 1. Mose 2,24.

Das junge Ehepaar wohnte im Erdgeschoss des Elternhauses des Mannes; im ersten Stock lebte seine verwitwete Mutter. Sie hatte ihren einzigen Sohn an sich gebunden und übte moralischen und emotionalen Druck aus, dass er seine Sohnespflicht ja nicht vernachlässige. So stieg er nach der Arbeit immer zuerst die Treppe hoch, um nach seiner Mutter zu sehen und mit ihr zu plaudern. Für die junge Frau war dieses Verhalten eine verletzende Botschaft: „Seine Mutter ist ihm wichtiger; ich komme erst an zweiter Stelle." Es bedurfte mehrerer Gespräche, bis der junge Mann einverstanden war, die göttlichen Prioritäten anzuerkennen und die ungute Bindung an seine Mutter zu lösen. Als er seiner Frau dann den ihr zustehenden Platz gegeben und den seinen eingenommen hatte, brauchte er viel Mut, um seiner Mutter die neue Ordnung mitzuteilen. Nachher war der Weg offen, dass sich die Ehebeziehung entwickeln konnte.

Priorität Nummer eins zu beachten, bedeutet, dass ich Gott gefallen und ihm gehorchen will. Ich will die Verantwortung für mein Sein und Tun vor ihm tragen. Dazu sagt Paulus: *Und alles, was ihr tut, mit Worten oder Taten, das tut im Namen des* [oder: *für den*] *Herrn Jesus.*[62] Diese Anweisung gibt Paulus einige Verse später sogar den Sklaven. Wir können sie aber auch auf die Ehebeziehung übertragen. Dieser Rat ist ein Geheimtipp. Bericht 7:

Die Frau brach schluchzend in sich zusammen: „Während fünfzehn Jahren habe ich alles in diese Ehe und unsere Familie investiert, und er hat es überhaupt nicht wahrgenommen und mir nie dafür gedankt." Ihr Mann saß schweigend und betroffen da. Hatte er sich nicht auch mit aller Kraft für die Familie eingesetzt? Während sie weinte und schluchzte, wurde ich an Kolosser 3,17 erinnert, und ich dachte: „Wie tragisch! Sie hat alles an die falsche Adresse geschickt." Am Ende des Gespräches bat ich Frau C., sie möge sich zu Hause Zeit nehmen und alles auflisten, was sie für ihren Mann und für die Kinder getan habe, und es dann rückwirkend von ihnen wegnehmen und zu Gott hin „umadressieren". Alles solle für ihn zu seiner Ehre getan worden sein. Beim nächsten Gespräch vergaß ich, sie auf den Auftrag anzusprechen; aber beim Abschlussgespräch der Therapie, als wir die Meilensteine der Veränderung zusammentrugen, sagte Frau C.: „Ich bin damals nach Hause gegangen und habe die Umadressierung wirklich vorgenom-

62 Kolosser 3,17.

men. Und von da an, als ich alles nur noch für Gott tat, empfand ich wieder Liebe für meinen Mann." Welch überraschende Auswirkung!

Wenn Sie den Rat von Paulus umsetzen und nichts mehr für den Partner, sondern alles – sozusagen obendurch im Dreieck – für Jesus und zu Gottes Ehre tun, werden Sie dieselbe Erfahrung machen wie Frau C.: Ihre Liebe zum Partner wird wachsen. Gott wird Ihren Einsatz würdigen, und der Partner ist Ihnen weder eine Gegenleistung noch Dank schuldig. Das entlastet ihn und schafft in Ihrer Beziehung Frieden und viel Freiheit.

An dieser Stelle wollen wir etwas innehalten. Wie geht es Ihnen nach der Lektüre der Kapitel 3.1. bis 3.5., liebe Leserin, lieber Leser? Welches sind die ermutigendsten Entdeckungen über das Leben im Gott-Ehe-Dreieck? Erleben Sie etwas davon, dass Gott Sie als Paar zusammenfügt und Ihre Ehe baut? Wo und wie möchten Sie zu Gottes Wirken beitragen? Vielleicht können Sie sich darüber austauschen, was jedem wichtig geworden ist. Wenn beide damit einverstanden sind, die Ehe bewusst im Gott-Ehe-Dreieck zu leben, geben Sie Gott im Gebet seinen Platz an der Dreieckspitze. Und legen Sie fest, in welchem Bereich Sie mit der Umsetzung Ihrer Entscheidung beginnen möchten.[63]

3.6. Die Eheordnung

Es ist Gott wichtig, dass unsere Ehe gelingt. Dieses Ziel hat auch seine Eheordnung.[64] Gottes Ordnungen sollen ein Leben im Frieden ermöglichen: *Denn Gott ist nicht ein Gott der Unordnung, sondern des Friedens.*[65] Sie schaffen einen Beziehungs-Raum, in dem jeder sich entfalten kann. Gottes Ehe- bzw. Familienordnung möchte ich mit einem Haus vergleichen, das für jedes Ehepaar und jede Familie vorbereitet ist. Alle diese Häuser haben ein ähnliches Bauschema, sind aber in der Ausführung der Persönlichkeit der Ehepartner und der Situation der Familie angepasst. Gott lädt uns ein, im für uns vorbereiteten Haus zu wohnen.

63 Vgl. dazu den Artikel „Seelsorge an der eigenen Seele" im Anhang (v. a. den letzten Teil: „In der Wirklichkeit eines neuen Lebens unseren Weg gehen").

64 Gottes Familienordnung verfolgt ein ähnliches Ziel. Vgl. dazu Kapitel 7.2.

65 1. Korinther 14,33.

Seinen Platz einnehmen

In seiner Eheordnung weist Gott Mann und Frau jeweils einen Platz und einen Dienst zum Wohl des Ganzen zu. Sie haben unterschiedliche, ihrer Natur entsprechende Aufträge. Ihre Dienste sind unverzichtbar; sie ergänzen sich, sind aufeinander abgestimmt und gleich wichtig. Sie sollen sie in Freiheit, in direkter Verantwortung vor Gott und zu seiner Ehre tun; das verleiht ihnen Würde. In der Erfüllung ihres Auftrages ordnen sie sich zuerst Gott unter, dann dem Partner: *Wir wollen uns einander unterordnen in der Ehrfurcht vor Christus*[66] (Einführung zum Text über die Ehe). Die Unterordnung des Mannes besteht darin, dass er die Verantwortung als Haupt übernimmt; die der Frau darin, ihren Mann als Hilfe von Gott her zu unterstützen. Durch das Zusammenspiel ihrer Aufträge soll alles abgedeckt werden, was zum Wohl der Eheperson und der Familie nötig ist.

Gott lädt uns als Mann bzw. Frau jeweils persönlich ein, an unseren Platz zu treten. Wenn wir ihn einnehmen, erkennen wir in konkreten Alltagssituationen, worin unser Auftrag nun besteht und was wir tun sollen. Jesus selber leitet uns in unserem Dienst und beschenkt uns mit allem Nötigen. Deshalb sind wir beim Erfüllen unseres Auftrages nicht abhängig vom Teil des Partners. Jesus kennt beide Plätze (als Mensch war er „Gehilfe“ des Vaters – nun ist er das Haupt der Gemeinde); so kann er für beide Vorbild sein und sie lehren.

Der Auftrag des Mannes

Der Dienst des Mannes für seine Frau und die Kinder wird mit „Haupt-Sein“ umschrieben: *Der Mann ist das Haupt der Frau.*[67] Durch die Erfüllung dieses Auftrages drückt der Mann die Liebe zu seiner Frau aus: *Ihr Männer, liebt eure Frauen, wie auch Christus die Kirche geliebt und sich für sie hingegeben hat.*[68] Wie geschieht das konkret?

Als erstes gilt: *Das Haupt eines jeden Mannes ist Christus.*[69] Der Mann soll sein ganzes Leben in der Unterordnung unter Christus leben: in der Ehe, als Vater, in seinem Beruf, in seinen Beziehungen und in allen anderen Aufgaben. Nur so kann er seine Verantwortung für die Ehe und für die Familie vor Gott auf gute Weise

66 Epheser 5,21.

67 Epheser 5,23. Vgl. dazu auch Kapitel 7.3. „Elternschaft“.

68 Epheser 5,25.

69 1. Korinther 11,3.

übernehmen.[70] Mit dem Haupt-Sein ist kein Anspruch auf Macht und Herrschaft verbunden; es geschieht in einer dienenden Haltung: *Wer unter euch groß sein will, sei euer Diener, und wer unter euch der erste sein will, sei euer Knecht…*[71] Mit diesem Dienst sind Hingabe und Opferbereitschaft verbunden.[72] Bericht 8:

> *Ich bin in Deutschland geboren und habe den Zweiten Weltkrieg dort erlebt. Gegen Kriegsende wurde unsere Familie in den Schwarzwald evakuiert, wo mein Vater eine neue berufliche Aufgabe übernahm. In den letzten Kriegswochen gab es kaum mehr Lebensmittel, und wir litten Hunger. Da entschloss sich mein Vater, mit dem Fahrrad – der öffentliche Verkehr war zusammengebrochen – zu meinem Großvater zu fahren, der im Weinbaugebiet des Kaiserstuhls eine Küferwerkstatt betrieb. Er ließ sich manchmal durch Brot, Speckseiten und andere Esswaren bezahlen. Es war uns allen bewusst, dass mein Vater auf dem Hin- und auf dem Rückweg durch die deutsch-französischen Frontlinien kommen musste. Würden wir ihn je wieder sehen? Wie glücklich waren wir, als er nach ein paar Tagen mit einem hoch bepackten Fahrrad zu Hause ankam. Das war ein Freudenfest! Zwei Tage nach seiner Heimkehr ergab sich unser Dorf den Franzosen. Von meinem Vater habe ich gelernt, was die Hingabe der Vaterschaft bedeutet.*

Der Auftrag, seine Frau zu lieben, bedeutet auch, *seiner Frau anhängen* (wörtlich *ankleben*).[73] Dabei geht es um Zuwendung, lebenslange Verbindlichkeit und Treue. So wird die Ehe für die Frau zu einem Beziehungs-Raum der Sicherheit und Geborgenheit, in dem sie sich als Person entfalten kann. Sie zu lieben heißt zudem, ihr als der von Gott geschenkten Hilfe zu vertrauen, ihre Unterstützung anzunehmen und sie als gleichwertiges Gegenüber wertzuschätzen: *Das Herz ihres Mannes vertraut auf sie.*[74]

Der Mann soll *für die Seinen und die eigenen Hausgenossen zu sorgen wissen.*[75] Als Haupt ist der Mann für den äußeren Schutz und die Sicherheit[76] und für die

70 Vgl. als Beispiel 1. Mose 3,8–11.

71 Matthäus 20,26–27.

72 Vgl. Epheser 5,25.

73 1. Mose 2,24; ELB.

74 Sprüche 31,11.

75 Vgl. 1. Timotheus 5,8.

76 Vgl. z.B. den Traum Josephs in Matthäus 2,13–14.

materielle Versorgung zuständig; aber auch für das seelische und geistliche Wohl der Familie soll er besorgt sein. Ein besonderes Privileg ist, dass er für die Kinder und für seine Frau den geistlichen Schutz gegenüber den unsichtbaren Mächten übernehmen darf. Gott stattet ihn dafür mit der nötigen geistlichen Autorität[77] aus. Nicht nur die Kinder sind auf diesen Schutz angewiesen; wegen ihrer hohen geistlichen Sensibilität und Verletzbarkeit braucht ihn auch seine Frau. Bei der Erfüllung dieses Auftrages kommt dem Gebet eine Schlüsselrolle zu; Männer sollen Beter sein: *Mein Wille ist nun, dass die Männer überall beim Gebet ihre Hände in Reinheit erheben.*[78] Diesen Schutz aufzurichten, ist ein einfacher täglicher Dienst. Wie geschieht das praktisch? Ich selber bete so: In der mir geschenkten Autorität trete ich dem Feind entgegen; ich stelle mich wie ein Schutzschild vor meine Frau und unsere Kinder hin. Ich bekräftige, dass wir unter Gottes Herrschaft und unter seinem Schutz stehen, und verbiete Satan im Namen Jesu, sich in unser Leben einzumischen, uns anzugreifen oder uns materiellen oder geistlichen Schaden zuzufügen. Weil Gott den Mann als Haupt mit Autorität in seinem Namen ausgestattet hat, bewirkt ein einfaches Gebet des Glaubens den nötigen Schutz.

Und noch ein letzter Aspekt, wie sich die Liebe des Mannes seiner Frau gegenüber ausdrücken soll: *Die Männer sollen verständnisvoll sein im Umgang mit dem schwächeren Geschlecht, dem weiblichen, und die Frauen ehren…; so wird euren Gebeten nichts im Wege stehen!*[79] Petrus spricht hier zuerst die sexuelle Beziehung an. Diese einsichtsvolle, die Ehre und Würde der Frau schützende Rücksichtnahme gilt aber auch für die anderen Bereiche, wo die Frau eine feinere Natur hat.

Wenn wir Männer den von Gott für uns vorbereiteten Platz einnehmen und unsere Frau als Haupt lieben, schenken wir ihr das, was sie am meisten braucht. Sie, unsere Kinder und wir selber werden dadurch gesegnet. Aus Erfahrung weiß ich aber auch: Mann werden im Sinne Gottes ist ein lebenslanger Lernprozess. Ich bin auch noch dran.

Was ist bei Ihnen, lieber Leser, der nächste Schritt? Falls Sie Ihren Platz noch nie bewusst eingenommen haben, sollten Sie mit diesem Schritt beginnen.

---

77 Vgl. die Begriffserklärung im Anhang.

78 1. Timotheus 2,8.

79 1. Petrus 3,7.

Der Auftrag der Frau

Der Dienst der Frau wird umschrieben mit *Gehilfin-Sein von Gott her* (das hebräische Wort bedeutet Hilfe, Beistand, Unterstützung von Gott her):[80] Eva ist Gottes Hilfe für Adam. Welche Ehre und Würde! Wenn sich eine Frau der Bedeutung dieses Auftrages bewusst ist, kann sie ihn in Liebe, in Freiheit und in der Haltung Jesu tun: *Seid so gesinnt, wie es eurem Stand in Christus Jesus entspricht: Er, der doch von göttlichem Wesen war, hielt nicht wie an einer Beute daran fest, Gott gleich zu sein.*[81] Jesus ist ihr Modell; sie erfüllt ihren Auftrag oben im Dreieck, zu seiner Ehre: *in der Ehrfurcht vor Christus – wie unserem Herrn – wie es sich im Herrn geziemt.*[82]

Durch die Frau schenkt Gott das Leben, physisch und geistlich.[83] Sie setzt sich mit ganzer Kraft dafür ein, dass es sich entfalten kann. Mit ihrer Fürsorglichkeit, ihrer Hingabebereitschaft und ihren haushälterischen Fähigkeiten[84] dient sie dem Ganzen der Familie. Ihre Herzenshaltung bestimmt die Atmosphäre im Haus.

Als Hilfe von Gott her soll sie ihren Mann in seiner Verantwortung als Haupt anerkennen und unterstützen; ihn im Guten bestärken und ihn vor dem Unguten warnen. Als Gegenüber auf Augenhöhe bringt sie in die Ehebeziehung ein, womit Gott Eva begabt hat: geistliche Sensibilität, Intuition, die weibliche Art, wahrzunehmen und zu denken, und ihren Gerechtigkeitssinn. Der Mann braucht diese Ergänzung. Aus ihrer emotionalen Stärke heraus kann sie auf seine Bedürfnisse nach emotionaler (und körperlicher) Zuwendung eingehen und ihm Rückhalt geben. Bei der Erfüllung ihres Dienstes kommt dem Gebet wieder große Bedeutung zu: ihren Mann segnen, für ihn danken, regelmäßige Fürbitte, stellvertretend für ihn Buße tun, im Gebet um ihn kämpfen usw.

Was wir Männer von unseren Frauen ganz besonders brauchen, ist ihre Achtung: *Die Frau soll ihren Mann achten und ehren.*[85] Bericht 9:

> *Eine Frau berichtete mir, sie schaffe es nicht, ihren Mann zu achten; das färbe auch auf die Vaterbeziehung ihrer Kinder ab. Als ich sie fragte, was*

80 1. Mose 2,18.

81 Philipper 2,5–6.

82 Epheser 5,21 – Epheser 5,22 – Kolosser 3,18.

83 Vgl. dazu 2. Timotheus 1,5.

84 Vgl. dazu Sprüche 31,11–20.

85 Epheser 5,33; HFA.

sie denn daran hindere, erzählte sie eine Begebenheit aus dem ersten oder zweiten Ehejahr: Eines Nachts wurde sie durch Geräusche im Erdgeschoss geweckt, wo ihr Kind schlief. Es war ihr klar: Das ist ein Einbrecher. Sie weckte ihren Mann und bat ihn, doch nach unten zu gehen und nachzusehen. Ihr Mann wurde von Angst gepackt und weigerte sich, etwas zu unternehmen. Da stand sie auf, zog etwas an, machte Licht und vertrieb den Einbrecher mit viel Geschrei. In dieser Nacht, sagte die Frau, sei etwas in ihr zerbrochen. Ihr Mann hatte sie und das Kind im Stich gelassen. Sie wisse nicht, wie sie das Vertrauen zu ihrem Mann wieder finden, sich bei ihm wieder in Sicherheit fühlen und ihn wieder achten könne. In einem kurzen Gesprächsblock arbeiteten wir die verletzende Erfahrung auf. Auch spätere Erlebnisse, die in die gleiche Kerbe gefallen waren, brauchten Bearbeitung. Im seelsorgerlichen Prozess konnte sie ihrem Mann vergeben, ihre Verachtung für ihn als Schuld bekennen und dafür Vergebung empfangen, sie ablegen und um Heilung für das Im-Stich-gelassen-Sein bitten. Nun war sie bereit, in Gottes Ordnung an ihren Platz zu treten und sich von Gott mit der Achtung für ihren Mann beschenken zu lassen.

Die Achtung der Frau baut den Mann auf und macht ihn stark. Das ist auch meine Erfahrung: Wer ich heute bin, bin ich in vielen Bereichen durch die Achtung meiner Frau geworden. Ihren Mann achten heißt, ihn ermutigen, wohlwollend über ihn denken, seine Ehre schützen, gut über ihn reden (auch in seiner Abwesenheit, vor allem auch vor den Kindern[86]). Da ein Mann mehr Achtung braucht, als er verdient, müsst ihr Frauen euch von Gott damit beschenken lassen. (Das Umgekehrte gilt ja auch: Ihr Frauen braucht mehr Liebe, als ihr verdient …) Wenn die Frau ihren Mann achtet, schützt sie sich selber gegen ungute Tendenzen: Streitsucht und Nörgelei[87], Versuchbarkeit und die Gefahr, zur Versucherin ihres Mannes zu werden[88]. Wenn eine Frau ihren Mann dagegen verachtet, richtet sie großen Schaden an: Sie entwürdigt und schwächt ihn, zerstört ihre Ehe, hindert die Kinder daran, eine gute Vaterbeziehung aufzubauen, und sie schadet sich selber. Die Verachtung der Frau für ihren Mann ist eines der Hauptübel vieler unglücklicher Ehen.

86 Vgl. Bericht 30, S. 141.

87 Vgl. dazu Sprüche 19,13; 21,9.

88 Z. B. in 1. Mose 3,6.

Liebe Leserin: Nehmen Sie sich eine Zeit vor Gott und lassen Sie sich zeigen, was auf dem Weg, eine Frau nach Gottes Herzen zu werden, der nächste Schritt sein könnte. Und als Mann bitte ich Sie: Schenken Sie Ihrem Mann Achtung von Gott her; er braucht sie sehr!

Zum Schluss

In Gottes Eheordnung drücken sich wichtige Aspekte unseres Eheverständnisses und des Gott-Ehe-Dreiecks aus: Gott hat für jeden einen Platz; beide Partner werden von Gott in ihre Aufgabe gerufen, sie werden von ihm befähigt und tragen ihre Verantwortung vor ihm. Gottes Auftrag kann keiner vom anderen fordern. Bei ihrem Dienst geht es um Gottes Ehre und nicht darum, Menschen zufriedenzustellen. Jesus ist für beide das Modell und ihr Lehrer. Die persönliche Neuschöpfung befähigt sie zu ihrem Dienst; und die konkreten Aufträge sind für sie vorbereitete gute Werke.[89] Ehen, in denen beide an ihrem Platz in Gottes Eheordnung leben, sind geprägt durch mehr Frieden und viel Segen.

In einer gemeinsamen Zeit können Sie miteinander zu entdecken versuchen, wie Gott seine Eheordnung für Sie gedacht hat.[90] Welches ist die Ihrer Situation entsprechende Aufteilung der Verantwortlichkeiten? So können Sie dabei vorgehen:

- Erstellen Sie gemeinsam eine Liste der für Ihre aktuelle Situation wichtigen Dienste und Verantwortlichkeiten.
- In einer persönlichen Zeit vor Gott nehmen Sie im Gebet Ihren Platz als Mann bzw. Frau ein. Mit Hilfe der gemeinsam erarbeiteten Liste lassen Sie sich dann von Gott zeigen, wofür er Ihnen die Verantwortung oder eine Teil-Verantwortung übergeben möchte.
- Nun tauschen Sie sich über die Ergebnisse der persönlichen Zeit aus. Für doppelt und nicht abgedeckte Bereiche bitten Sie Gott in einer gemeinsamen Zeit des hörenden Gebets um seinen Rat.[91] Vergessen Sie nicht: Jede(r) soll

89 Epheser 2,10; ELB.

90 Zur Familienordnung, vgl. Kapitel 7.2. und 7.4. und Übersicht 10.

91 Mehr dazu in Kapitel 5.4. „Gemeinsam entscheiden“.

die Verantwortung für seine Aufträge ganz und nur vor Gott tragen können; nicht vor dem Partner!

- Auch für die Bereiche, in denen Sie die Verantwortung untereinander aufteilen, braucht es aus dem Hören auf Gott Klärung, wer welche konkreten Aufgaben übernehmen soll.

- Legen Sie fest, wann Sie die Umsetzung der Aufteilung in einer Paar-Standortbestimmung überprüfen werden.

4. KONZEPTE FÜR DIE EHE

Ich locke sie … und … werde ihr zu Herzen reden. (Hosea 2,16)

Aber euch, die ihr meinen Namen fürchtet,
wird die Sonne der Gerechtigkeit aufgehen, und Heilung ist unter ihren Flügeln.
Und ihr werdet hinausgehen und umherspringen wie Mastkälber.
(Maleachi 3,20; ELB)

Was macht der Text von Maleachi 3,20 mit Ihnen? Ich weiß noch, was ich erlebt habe, als er mir in einem Seelsorge-Gespräch zugesprochen wurde: Mein Herz erfasste intuitiv und sekundenschnell, welch wunderbare, entlastende Zusage Gott mir machte: Heilung, geschenkte Gerechtigkeit, ein Leben im Licht, Freude … Mein Herz jubelte: „Das will ich, Herr!" – Mein Verstand aber drehte anfangs im Leeren: die Gerechtigkeit als Sonne …; und Flügel hat sie auch noch …; und in den Flügelhöhlen ist Heilung …? Erleben Sie das manchmal auch, dass ihr Herz ein Wort von Gott so schlagartig schnell erfasst und aufnimmt, dass ihr denkendes Verstehen zuerst gar nicht mitkommt?

Weil unser Herz Gottes Wahrheit intuitiv ganzheitlich erfassen kann, viel schneller als unser Verstand, spricht Gott gerne durch symbolische Handlungen, Vergleiche, Gleichnisse und Bilder zu uns. Die Umgestaltung unserer Person soll im Herzen beginnen. In der Seelsorge habe ich beobachtet, wie Gott dabei vorgeht: Durch Bilder und Vergleiche schafft er Erkenntnis des Herzens; diese weckt den Wunsch nach Veränderung; nun bietet Gott der Person eine Portion neues Leben an; sie nimmt das göttliche Geschenk im Gebet an und setzt ihre Entscheidung dann im Alltag um. So wirkt Gott bleibende Veränderung.

Alle Bilder, die ich in diesem Buch weitergebe, hat Gott mir einmal in einem Seelsorge-Gespräch geschenkt. Sie haben die Herzen der Gegenüber ganzheitlich angesprochen und so viel Entlastung bewirkt, dass ich sie dann immer wieder eingesetzt habe. So ist eine Sammlung von Bildern entstanden, durch die mein Eheverständnis für die Herzen intuitiv erfassbar wurde. Diese Bilder nenne ich Konzepte. Konzepte sind göttliche Zielbilder.[92] Sie bilden nicht die aktuelle Realität der Ehebeziehung ab, sondern zeigen Gottes Ziel für die Beziehung auf. Das Gott-Ehe-Dreieck ist das Grundkonzept meines Eheverständnisses. Wenn wir in der Paarseelsorge eine Konfliktsituation auf dieses Zielbild legen, können wir für jeden Partner erkennen, welche Grundhaltung zum Konflikt führt, welches die Lösung sein könnte und wie diese mit Gottes Hilfe verwirklicht werden kann.

Die neuen Konzepte, die wir nun kennenlernen werden, sind alle im Dreieck verankert. Sie zeigen auf, wie eine spezifische Aussage des Dreiecks in der Ehebeziehung umgesetzt werden kann. Alle Konzepte bewirken Entflechtung[93] und Entlastung. Sie sind auf Gottes Ziel für die Ehe ausgerichtet: Eine durch Einheit und unabhängige Liebe geprägte Beziehung.

4.1. Die Beziehungs-Formel

Bei vielen Ehepaaren, die Hilfe suchten, gewann ich im Erstgespräch einen ähnlichen Eindruck: keine Liebe mehr; die Partner verstrickt und verhakt durch Vorwürfe, Forderungen, Bedingungen, Enttäuschungen; beide verletzt und am Ende ihrer Kräfte. Die Ehe war zum Ort der Not und zum Gefängnis geworden. So hatte Gott die Ehe nicht gemeint. Wie konnten sie wieder zur Liebe finden?

Mit der Zeit habe ich erkannt, was die Liebe tötet und was es braucht, dass sie wieder wachsen kann. Ich habe auch erlebt, dass es immer einen Weg zurück in die Liebe gibt (bzw. gäbe). Wenn die Beziehung etwas anstrengend wird, versuchen viele Paare, die Reibung durch Notlösungen zu verringern: sie achten auf Symmetrie; sie stecken Territorien, Pflichten und Rechte ab; jeder führt eine innere Buchhaltung über seine „Investitionen" fürs Ganze; für die Nichteinhaltung der Regeln bestraft man einander; die Partner leben immer mehr parallel, aus dem gleichen Kühlschrank. So töten sie den Liebesaustausch ab. Wie können Paare aus dieser entmutigenden Spirale herausfinden?

---

92 Die für die Ehebeziehung geschenkten Bilder habe ich im Buch *Makarios* auf die mitmenschlichen Beziehungen übertragen. Dort finden sich zu einigen Konzepten zusätzliche Aussagen.

93 Vgl. die Begriffserklärung im Anhang.

Meine Schlussfolgerungen aus der Eheseelsorge kann ich in einem Satz zusammenfassen: Es gibt in einer Ehe nicht mehr Liebe, als es Freiheit gibt. Liebe muss frei geschenkt werden können; die Forderung tötet sie. Damit die Liebe zwischen den Ehepartnern wieder fließen kann, müssen die Verstrickungen gelöst, die Beziehung entflochten[94] und die Notbehelfe außer Kraft gesetzt werden. Am Gott-Ehe-Dreieck lässt sich der Weg gut aufzeigen: Jeder gibt der Beziehung zu Gott die erste Priorität; er kehrt an seinen Platz zurück und tritt in die Eigenverantwortung vor Gott ein; er akzeptiert Gottes Auftrag, den Partner anzunehmen und zu lieben;[95] er entschließt sich, dem Partner zu vergeben und seinen Teil des „Beziehungs-Misthaufens" zu entsorgen.[96] Das entlastet die Beziehung, und der Weg zum anderen wird wieder frei für die Liebe.

Nun lernen wir einige Konzepte kennen, die uns aufzeigen, wie wir den Liebesaustausch in der Ehebeziehung bewahren können. Das erste ist die Beziehungs-Formel:

F + Z → L

Freiheit und Zuwendung ermöglichen Liebe

Abb. 6: Die Beziehungs-Formel

Freiheit

Zum Leben gehören zahlreiche familiäre, gesellschaftliche, berufliche und rechtliche Verpflichtungen; äußerlich können wir nicht frei sein. Die Freiheit, die wir gewinnen können, ist die innere Freiheit. In dieser Freiheit hat Jesus gelebt. Die Evangelien zeigen, dass er nicht durch die Erwartungen oder Forderungen seiner Umgebung bestimmt war.[97] Er stellte niemanden zufrieden.[98] Er band die Jünger

94 Vgl. die Begriffserklärung zu „Entflechtung" im Anhang.

95 Vgl. dazu Römer 15,7 und Matthäus 22,39.

96 Vgl. dazu Kapitel 4.5.

97 Vgl. z. B. Matthäus 16,22f.

98 Vgl. z. B. Johannes 2,4.

nicht an sich, er ließ sie frei.[99] Auch bei seinem Prozess und seiner Kreuzigung war er der einzige, der innerlich frei war.[100] Er ließ sich auch nicht durch seine Bedürfnisse und seine Gefühle bestimmen.[101] Seine innere Freiheit machte es möglich, dass er sich den Menschen ganz zuwenden und sie lieben konnte. Nach dieser Freiheit sehnen wir uns. Wie können wir sie finden? In einer Aussage Jesu finden wir die Antwort. Lesen Sie den Text für sich durch und versuchen Sie zu entdecken, wie Jesus seine Freiheit gewonnen hat.

> 19 *Jesus sprach zu ihnen: Wahrlich, wahrlich, ich sage euch:*
> *Der Sohn kann nichts von sich aus tun, sondern nur, was er den Vater tun sieht;*
> *denn was dieser tut, das tut in gleicher Weise auch der Sohn.*
> 20 *Denn der Vater hat den Sohn lieb und zeigt ihm alles, was er tut.*
> (Johannes 5,19–20; LUT)

Aus Liebe zum Vater hat Jesus auf alles eigene „Tun-Wollen“ verzichtet und sich frei dem Vater und seinem Handeln unterordnet. Hinter *der Sohn kann nicht* steht die klare Entscheidung der Hingabe an den Vater. Dass Jesus sich ganz, zu 100 Prozent, vom Vater abhängig gemacht hat, hat ihn vollkommen, zu 100 Prozent, frei gemacht den Menschen gegenüber. Dieser Weg steht uns auch offen. Wir können wählen, von wem wir abhängig sein wollen: von den Menschen, von uns selber oder von Gott.[102] Weil Gott uns immer frei lässt, ist die frei gewählte Abhängigkeit von ihm die einzige, die frei macht. Je mehr Abhängigkeit von Gott, desto weniger Menschenfurcht und desto mehr innere Freiheit. In diese innere Freiheit will Jesus Christus uns führen: *Wenn … der Sohn euch frei macht, werdet ihr wirklich frei sein.*[103]

Der Dichter Matthias Claudius formuliert diese innere Freiheit so: „Und der ist nicht frei, der da will tun können, was er will, sondern der ist frei, der da wollen kann, was er tun soll.“[104] Wer frei leben will, muss sich selber bei der Hand nehmen und dahin führen können, dass er das, was er von Gott her als richtig erkennt, frei wählen kann. Das tut Jesus: In Gethsemane kämpft er mit sich selber, um „wollen

99 Vgl. Johannes 6,66–68.

100 Vgl. z. B. Matthäus 27,12–14 und Lukas 23,34.

101 Vgl. etwa Matthäus 4,1–4 und 26,37–46.

102 Vgl. dazu Abbildung 1.

103 Johannes 8,36.

104 In: Matthias Claudius, *An meinen Sohn Johannes*, 1799, Heilbronn 2002, S. 6.

zu können, was er tun soll". Wer in der Freiheit Jesu leben lernen will, kann mit seiner Hilfe rechnen.

Mit dem Leben in der Freiheit Jesu ist die Herausforderung verbunden, über sich selber zu wachen. Paulus sagt: *Alles ist mir erlaubt, aber nicht alles ist nützlich. Alles ist mir erlaubt, aber ich will mich von nichts beherrschen lassen.*[105] Seine Freiheit bewahren bedeutet, keine inneren oder äußeren Abhängigkeiten zulassen. Zur Freiheit gehört die Bereitschaft zur Eigenverantwortlichkeit: Ich übernehme vor Gott 100 Prozent die Verantwortung für meine Gefühle, mein Denken, mein Handeln und mein Sein. Ich verzichte darauf, andere Menschen, meine Erziehung oder die Umstände für mein Verhalten verantwortlich zu machen. Dafür braucht es Mut und Ehrlichkeit sich selber und den anderen gegenüber; wir müssen zu unserem Versagen und zu unserer Schuld stehen können. Wer in der *herrlichen Freiheit der Kinder Gottes*[106] leben will, muss schuldfähig werden und bereit sein, im Alltag immer wieder aus Gottes Vergebung zu leben.

Wie können wir unsere Ehebeziehung in der Freiheit Jesu leben? Hier einige Hinweise: Sich Gott unterordnen bedeutet, ein Ehepartner nach seinem Herzen sein wollen. Mich nicht durch meine Bedürfnisse und Gefühle leiten lassen, sondern durch seinen Geist. Meine Seele bei der Hand nehmen, damit sie wollen kann, was ich tun soll. Den Partner frei lassen; seine Veränderung Gott überlassen.[107] Mich ausstrecken nach der Art zu lieben, wie Gott liebt. Mit ihm zusammenwirken in dem, wie er unsere Ehe baut, und auf das verzichten, was seinem Handeln entgegenwirkt. Unsere Ehe so zu leben, scheint ein unerreichbares Ziel zu sein. Weil Gott uns aber dazu befähigen und zu Hilfe kommen will, können wir uns auf den Weg machen: *Denn Gott ist es, der in euch das Wollen und das Vollbringen bewirkt, zu seinem eigenen Wohlgefallen.*[108]

Wollen Sie den Schritt in die Freiheit Jesu wagen, lieber Leser, liebe Leserin? Dann tun Sie, was Jesus getan hat, und stellen Sie Gott Ihr Leben durch einen Schritt der Hingabe zur freien Verfügung. Paulus ermutigt die Christen in Rom dazu:

105 1. Korinther 6,12; ELB.

106 Römer 8,21.

107 Vgl. Bericht 2.

108 Philipper 2,13.

Weil ihr Gottes reiche Barmherzigkeit erfahren habt, fordere ich euch auf, liebe Brüder und Schwestern, euch mit eurem ganzen Leben Gott zur Verfügung zu stellen.
Seid ein lebendiges Opfer, das Gott dargebracht wird und ihm gefällt.
Ihm auf diese Weise zu dienen ist der wahre Gottesdienst und die angemessene Antwort auf seine Liebe. (Römer 12,1; HFA)

Auf diese Art können wir uns Gott aus Liebe freiwillig hingeben und in die Freiheit Jesu eintreten. Nun darf Gott uns einsetzen und gebrauchen, wie er will, und durch uns handeln. Je bewusster wir in dieser nahen Verbindung mit Gott leben, desto freier werden wir sein.

Zuwendung

Das Ziel der Freiheit ist Liebe. Wenn die Freiheit nicht in der Abhängigkeit von Gott gelebt wird, steht sie in der Gefahr, zur Gleichgültigkeit dem Partner gegenüber zu führen, die sagt: „Das ist dein Problem …", und sich kalt von ihm abwendet. Damit die Freiheit nicht zu einem egoistischen Selbstzweck wird, sondern zur Liebe führt, braucht es ein Zwischenglied: die Zuwendung. Sie soll die erste Frucht der gottgeschenkten Freiheit sein.

Zuwendung ist etwas Besonderes; nur Gott kann immer in allen Kontakten zugewendet leben. Auch Jesus als Mensch war dazu nicht fähig. Das zeigt sich in seiner Begegnung mit dem reichen Jüngling, wie sie im Markusevangelium berichtet wird: Zuerst gibt Jesus ihm eine allgemeingültige Antwort. Als der junge Mann sich damit nicht begnügt, geschieht folgendes: *Jesus blickte ihn an, gewann ihn lieb und sagte zu ihm: „Eines fehlt dir. Geh, verkaufe, was du hast, und gib es den Armen, so wirst du einen Schatz im Himmel haben, und komm und folge mir!"*[109] Hier wird umschrieben, was Zuwendung bedeutet: Jesus richtet sich ganz auf diesen einen Menschen aus, schaut ihn als Person an, gewinnt ihn lieb und gibt ihm die einmalige, persönliche Antwort, die den Kern seiner Not trifft.

Aber was bedeutet Zuwendung in der Ehe? Sie ist wie eine Münze, die zwei Seiten hat: Zuwendung auf Dauer und Zuwendungs-Momente. Zuwendungs-Momente sind Höhepunkte der Ehebeziehung: Jede(r) richtet sich als ganze Person auf den Partner aus, gewinnt ihn lieb und lässt sich auf seine Not, seine Freude, sein Erle-

109 Markus 10,21.

ben, seine Gedanken ganz ein. In diesen Momenten tritt jede(r) in den inneren Bezugsrahmen des anderen ein, ist aber auch sein Gegenüber, das sich als Person in Liebe einbringt. So findet ein echter Austausch statt.[110] Zuwendungs-Momente können sich spontan begeben; man kann sich aber auch danach ausstrecken. Das ist die eine Seite der Münze.

Bei einer Münze kann man die eine Seite nicht ohne die andere haben. Das gilt auch hier: Zuwendungs-Momente von hoher Beziehungsqualität sind nur dann möglich, wenn beide Partner auch zur Zuwendung auf Dauer bereit sind: zu Verbindlichkeit und Treue. Verbindlichkeit ist die Entschiedenheit, an der frei getroffenen Wahl des Partners und am gegebenen Eheversprechen unverbrüchlich festzuhalten, seiner Entscheidung treu zu bleiben.

Die Versuchung zur Untreue tritt an alle heran, Männer und Frauen, auf jeweils etwas andere Art. Jesus weist darauf hin, dass Ehebruch eine schiefe Bahn ist, auf die man sich schon lange vor dem körperlichen Vollzug begeben hat.[111] Es gibt Untreue auf drei Ebenen: auf der geistlichen (z. B. tiefere geistliche Gemeinschaft mit einer Person des anderen Geschlechts als mit dem Partner) – auf der seelischen (Zuwendung, seelischer Austausch, bewundert werden, sich endlich ganz angenommen, verstanden und wertgeschätzt fühlen und Ähnliches) – auf der körperlichen (physische Nähe, Berührung, Streicheln … bis zum sexuellen Kontakt). Auf jeder dieser Ebenen können wir auf die schiefe Bahn geraten. Eigentlich wissen wir, wenn das geschieht, und wissen auch um den Sog in den Abgrund.

Zur ehelichen Treue muss man sich bewusst entschließen: *Ich habe einen Bund gemacht mit meinen Augen, dass ich nicht lüstern blicke auf eine Jungfrau.*[112] Dafür brauchen wir Selbstbeherrschung; wir müssen über unsere Blicke, unsere Gedanken und unsere Gesten wachen lernen. In den Gesprächen wurde ich immer wieder gefragt, wo denn die Grenze sei zwischen Treue und Untreue. Diese Frage erlebte ich als Ausflucht: „Das muss ich Ihnen nicht sagen; das wissen Sie selber ganz genau. Es genügt, dass Sie die ‚Grenze Null' einhalten, die in Ihnen eingeschrieben ist. Das ist alles. Wenn sie das tun, wird sie sich langsam dorthin verschieben, wo sie von Gott her sein soll." Und wenn wir die Grenze trotz einer klaren Entscheidung dann doch übertreten haben? Dann bekennen wir es Gott als Schuld (nicht

110 Vgl. Kapitel 6.2. und Übersicht 6.

111 Vgl. dazu Matthäus 5,27f.

112 Hiob 31,1; LUT.

dem Partner ...), bitten ihn um Vergebung, richten die Grenze wieder auf und bestätigen unseren Entschluss zur ehelichen Treue im Gebet.

Wenn Sie den Schritt in die Freiheit gewagt haben, sollten Sie sich nun der Frage stellen, wie es mit der Zuwendung zum Partner steht. Zuwendung ist das Tor zur Liebe. Wozu ermutigt Sie Gott hier?

Liebe

Gottes Ziel ist, dass im Gott-Ehe-Dreieck die Liebe fließt (vergleiche Abbildung 3). Eheliche Liebe ist ein Gericht aus vielen Zutaten. Die wichtigste ist die unabhängige Liebe, die den Partner mit der göttlichen Art von Liebe liebt. Aber auch ganz menschliche Zutaten gehören dazu, die dem Gericht seine einmalige Würze geben: Zärtlichkeit und die erotische Liebe; dass wir das „Abenteuer Familie" miteinander bestehen wollen; gemeinsame Projekte; eine Ehe-Sprache entwickeln, Wortspiele; miteinander spielen und blödeln; Sympathie und Wohlwollen, freundschaftliche Gefühle; und sogar: „Ich hab mich so an dich gewöhnt"[113].

Die wichtigste Zutat, welche die Dauer der Ehe garantiert, ist die unabhängige Liebe, die göttliche Agape-Liebe. Die geliebte Person muss sie nicht verdienen; ihr Grund liegt im Herzen des Liebenden, nicht im Sein oder Verhalten des Gegenübers. Sie sagt nicht: „Ich liebe dich, weil du ..."; es kann auch keinen Gegengrund geben: „Weil du ... kann ich dich nicht mehr lieben". Aus unserem Erleben mit Gott wissen wir, wie wohltuend, ermutigend, aufbauend und freilassend seine Liebe ist. Sie ist frei von jeder Eigensucht; es geht ihr immer um uns. Sie ist bereit, alles für uns zu geben; sogar den eigenen Sohn. Die eindrücklichste Beschreibung von Gottes Liebe findet sich im 1. Korintherbrief:

> 4 *Die Liebe [Gottes] hat den langen Atem, gütig ist die Liebe [Gottes], sie eifert nicht.*
> *Die Liebe [Gottes] prahlt nicht, sie bläht sich nicht auf,* 5 *sie ist nicht taktlos,*
> *sie sucht nicht das Ihre, sie lässt sich nicht zum Zorn reizen, sie rechnet das Böse nicht an,*
> 6 *sie freut sich nicht über das Unrecht, sie freut sich mit an der Wahrheit.*
> 7 *[Die Liebe Gottes] trägt alles, sie glaubt alles, sie hofft alles, sie erduldet alles.*
> 8 *Die Liebe [Gottes] kommt niemals zu Fall.* (1. Korinther 13,4–8)

113 Ein Lied von Hildegard Knef, 1963.

Wie können wir diesen Text auf unsere Ehebeziehung übertragen? Übersicht 2 im Anhang, „Agape-Liebe praktisch", versucht, das zu tun. Der Gedanke, dass wir unseren Ehepartner so lieben könnten, liegt wie ein ganz fernes Ziel am Horizont; wir können uns danach ausstrecken, aber erreichen werden wir es nie. Gott weiß um unsere geringe Liebesfähigkeit; darum will er uns mit dieser Liebe beschenken. Fünf praktische Wege sollen aufzeigen, wie wir dieses Geschenk in Besitz nehmen können.

- Die unabhängige Liebesfähigkeit gehört zur neuen Schöpfung, die Gott bereits in seine Kinder hineingelegt hat. Dies kommt in Philipper 4,5 zum Ausdruck: *Eure Freundlichkeit lasst kund werden allen Menschen!*[114] Diese frei geschenkte Freundlichkeit scheint von Gott her in uns angelegt zu sein; wir müssen sie nur *kund werden lassen*. Bericht 10:

Welche Gegensätze: Der Mann war in Paris aufgewachsen; er war hochintelligent, aber ein Chaot. Seine Frau entstammte einer sehr strukturierten Fabrikanten-Familie. Lange Jahre war sie mit den Kindern ihrem Mann auf seinem Zickzack-Kurs durchs Leben gefolgt. Nun hatte sie aufgegeben; sie hatte keine Hoffnung mehr; sie wollte sich nicht mehr auf ihn einlassen. Das war verständlich.

Die Paargespräche lösten bei Herrn M. einen echten Veränderungsschub aus – seine Frau aber verharrte in ihrer ablehnenden Haltung. Eines Tages kamen wir auf Philipper 4,5 zu sprechen. Ich fragte Frau M.: „Gibt es in Ihrem Herzen noch Freundlichkeit für Ihren Mann, trotz allem, was Sie erlebt haben?" – Sie druckste herum, wie jemand, der nicht antworten will. Schließlich sagte sie: „Eigentlich schon noch ..." – „Möchten Sie sie nicht von Zeit zu Zeit kund werden lassen?" – „Nein, das will ich nicht!" – „Okay. Aber Sie wissen nun, dass es in Ihrem Herzen Freundlichkeit für Ihren Mann gibt. Gott hat sie in Sie hineingelegt; sie ist da. Der Zeitpunkt wird kommen, wo Sie sie wieder kund werden lassen möchten." Einige Wochen später war es dann soweit; sie ließ die Liebe, die Gott in sie hineingelegt hatte, wieder zu ihm hin fließen.

114 Philipper 4,5 nach LUT.

- Ein zweites Angebot: *... zieht die Liebe an, die das Band der Vollkommenheit ist!*[115] Sollte Gott etwa einen Kleiderschrank haben, in dem man sich bedienen kann? Da es mir in meinen Seelsorgegesprächen manchmal an Liebe fehlte, wollte ich dieses Angebot ausprobieren. Dabei habe ich gelernt, wie man sich in Gottes Garderobe bedienen kann, und was dann in uns geschieht: Bei der Vorbereitung auf ein Gespräch musste ich mir als erstes meinen Mangel an Liebe eingestehen und ihn Gott im Gebet bekennen. Dann holte ich seine Liebe zu meinem Gegenüber und zog sie über meine Lieblosigkeit an. Wenn ich das vor den drei, vier folgenden Gesprächen jeweils tat, begann unter dem Mantel von Gottes Liebe meine eigene Liebesfähigkeit zum Gegenüber zu wachsen. Mit der Hilfe von Gottes Kleiderschrank habe ich einige Menschen, die ich am Anfang nicht leiden mochte, sehr lieb gewonnen. Es stimmt wirklich: Gott hat einen Kleiderschrank. Er lädt uns ein, bei ihm zu holen, was uns fehlt. Sie finden dort auch Geduld, Vergebungsbereitschaft, Barmherzigkeit und alles andere, was Sie für Ihre Ehe nötig haben, liebe Leserinnen und Leser. Bedienen Sie sich!

- Ein dritter Weg: Vor Jahren wurde mir in einem Gespräch bewusst, dass ich zu wenig Liebe hatte für meine Frau. Was tun? Die amerikanischen Rezepte, wie „Touch your wife three times a day, and you'll love her again ..." entsprachen mir nicht. Da kam mir der Gedanke, Gott einen Vorschlag zu machen: „Du schickst mir Liebes-Impulse, und ich setze sie um. Falls ich es nicht tue, werde ich dich um Vergebung bitten." Gott ließ sich darauf ein. Schon bald kamen die ersten Impulse: Gott setzte mich durch einen spontan auftretenden Wunsch oder einen Gedanken („Setze dich kurz zu ihr"), verbunden mit einem „warmen Gefühl", in Bewegung. Es war wichtig, den Impuls sofort umzusetzen, ob meine Frau dann gerade empfangsbereit war oder nicht. Sogar in einer angespannten Beziehungssituation konnte ein Impuls bei mir landen. Dann brauchte es eine klare Entscheidung, die Liebe zuzulassen und den Impuls wirklich auch umzusetzen. Es ist beeindruckend, wie leicht Gott es uns mit seinen Impulsen macht. Ich habe diesen Tipp vielen Menschen weitergegeben. Er hat immer „funktioniert".

115 Kolosser 3,14; ELB.

- Auch so geht es: Von einem Bekannten habe ich folgende Geschichte gehört: Ein Mann fragte ihn in einem Seelsorge-Gespräch, was er tun könne, er habe seine Frau nicht mehr gern. Mein Bekannter sagte: „Das ist ganz einfach: Sie gehen jetzt nach Hause und tun alles, was sie täten, wenn Sie sie gern hätten." – „So … Das kann ich ja tun!" Auf dem Heimweg kam er an einem Blumengeschäft vorbei. Er sagte sich: „Wenn ich sie gern hätte, würde ich ihr Blumen kaufen …" Er tat es. Zu Hause war die Frau gerade am Geschirrspülen: „Wenn ich sie …" – „Komm, lass mich doch fertig machen." Und so ging es weiter. Nach drei Wochen kam der Mann begeistert zurück: „Sie glauben es nicht", berichtete er, „ich habe meine Frau wieder gern!" Das Handeln hatte zum entsprechenden Gefühl geführt. Die unabhängige Liebe wird durch die Werke der Liebe geweckt. Auch dieser Weg führt zum Ziel!

- Und zuletzt: Gott ist in uns am Werk. Er lässt die Agape-Liebe durch die Kraft des Heiligen Geistes als Frucht in unserem Herzen wachsen: *Die Frucht des Geistes aber ist Liebe.*[116] Gott bewirkt Wachstum in der Liebesfähigkeit. Dieses Angebot kann man im Gebet aufnehmen: „Danke, Herr, für diese Zusage. Lass die Frucht der Agape-Liebe zu meiner Frau in mir wachsen. Und zeige mir, was ich dazu beitragen kann." Und immer, wenn Sie dann Gefühle des Wohlwollens, des Hingezogen-Seins und der Liebe in sich entdecken, danken Sie Gott dafür. So wird die Frucht der Liebe wachsen und reifen.

Welcher dieser Wege zur unabhängigen Liebe zum Partner entspricht Ihnen am besten, liebe Leserin, lieber Leser? Wenn Sie gewählt haben und dann einmal feststellen, dass es Ihnen an unabhängiger Liebe fehlt, wissen Sie, was Sie tun können. Oder vielleicht zeigt Gott Ihnen dann noch einen anderen Weg zur Liebe, wie er liebt.

Die Beziehungs-Formel ist ein ermutigendes göttliches Zielbild. Wenn Sie sich darauf einlassen, wird sie – wie das Gott-Ehe-Dreieck – Freiheit und Entlastung in Ihre Ehe bringen. Zwei weitere Konzepte erhellen zusätzliche Aspekte des Gott-Ehe-Dreiecks. Sie betreffen die Grundlinie des Dreiecks und zeigen, wie wir unsere Beziehung entflochten und in Freiheit leben können: Die Beziehungs-Autobahn und die Holländische Brücke.

---

116 Galater 5,22f. Die anschließend aufgezählten Haltungen sind einzelne Aspekte der Liebe.

4.2. Die Beziehungs-Autobahn

Die Ehe besteht wie jede Beziehung aus zwei Beziehungen: meiner Beziehung zu meiner Frau und ihrer Beziehung zu mir. Dies und einiges mehr bringt Abbildung 7 zum Ausdruck:

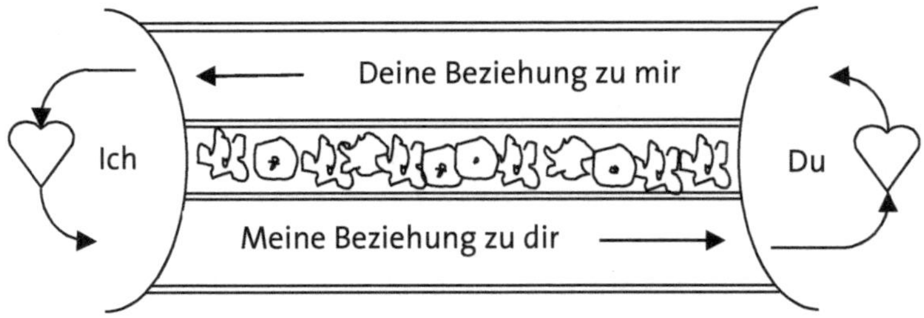

Abb. 7: Die Beziehungs-Autobahn

Auch die Beziehungs-Autobahn ist ein Zielbild: Auf den Fahrbahnen soll die unabhängige Liebe zum Partner fließen. Die mittleren Leitplanken und der Grünstreifen bilden den Schutz, der es beiden ermöglicht, in der unabhängigen Liebe zu bleiben. Die Beziehungs-Formel schafft dafür gute Voraussetzungen.

Das Konzept enthält die entlastende Botschaft, dass ich nur für meine Fahrbahn Verantwortung trage; für diese aber zu 100 Prozent. Zu meiner Fahrbahn gehören meine innere Haltung dem Partner gegenüber und mein Verhalten. Die Liebe soll sich in dem zeigen, was ich sage und wo ich mich zurückhalte; im Tonfall und der Wortwahl; darin, dass ich klare und direkte Botschaften sende und darauf verzichte, den Partner zu manipulieren. Dafür, wie der Partner meine Äußerungen aufnimmt, wie er sie interpretiert, welche Schlussfolgerungen er daraus zieht und wie er darauf reagiert, bin ich nicht verantwortlich. Dazu passt wieder ein Satz von Matthias Claudius: „Tue das Gute vor dich hin und bekümmre dich nicht, was daraus werden wird."[117]

Zu meiner Verantwortung gehört auch der Umgang mit dem, was mir vom anderen entgegenkommt. Wenn ich es als verletzend erlebe, muss ich mir Zeit zum Verdauen nehmen, damit ich wieder liebesbereit werden kann (das Herz in

117 Vgl. oben: Matthias Claudius, *An meinen Sohn Johannes*, 1799, Heilbronn 2002, S. 8.

Abbildung 7 deutet diesen Prozess an).[118] Dass das so schnell wie möglich geschieht und ich darauf verzichte, mich dem Partner willentlich zu entziehen, gehört auch zu meiner Verantwortung.

Die Beziehungs-Autobahn als Zielbild lässt uns erkennen, wie wir in der unabhängigen Liebe wachsen können: Die Verantwortung vor Gott für unser Reden und Verhalten ganz übernehmen; über unserer Haltung wachen, aus der heraus unser Verhalten fließt; die Kränkbarkeit ablegen (robuste Leitplanken aufbauen); eine aus der Freiheit kommende Kommunikation entwickeln (das Wachstum des Grünstreifens fördern); einseitig verdauen lernen. Wenn beide Partner die Verantwortung für ihre Fahrbahn ganz übernehmen, entstehen Entflechtung, Freiheit und Frieden. Das setzt den Liebesfluss frei (Abbildung 3).

4.3. Die Holländische Brücke

Auch das Konzept der Holländischen Brücke bringt zum Ausdruck, dass die Ehebeziehung (die ganze Brücke) aus zwei persönlichen Teilen besteht (die zwei Brückenhälften). Wie bei der Beziehungs-Autobahn ist jede(r) eigenverantwortlich für seinen Teil zuständig. Der Partner hat keine Verfügungsgewalt über meinen Brückenteil.

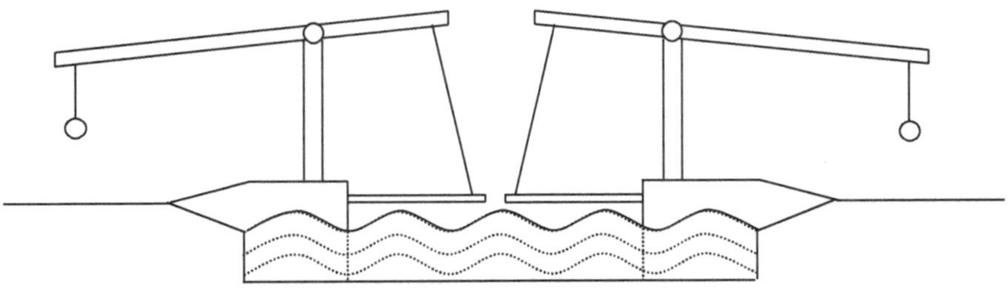

Abb. 8: Die Holländische Brücke

118 Mehr dazu in Kapitel 4.4. und Übersicht 3 „Ehekonflikte verdauen".

Wenn die Brücke geschlossen ist, erfüllt sie ihren Zweck: sie verbindet die beiden Ufer und ist begehbar. Auch dann, wenn jedes auf seinem Ufer beschäftigt ist (wie jetzt gerade, wo ich am PC sitze und meine Frau mit einer Tochter telefoniert), ist die Beziehung offen; die Partner können sich jederzeit in der Mitte begegnen. Hier finden die Zuwendungs-Momente statt, aber auch die Konflikte. Wenn ein Streit eskaliert, können sich die Partner auf ihr Ufer zurück- und ihre Brückenhälfte hochziehen. Die Verantwortung dafür, seinen Teil dann so rasch wie möglich wieder zu senken und in die Beziehung zurückzukehren, trägt jedes vor Gott. Die wichtigste Botschaft dieses Zielbildes heißt: Die Brücke soll möglichst immer begehbar sein. Das Bild bringt noch andere Aspekte zum Ausdruck.

Die Brückenhälften stellen einerseits die Eigenverantwortung dar, die jeder für seine Person und sein Verhalten trägt, und andererseits die Zuständigkeit für die Aufgaben, die jeder im Rahmen der Ehe und der Familie übernimmt. Um sich hier nicht einzumischen, müssen wir erkennen, wo der Brückenteil des Partners beginnt. Das ist ein Lernprozess; ich bin auch noch dran. Wenn ich meiner Frau etwa sage, dass die Butter zur Neige geht, erlebt sie das nicht immer als Hilfe. Um das andere darauf aufmerksam zu machen, dass es sich um meine Angelegenheiten kümmert, haben wir einen humorvollen Ausdruck gefunden: „Arrête de faire mon bonheur malgré moi."[119] Wir haben entdeckt, dass wir das, was der andere nicht als erwünschte Hilfe erleben würde, „obendurch schicken" können.[120]

Übergriffiges Verhalten, was auch immer der Grund dafür sein mag, kann zu einem den Partner entmündigenden Beziehungsmuster werden. Wenn uns das bewusst wird, können wir dem Partner seine Verantwortung zurückgeben. Das ist ein mutiger Schritt; wir gehen dabei das Risiko ein, dass er seine Verantwortung vielleicht nicht so wahrnehmen wird, wie wir uns das wünschen, und wir die Folgen davon mitzutragen haben werden. Hier ein Beispiel, das zeigt, wie wir vorgehen können. Bericht 11:

> *Es war das letzte Treffen des Gesprächsblockes mit Frau K. Sie legte ein Thema auf den Tisch, das sie umzutreiben schien: Ihr Mann war in seinem Fach ein international gefragter Experte, auch nach seiner Pensionierung. So bekam er immer wieder Anfragen, die ihn dann für drei, vier Wochen ins*

119 „Hör auf, mich gegen meinen Willen glücklich zu machen!", ein Satz aus der Familie meiner Frau.

120 Vgl. dazu Kapitel 6.2. „Im Gott-Ehe-Dreieck miteinander reden".

Ausland führten. Es fiel ihm schwer, nein zu sagen. Nach einem intensiven Einsatz brach er zu Hause jeweils zusammen, und seine Frau musste ihn dann wieder aufpäppeln. Dies war ihr zu viel geworden. Sie hatte die Kontrolle über seinen Terminkalender übernommen; alle Anfragen liefen nun über sie. Es war ihr nicht ganz wohl dabei; sie war verunsichert: „Ich denke nicht, dass das gut ist.“ Wenn sie ihn bevormunde, werde ihr Mann nicht verantwortungsbewusster. Aus diesem unguten Muster wolle sie aussteigen. „Halt, halt“, sagte ich, „nicht so schnell! Zurzeit sitzen sie zu zweit am Steuer seines Autos: Er hat beide Füße auf dem Gaspedal, und Sie haben beide Füße auf dem Bremspedal. Wenn Sie Ihre Füße nun einfach von der Bremse nehmen, kriegt er die nächste Kurve nicht. Sie müssen ihn vorwarnen.“ Wir besprachen, wie dies geschehen könne. Dann entließ ich sie.

Darauf begann der Gesprächsblock mit Herrn K. Er war ganz begeistert: „Was haben Sie mit meiner Frau gemacht? Sie hat plötzlich aufgehört, mich zu bevormunden.“ – „Und“, fragte ich, „was ist dann geschehen?“ – „Dann habe ich die Verantwortung eben selber übernommen“, sagte er. Ich war erleichtert; der angekündigte Ausstieg hatte beim Partner zur erwünschten Reaktion geführt. Das geht nicht immer so einfach. Oft braucht der entmündigte Partner Zeit, um sich an die neue Situation anzupassen und wieder eigenverantwortlich zu handeln.

Die meisten Ehe-Brücken sind nicht so symmetrisch wie in Abbildung 8. Die Länge jeder Hälfte hängt von der Persönlichkeit und den Fähigkeiten der Partner ab. Sie ist auch nicht in allen Bereichen der Beziehung gleich lang; in einigen ist die meiner Frau länger (sie kommt mir entgegen), in anderen ist es umgekehrt. Wichtig ist, dass sich die Brückenhälften berühren und wir in möglichst vielen Bereichen in Beziehung miteinander bleiben können. Hier kommt uns eine Fähigkeit zustatten, mit der wir unsere Brückenhälfte verlängern können: „Flexibilität“. Ich erinnere mich daran, wie ich meine Flexibilität entdeckt habe. Bericht 12:

Meine Frau äußerte den Wunsch, mit mir einen Spaziergang zu machen. Ich hatte mir meinen Sonntagabend anders vorgestellt: Etwas für mich tun, lesen, Musik hören. Da ging mir spontan durch den Kopf: „Ein gemeinsamer Spaziergang? Das könnte schön sein!“ Der Gedanke sprach mich an, und ich gab mein Einverständnis. Als wir zur Weggabelung kamen, wo wir uns entscheiden mussten, fragte meine Frau: „Die große oder die kleine Runde?“ – „Die große!“ Sie war sehr erstaunt darüber. Auch ich war überrascht, dass ich mich so leicht auf das von ihr Vorgeschlagene hatte einlassen können.

Ich konnte den Spaziergang wirklich genießen. Durch diese Erfahrung habe ich meine Flexibilität entdeckt. Sie ermöglicht mehr gemeinsames Erleben und tut beiden Gutes.

Flexibilität ist die Fähigkeit, sich so auf das Bedürfnis oder den Wunsch des anderen einzulassen, dass ich dabei nicht zum Opfer werde, sondern selber Gewinn davontrage. Gott ist unendlich flexibel; deshalb gehört Flexibilität zur Gottebenbildlichkeit. Wir können uns damit beschenken lassen und darin wachsen. Sie ist echte Stärke und erweitert die unabhängige Liebesfähigkeit um ein gutes Stück.

Und nun, liebe Leserin, lieber Leser, wo bewirken die Konzepte der Beziehungs-Autobahn und der Holländischen Brücke bei Ihnen Entlastung? Gibt es eine Entdeckung, die für Sie so hilfreich ist, dass Sie sie einige Zeit ausprobieren und dann vielleicht umsetzen möchten?

4.4. Konfliktfähigkeit

Zuerst eine entlastende Feststellung: Auf dieser Erde sind Konflikte normal; sie gehören zu einer tiefen, lebendigen Beziehung. Um liebesfähig zu werden, müssen wir konfliktfähig werden. Die Ehebeziehung enthält viel Konflikt-Potenzial: unterschiedliche Erwartungen an die Ehe, die Verschiedenartigkeit von Mann und Frau, andere Bedürfnisse und Wünsche (zum Beispiel in der sexuellen Beziehung), die subjektive Realität (die persönliche Art, wie dasselbe Ereignis erlebt und erinnert wird), Missverständnisse und vor allem die Interpretationsfalle.

Dieses eindrückliche Beziehungs-Phänomen habe ich in einem Seelsorge-Gespräch entdeckt. Bericht 13:

Die ledige, einsame und etwas verbitterte Frau hatte eine schwere Kindheit gehabt: Sie war ein uneheliches Kind, wurde von einer Pflegefamilie zur anderen geschoben, kam ins Kinderheim usw. Sie hatte dabei viel gelitten, aber auch einen starken Willen entwickelt; so konnte sie eine Lehre als Krankenschwester machen. Sie hatte auch zum Glauben gefunden und gehörte einem Hauskreis an. Eines Tages berichtete sie mir, was sie dort erlebt hatte:

Sie war früh angekommen. Zwei Frauen unterhielten sich. Als sie sie kommen sahen, brachen sie ihr Gespräch ab. „Sie haben sicher über mich geredet“, ging es ihr durch den Kopf. Und dann setzte sich eine selbstverletzende Gedanken-Spirale in Gang: „Sie haben wohl nichts Gutes über mich gesagt. – Vielleicht mögen sie mich gar nicht; ich bin ihnen zu schwierig. – Wer mag mich schon ...? – Ich falle allen zur Last. – Es wäre besser, es gäbe mich gar nicht ...“ Beim Austausch über den gelesenen Bibeltext widersprach sie jedes Mal, wenn eine der beiden Frauen etwas sagte. Es entstand eine gereizte Stimmung. „Was hat sie denn heute?“, fragten sich die anderen. Der Abend endete in einer Missstimmung. Zu Hause hatten alle irgendjemandem irgendetwas zu vergeben.

Als meine Klientin zum nächsten Hauskreis-Treffen kam, erwarteten sie die anderen Teilnehmer mit großer Freude: Die zwei Frauen hatten ihre Geburtstagsfeier vorbereitet ...

Dem Phänomen der negativen Interpretationsspirale wollte ich nachgehen. Meine Gespräche mit Ehepaaren eigneten sich gut dafür: Wenn eine(r) das Verhalten des Partners als verletzend erlebt hatte, konnte ich diesen fragen, welches das wirkliche Motiv für sein Verhalten gewesen war. Hier nun meine Entdeckungen. Zuerst zum Interpretationsprozess: Wir stellen das Verhalten der Gegenüber fest (*sie hören auf zu sprechen*). Statt es als Tatsache stehen zu lassen, interpretieren wir ihr Verhalten und beziehen es auf uns (*sie reden über mich*). Die meisten Menschen haben die Tendenz, aus allen denkbaren Motiven das für sie verletzendste auszuwählen (*sie reden* negativ *über mich – sie mögen mich nicht – ich falle ihnen zur Last*). Häufig liegt der Grund des Verhaltens aber im Gegenüber selber und hat gar nichts mit uns zu tun (*das Fest soll sie überraschen – sie soll nichts davon merken*). Aus der negativen Interpretation heraus reagieren wir beleidigt und lieblos und verletzen damit die anderen, die unser Verhalten nicht einordnen können. So müssen wir beim Verdauen Menschen Dinge vergeben, die sie uns gar nicht angetan haben; und wir selber brauchen von Gott Vergebung für unsere lieblosen Reaktionen. Die Interpretationsfalle führt nicht nur zu Selbstverletzungen, sondern auch zu Schuld den anderen gegenüber.

Gibt es eine Möglichkeit, die Interpretationsfalle zu vermeiden? Eigentlich könnten wir bei der Feststellung der Tatsachen stehenbleiben (*sie haben aufgehört zu sprechen*) und auf eine Interpretation verzichten. Aber das scheint den meisten Menschen schwerzufallen; oft sind wir uns unserer Interpretationen viel zu sicher! So bleibt uns denn nur ein Weg: den anderen vergeben, wofür wir sie im Herzen anklagen, ob es gerechtfertigt ist oder nicht. Von Gott her gibt es einen Schutz gegen die Interpretationsfalle: Barmherzigkeit. Sie richtet ihren Blick auf den inneren Bezugsrahmen des Gegenübers und auf seine Blindheit für die Auswirkungen seines Tuns; sie bezieht sein Verhalten nicht auf sich. So hat Jesus gehandelt. Am Kreuz betet er für die, die ihn töten: *„Vater, vergib ihnen! Denn sie wissen nicht, was sie tun.“*[121] Welche Barmherzigkeit! Der Mantel der Barmherzigkeit steht uns in Gottes Kleiderschrank zur Verfügung; er kann uns vor der Interpretationsfalle bewahren.[122]

Eine konfliktlose Ehe zu führen, ist für meine Frau und mich kein realistisches Ziel; wir haben gelernt, Konflikte so zu verdauen, dass sie die Liebe zwischen uns nicht beeinträchtigen. Wir haben erfahren, dass gut verarbeitete Konflikte sogar positive Auswirkungen haben: Sie festigen und stärken eine Ehe. Sie sind wie die Knoten im Grashalm, die ihm Stärke und Biegsamkeit verleihen, so dass er im Sturm nicht so schnell knickt. Konfliktreiche Ehen mit guten Verarbeitungsmöglichkeiten werden robust.

Nun aber zur Konfliktfähigkeit. Ein erster Hinweis: Es kann sinnvoll sein, einen Streit abzubrechen und die Brückenhälften hochzuziehen, bevor die Angriffe „unter die Gürtellinie“ rutschen. Bericht 14:

> *In einem Seminar für christliche Ärzte, Psychiater und Psychotherapeuten tauschten wir uns in einer Gruppenzeit über unsere Ehebeziehung aus. Einer der Teilnehmer berichtete, es sei ihnen klar geworden, dass sie ihre zerstörerischen Streite nicht bis zum bitteren Ende laufen lassen konnten. Sie hätten beschlossen, dass der erste, dem die Spirale der Zerstörung bewusst werde, den Prozess mit einem abgemachten Stichwort unterbrechen dürfe. Dann gehe jeder in sein Zimmer und komme mit dem Erlebten vor Gott, um es mit ihm zu verarbeiten. „Und dabei“, sagte er, „habe ich noch nie erlebt, dass Gott mir Recht gibt!“ Gott weise ihn immer auf sein eigenes Fehlverhalten hin, ermutige ihn zu vergeben und sich wieder auf die Beziehung einzulassen.*

121 Lukas 23,34.

122 Ein Beispiel: Der Blick der Barmherzigkeit auf den Partner, wenn er nach der Arbeit gehässig reagiert: „Er ist müde und hat wohl Ärger gehabt. Er merkt nicht, wie verletzend er sich verhält.“

Und nun, wie können wir das in einem Konflikt Erlebte hinter unserem hochgezogenen Brückenteil verdauen? Bericht 14 zeigt wichtige Elemente einer eigenverantwortlichen Konfliktverarbeitung auf: Der beste Platz dafür ist oben im Dreieck. Den inneren Weg des Verdauens gehen wir mit Gott; wir brauchen dafür keinen Beitrag des Partners. Die wichtigste Station ist, dass wir dem Partner das vergeben, wofür wir ihn anklagen. Und dort, wo wir uns selber Vorwürfe machen, brauchen wir von Gott Vergebung. Wie bei der körperlichen Verdauung geht es beim Aufarbeiten auch darum, das zu entsorgen, was für unsere Seele Giftstoffe sind (zum Beispiel Selbstmitleid, Minderwertigkeitsgefühl, Rachegelüste usw.). Die Aufbaustoffe dagegen, die im Konflikt enthalten sind, wollen wir nutzen (erkennen, wo wir Veränderung brauchen und welche Verhaltensweisen wir ablegen wollen). So schaffen wir Ordnung in uns. Dieser Prozess ist dann abgeschlossen, wenn der Partner uns nichts mehr schuldig ist, wir wieder im Frieden und beziehungsbereit sind, unseren Brückenteil senken und dem anderen in Liebe begegnen können. Die Bereitschaft zur persönlichen, einseitigen Bereinigung der Beziehung ist für eine gesunde Ehe so grundlegend wichtig, dass wir in den folgenden Kapiteln immer wieder darauf zurückkommen werden.

In Übersicht 4 im Anhang, „Ehekonflikte verdauen“, sind die Etappen des Verarbeitungs-Weges aufgeführt:

Phase 1), „Einseitige Bereinigung“, zeigt den Weg auf, den jeder persönlich zu gehen hat, um in den Frieden zu kommen. Der Verdauungsprozess ist wie ein Postenlauf: jede Station schafft die Voraussetzungen für die nächste Wegstrecke. Je häufiger wir den Weg der persönlichen Verarbeitung mit Gott gegangen sind, desto kürzer wird er. Wir spüren dann auch, welche Etappe wir diesmal überspringen können. Der persönliche Weg von Phase 1) ist unumgänglich. Für Alltags-Konflikte genügt er. Wenn wir dem Partner wieder offen und frei begegnen können, spürt er, dass wir unsere „Verdauungs-Arbeit“ gemacht haben. Es braucht keine Worte, außer wenn wir uns für etwas Verletzendes bei ihm entschuldigen wollen.

Phase 2), „Ehepaar-Austausch“: Größere Konflikte können für die Entwicklung der Beziehung genutzt werden. Die vollständig abgeschlossene persönliche Verdauung ermöglicht einen Austausch, in dem jeder über seinen Verarbeitungsweg berichten, seine eigenen Fehler eingestehen und sein subjektives Erleben im Konflikt erzählen kann; alles, ohne den Partner anzuklagen (wir haben ihm ja vergeben!). Dieser Austausch kann Verständnis füreinander wecken; und das Paar kann aus dem Erlebten gewinnbringende Schlüsse ziehen: Hätten wir den Konflikt vermeiden können? Wie? Wie hätten wir ihn weniger verletzend führen können? Wozu wollen wir uns gemeinsam entscheiden? An welche Regeln möchten wir uns von jetzt an halten?

Phase 3), „Versöhnung“: Nach einem Konflikt, der das Fundament der Ehe erschüttert hat (z. B. einem Ehebruch), ist es wichtig, den Aufarbeitungsprozess mit einer gut vorbereiteten Versöhnungs-Zeit abzuschließen. Wichtige Elemente können sein: „Einander verzeihen“, „Die Versöhnung feiern“, „Einen neuen Anfang setzen“. Bei der Vorbereitung sollen beide Partner sagen können, welche Schritte ihnen wichtig sind, wie das Ganze gestaltet werden soll und ob sie vielleicht ein befreundetes Ehepaar als Zeugen dabei haben möchten. Für alle Punkte braucht es zwei unabhängige Ja.

4.5. Eine aufgeräumte Ehebeziehung

Eine aufgeräumte Ehebeziehung ist eine große Wohltat! Das erleben Sie wohl auch immer wieder, liebe Leserinnen und Leser: Die Beziehung ist klar und transparent; wir können einander offen, frei und in Liebe begegnen. Es mag kurze Gewitter geben, aber wir haben keine größeren unbereinigten Konflikte und keinen uns trennenden „Misthaufen“. Wir wissen, dass der/die andere für uns und uns wohl gesinnt ist. Kurz: Wir leben im Frieden miteinander.

Was können die Partner zu einer gut geordneten Beziehung beitragen? Hier zur Erinnerung drei wichtige Beiträge: Die Beziehung zu Gott zur ersten Lebens-Priorität machen und sich vor ihm verantwortlich wissen. Sich ausstrecken auf Gottes Ziel hin: Liebesfähigkeit. Die umgehende persönliche Bereinigung aller Konflikte.

Ehen, in denen die Partner keine Verarbeitungsmöglichkeiten entwickelt haben, drohen in einem wachsenden Ehe-Misthaufen zu ersticken. Er türmt sich auf ihrer Holländischen Brücke auf und trennt sie; sie finden nicht mehr zueinander. Ich denke an ein junges, zehn Jahre verheiratetes Paar, das keinen einzigen Konflikt verarbeitet und wirklich ausgeräumt hatte. Gleich am ersten Ehetag hatte die Not begonnen: verletzende Vorwürfe, ein bestrafendes Verhalten, bewusste Quälereien und Drohungen. Welches Gefängnis! Ein Ehe-Misthaufen besteht aus drei Teilen: den zwei persönlichen Misthaufen (die Vorwürfe und Anklagen dem anderen gegenüber, die Ablehnung seiner Person, die Weigerung zu vergeben, das fehlende Eingeständnis der eigenen Schuld usw.), und dem gemeinsamen Misthaufen (die durch beide angetriebene Reaktions-Spirale, das Beziehungsmuster der Provokation, die gegenseitige Verstärkung im Unguten usw.).

Wie kann ein Ehe-Misthaufen ausgeräumt werden? Damit eine solide neue Basis entsteht, sollten die Betroffenen die Hilfe eines erfahrenen Seelsorger-Ehepaares beanspruchen, das sie mit Sorgfalt durch den Aufräumprozess führt und Zeuge ihrer Schritte ist. Hier, was zu einer Fundament-Bereinigung gehören kann. Bericht 15:

Das Ehepaar hatte schon mehrfach Hilfe gesucht; aber die Gespräche hatten immer nur vorübergehende Entlastung gebracht. Nun hatten sie sich bei uns gemeldet. Am Ende des ersten Gesprächs kamen meine Frau und ich zum Schluss, dass Paargespräche unter den gegebenen Voraussetzungen keine dauerhafte Veränderung bewirken würden: „Zuerst muss bei jedem das Fundament bereinigt werden, auf dem Ihre Ehe steht. Wir bieten Ihnen dafür je drei bis vier Einzelgespräche an." Sie ließen sich darauf ein. In der Einzelarbeit ging es um ganz grundsätzliche Themen: den anderen anklagen – ihm vergeben; die eigene Schuld erkennen – Gott um Vergebung bitten – ungute Tendenzen ablegen; den anderen so annehmen, wie er ist – seine Veränderung Gott überlassen; was ich am anderen immer noch liebe und schätze; ihn neu als Ehepartner annehmen; Treue und Verbindlichkeit bestätigen.

Nach dem Abschluss der persönlichen Gespräche fand ein Paargespräch statt, in dem wir die Frucht der Einzelspräche zusammentrugen. Als Zeugen bestätigten wir ihnen, welche Schritte das andere in aller Freiheit gemacht hatte: Jedes hatte dem anderen vergeben, auf alle Forderungen und Bedingungen verzichtet, es als Person ganz angenommen, neu wieder gewählt und sich entschieden, es zu lieben. Welch bewegender Moment; die Augen aller Beteiligten wurden feucht. Nun konnten wir mit Paargesprächen beginnen und auf diesem Fundament die Beziehung neu aufbauen. Vor Kurzem hatten wir das Abschlussgespräch. Gott hat diese Ehe auf eindrückliche Weise erneuert. Und dadurch – zur Freude der Kinder – auch die Familienatmosphäre.

Halten Sie am Ende dieses Kapitels etwas inne, liebe Leserin, lieber Leser: Welches Konzept oder welche praktischen Hinweise haben bei Ihnen Entlastung und Ermutigung bewirkt? Wählen Sie etwas davon aus, das Sie ohne Beitrag des Partners umsetzen können. Tauschen Sie sich anschließend darüber aus, was jedem persönlich wichtig geworden ist. Vielleicht gibt es darunter etwas, auf das sich beide einlassen möchten (zum Beispiel mit der Beziehungs-Formel leben, sich zur einseitigen Bereinigung der Konflikte entschließen, den Ehe-Misthaufen entsorgen, die aufgeräumte Beziehung bewahren). Mit einer klaren Entscheidung im gemeinsamen Gebet beginnt dann der persönliche Lernweg im Alltag.

5. EINE EHEBEZIEHUNG ENTWICKELT SICH

Genieße das Leben mit der Frau, die du lieb hast, solange du das eitle Leben hast, das dir Gott unter der Sonne gegeben hat; denn das ist dein Teil am Leben und bei deiner Mühe, mit der du dich mühst unter der Sonne. (Prediger 9,9; LUT)

Gott hat sich die Ehe als in Liebe gelebte Beziehung gedacht, „bis der Tod uns scheidet". Und diese Beziehung ist der beste Anteil am eitlen Leben, den Gott uns schenkt. Er möchte, dass wir das Leben mit der Frau, die wir lieb haben, genießen. Wenn ich diesen Text lese, kommt mir spontan nicht das Ehepaar in den Sinn, an dessen Hochzeit wir vor einigen Wochen teilgenommen haben. Ich denke eher an Freunde, deren Ehebeziehung durch manche Stürme und Nöte hindurch zu dem geworden ist, was hier umschrieben wird: der beste Teil am Leben. Er erinnert mich auch an Philemon und Baucis,[123] die in der Antike das Ideal für die Ehe im Alter verkörpern. Unsere Ehebeziehung soll wachsen, reifen, sich zum Besten entfalten, was wir im Leben haben, und bis im Alter ein Ort der Freude sein.

Auch für die Ehe gilt: Entwicklung gehört zum Leben; nur was tot ist, verändert sich nicht mehr. Es gibt unabwendbare Veränderung, die einfach an uns geschieht (z. B. der Alterungsprozess unseres Körpers). Es gibt aber auch inneres Wachstum auf ein Ziel hin, nach dem wir uns ausstrecken und zu dem wir aktiv beitragen können (zum Beispiel die Veränderung in das Bild, das Gott für uns als Person und für unsere Eheperson hat). Für die wachstümliche Veränderung können wir mit Gottes Ziehen rechnen. Paulus schreibt, er jage dem Ziel nach, *da … ich von*

123 Vgl. in: Ovid, *Metamorphosen*, Liber VIII.

Christus Jesus ergriffen worden bin.[124] Gott steht vor uns, er lockt uns und zieht uns auf sein Ziel hin.

Es gibt aber auch zerstörerische Entwicklungen, zu denen wir vielleicht selber beigetragen haben. Weichenstellungen, die wir einmal getroffen haben, können in Schuld und Not münden. Wir können scheitern. Und dann? Aus meiner Seelsorge-Erfahrung weiß ich: Mit Gottes Hilfe kann die Spirale der Zerstörung angehalten werden. Es gibt *immer* einen Weg der Gnade zurück in ein geordnetes Leben und in den Frieden.[125]

Jede Ehe hat ihre Geschichte. Die unsere hat einen klaren Anfang: Meine Frau und ich haben uns gefunden, wir haben uns gewählt und dann geheiratet. Wir haben uns als Personen entwickelt, und unsere Eheperson ist durch das gemeinsame Wirken und Erleben gewachsen. Auch nach mehr als 50 Jahren verändern wir uns als Personen und in unserer Beziehung weiter. Ich hoffe, dass das so bleibt bis zum Ende. Paulus hat es erlebt: *Darum verzagen wir nicht* [oder: *werden wir nicht müde*]: *Wenn auch unser äußerer Mensch verbraucht wird, so wird doch unser innerer Mensch Tag für Tag erneuert.*[126]

Liebe Leserinnen und Leser, auch Ihre Ehe hat eine Geschichte. Dieser und der Entwicklung Ihrer Beziehung in unterschiedlichen Bereichen wollen wir nun nachgehen. Wahrscheinlich können Sie dem Satz von Carl Hilty zustimmen: „Der Hochzeitstag ist der entscheidendste Tag im Leben …“[127] Wie ist es bei Ihnen zu diesem Tag gekommen?

5.1. Wir haben einander gewählt

Zwei Bibelzitate fassen zusammen, wie die Ehe von Gott her angefangen hat: *Es ist nicht gut, dass der Mensch allein sei; ich will ihm eine Hilfe machen, die ihm entspricht.*[128] Und als Gott Eva zu Adam brachte, rief der aus: *„Diese endlich ist Gebein von meinem Gebein und Fleisch von meinem Fleisch. Diese soll Frau* [wört-

124 Philipper 3,12.

125 Vgl. Kapitel 8.3. „Der Weg der Gnade“.

126 2. Korinther 4,16.

127 In: B. Adank (Hrsg.), *Schweizer Ehebüchlein*, Zürich 1948.

128 1. Mose 2,18; LUT.

lich: *Männin*] *heißen…*"[129] Gott hat uns als Mann und Frau und für Beziehungen geschaffen und auf Ergänzung hin angelegt. Das Ergänzungsbedürfnis ist tief in uns eingeschrieben; und wir scheinen intuitiv zu wissen, wo und wie wir Ergänzung durch ein Gegenüber des anderen Geschlechts brauchen. So machen wir uns denn auf die Suche, um dieses Gegenüber zu finden.

Die Wahl-Mechanismen

Ich kenne viele solche Such-und-Finde-Geschichten; alle sind einmalig und einige sehr beeindruckend. Um die Mechanismen des Partnerwahl-Prozesses aufzuzeigen, füge ich eine von ihnen ein; der Mann erzählt. Bericht 16:

Im Sommer nahm ich an einem Aufbaulager in einem zerfallenden Tessiner Bergdorf teil. Ein Missverständnis mit Freunden, die ich auf der Rückreise besuchen wollte, führte dazu, dass sich meine Abreise nach Abschluss des Lagers um drei Tage verzögerte. Der Leiter des nächsten Lagers bat mich, am Samstag in Locarno einige Einkäufe zu machen und die neuen Teilnehmer am Bahnhof in Empfang zu nehmen. Als ich auf der Bahnhofterrasse noch etwas trank, fiel mir eine junge Frau auf, die auf der Piazza vorüberging. Ich weiß noch, welches Kleid sie trug, auch ihr Gang hat sich mir eingeprägt. Weshalb fiel mir unter Hunderten – es war die Zeit des Filmfestivals von Locarno – diese eine Frau auf? Als ich dann zum Treffpunkt kam, stand sie unter den Wartenden; sie hieß Christine; sie war Französin. Ihre Freundin, die sie hätte begleiten sollen, hatte in letzter Minute abgesagt. Christine war enttäuscht und frustriert.

Am Sonntagabend kam es zu einem langen, tiefen Gespräch mit Christine, das wir am Montag nach der Arbeitszeit noch weiterführten. Am Abend machten wir einen Spaziergang. Ich erinnere mich noch gut: Wir kannten uns ja kaum, aber nun sprachen wir darüber, wie wir uns das Leben vorstellten, wie viele Kinder sich jedes wünschte; Christine wollte sechs; an so viele hatte ich nicht gedacht. Am nächsten Morgen reiste ich ab. Vorher saßen wir auf der Steintreppe eines Heuschobers ein letztes Mal beisammen. Es war alles klar: Ich würde ihr schreiben; sie könnte auf ihrer Rückreise bei mir vorbeikommen.

---

129 1. Mose 2,23.

Das geschah dann auch. Der Freundin ihrer Mutter in Lausanne sagte sie, sie habe ihren Mann gefunden. Sie schickte mir ein Päckchen mit lauter praktischen Dingen; sie hatte gesehen, was ich brauchte. Zwei Wochen nach ihrer Heimkehr fuhr ich übers Wochenende zu ihren Eltern und bat ihren Vater um ihre Hand. Es war ein Abenteuer; vor mir tat sich eine neue Welt auf.

Wir wollten uns rasch verloben und bald heiraten. Christines Eltern wünschten, sie solle vor der Hochzeit ihre Ausbildung abschließen. In den zwei Warte-Jahren konnten wir uns nur in den Schulferien sehen; dazwischen gab es lange Briefe. Würde unsere sich entfaltende Liebe die lange Durststrecke überstehen? Endlich war es soweit: Nach Christines Abschlussprüfungen konnten wir die Hochzeit feiern.

Nehmen Sie sich einmal Zeit, als Ehepaar zusammenzusitzen und sich gegenseitig Ihre Geschichte zu erzählen. Sie werden feststellen, dass es zwei Versionen gibt, eine von ihr und eine von ihm. Das darf so sein; es gibt zwei subjektive Realitäten. Jedes hat die gemeinsame Geschichte anders erlebt und anders gespeichert. Wenn es Ihnen gelingt, dem anderen offen und geduldig zuzuhören und auf jede „Richtigstellung" zu verzichten, werden Sie viel Neues über sein inneres Erleben entdecken. Ich wünsche Ihnen viel Freude dabei!

Was lässt sich aus dem Bericht oben über den Prozess der Partnerwahl erkennen? Es scheint in uns so etwas wie ein unbewusstes Such-Raster zu geben, das uns intuitiv und sekundenschnell erkennen lässt, ob eine Person des anderen Geschlechts die gewünschte Ergänzung sein könnte (vergleiche oben: die eine Frau, die dem Mann in der Masse aufgefallen war). Hier spielt das Prinzip „Gegensätze ziehen sich an" eine wichtige Rolle. Die gegengeschlechtliche Anziehung und der Wunsch nach Ergänzung in der Persönlichkeit werden miteinander verbunden: ein kreativer Chaot sucht eine strukturierte Frau,[130] eine Mimose einen Dickhäuter, eine Redegewandte einen Zuhörer …[131]

Andersartigkeit ist interessant; sie verlangt aber auch eine Anpassungsleistung. Eine Ehe, die nur auf Andersartigkeit beruhen würde, wäre viel zu anstrengend. Eine paartherapeutische Regel sagt: „Der Punkt der Anziehung wird später zum Punkt des Konflikts." Aus diesem Grunde kommt im Such-Prozess noch ein zwei-

130 Vgl. Bericht 9.

131 Vgl. Abbildung 9.

tes Prinzip zum Tragen: „Gleich und gleich gesellt sich gern." Im erstaunlichen abendlichen Gespräch des obigen Berichtes erkunden die beiden, ob es gemeinsame Lebensperspektiven und Werte als verbindende Basis gibt. Auf dem Fundament der Gemeinsamkeiten können der Ergänzungs-Stress verkraftet und die Unterschiede als Bereicherung erlebt werden. Es braucht ein Gleichgewicht zwischen der Andersartigkeit und dem Verbindenden, damit ein Paar das Abenteuer der Ehe einzugehen wagt. Ich kenne mehrere Menschen, die eine Beziehung wegen der fehlenden gemeinsamen Basis abgebrochen haben.

Ein festes Fundament

Je mehr sich eine Beziehung in Richtung Heirat entwickelt, desto intensiver werden die oft intuitiv geführten persönlichen „Abklärungen" im Blick auf die zu treffende Wahl des Partners. Dieser beidseitige Prozess entscheidet darüber, ob es zur Ehe kommt oder nicht. Die zwei persönlichen Wahlen bilden das Fundament, auf dem die Ehe nach der Heirat gebaut werden und sich entwickeln kann. In meinen Gesprächen habe ich entdeckt, welche vier Entscheidungen zu einem tragfähigen Fundament gehören. Beide Partner sollten in allen vier Punkten jeweils einen freien und vom anderen unabhängigen Entschluss fassen können.

- Ein ganzes, unabhängiges „Ja" zum anderen: „Ich wähle dich als meine Frau/meinen Mann. Ich will mit dir mein Leben teilen bis zum Tode." – „Falls du mich willst, will ich dich auch" oder: „Weil du mich willst …" sind abhängige „Ja" und keine wirklich freie Wahl.

- Ein uneingeschränktes, bedingungsloses „Ja" zum Partner, so wie er jetzt ist. Dies schließt auch seine Herkunft und seine Vergangenheit ein und das, was aus ihm werden wird. Ich habe immer wieder erlebt, dass Menschen nicht die existierende Person, sondern den Partner ihrer Wünsche geheiratet haben. „Zwar ist er jetzt …, aber ich werde ihn schon zurechtbringen." Das führt immer zu großer Not.

- Die Hingabe meiner ganzen Person in die Ehebeziehung; mit allem, was ich bin und habe. Nach Gottes Gedanken gilt: *Die beiden werden ein Fleisch sein. Also sind sie nicht mehr zwei, sondern sie sind ein Fleisch.*[132] Dafür braucht es

132 Markus 10,8.

die Bereitschaft, alles in die Ehe einzubringen und mit dem anderen zu teilen. Nichts soll der neuen Einheit vorenthalten werden, weder mein Körper, noch meine Zeit, noch mein Besitz.

- Die uneingeschränkte Verpflichtung zu Verbindlichkeit und zu lebenslänglicher Treue zum Partner, ohne offene innere Hintertür („… man kann sich ja auch scheiden lassen“ oder: „… sonst hole ich mir anderswo, was ich brauche“). Offene Hintertüren programmieren Not und Scheitern vor.

In meiner Arbeit mit Ehepaaren habe ich festgestellt, dass Ehen, die auf dem Fundament dieser in Freiheit gefällten persönlichen Grundentscheidungen stehen, sich entfalten und stark werden können. Wenn beide Partner den anderen frei und klar gewählt haben, finden sie immer eine Lösung, auch in einer Krise. Ich habe aber auch erlebt, dass es nie zu spät ist, eine fehlende oder halbherzige Entscheidung nachzuholen. Dies zeigt Bericht 17:

> *Der Mann beklagte sich in den Gesprächen immer wieder über seine Frau. Als ich ihn schließlich fragte, weshalb er sie denn geheiratet habe, antwortete er mir: „Sie hat mich unbedingt gewollt.“ Er hatte sie nie gewählt, sich einfach heiraten lassen… Auf diesem Fundament wird eine Ehe für beide zum Gefängnis, in dem sie gegeneinander kämpfen und daran zugrunde gehen. Wir standen vor einer Herausforderung: Wie holt man ein verpasstes „Ja“ in Freiheit nach, wenn man eigentlich gar keine Wahl mehr hat? Geht das überhaupt? Ich habe in der Arbeit mit diesem Manne und weiteren Personen erlebt, dass es möglich ist. Auch nach mehr als zwanzig Jahren kann man die Auflehnung gegen die Ehe, die man eingegangen ist, ablegen und sich mit Gottes Hilfe zu einem freien „Ja“ zu dieser Ehe, zur ganzen Annahme des Partners und zur vollen Hingabe entschließen.*

Das gilt für alle vier Grundentscheidungen. Falls Ihnen, liebe Leserin, lieber Leser, bewusst geworden ist, dass Ihr Ehe-Fundament unvollständig oder brüchig ist, holen Sie das Verpasste nach, vielleicht mit einer befreundeten Person als Helfer und Zeuge.

5.2. Eine Ehebeziehung entwickelt sich

Eine Ehebeziehung entwickelt sich schubweise. Der Anfang des Zusammenlebens nach der Hochzeit ist besonders anspruchsvoll: die gemeinsame Wohnung miteinander einrichten, einen Tandem-Lebensstil entwickeln, die Finanzen zu zweit verwalten, als Einheit handeln und gegen außen auftreten lernen ... Und so herausfordernd geht es weiter: Das erste Kind wirft die kaum gewonnenen Alltags-Gewohnheiten wieder über den Haufen. Es kann sogar zum Keil in der Beziehung werden. Die wachsende Familie macht Umzüge nötig. Berufliche Veränderungen bedingen eine neue Aufteilung der Aufgaben; eine Krankheit wirft die gemeinsamen Zukunftspläne über den Haufen ... Und wenn die Kinder ausgeflogen sind, sehen sich Mann und Frau an und fragen: „Was sagt man, nachdem man ‚Guten Tag' gesagt hat?"

Wenn wir uns den wechselnden Herausforderungen des Lebens gemeinsam stellen, finden wir sinnvolle Lösungen und entdecken neue Wege. Sich anpassen bedeutet Neues lernen. In jedem neuen Eheabschnitt spielt sich ein ähnlicher Prozess ab: Eine Herausforderung kommt auf uns zu – nachdem wir ja zu ihr gesagt haben, können wir lernen, im Neuen zu leben – wir entdecken neue Wege und optimieren sie – eine neue Alltags-Normalität entwickelt sich. Bei der nächsten Herausforderung beginnt der Lern- und Anpassungsprozess von Neuem. Im Zusammenspiel mit dem, was Gott in uns wirkt, fördern diese Herausforderungen unser Wachstum als Person; und im gemeinsamen Suchen nach neuen Lösungen und Wegen entwickelt sich auch unsere Beziehung.

Nun aber zurück zu den Anfängen und dem ersten Entwicklungsschub der Ehe. Durch die Heirat ist die Beziehung verbindlich geworden; das verändert vieles. Die Partner müssen sich im Stand der festen Zusammengehörigkeit neu finden und beginnen, ihr Miteinander bewusst zu gestalten. Im Dauer-Miteinander lernen sie am Partner und an sich selber neue Seiten kennen. Sie werden sich unrealistischer Ergänzungs-Hoffnungen bewusst und landen in der Realität: Das Miteinander ist anstrengend; die Andersartigkeit verlangt eine Anpassungsleistung. Es ergeben sich immer wieder ähnlich verlaufende Konflikte.[133] Dabei können sich ungute Beziehungsmuster einspielen. Die gewählte Andersartigkeit kann durch das „Mobile-Prinzip" (vgl. Abbildung 9), einen reaktiven Beziehungs-Mecha-

133 Vgl. oben: „Der Punkt der Anziehung ..."

nismus, zur Falle werden. In den Bereichen extremer Ergänzung versuchen die Partner unbewusst, dagegen zu steuern, um die Beziehung „im Gleichgewicht" zu halten. So entwickeln sich beide auseinander (die ausgezogenen Pfeile), und das erwünschte Wachstum in einem wenig entwickelten Bereich (die gestrichelten Pfeile in Abbildung 9) wird verhindert.

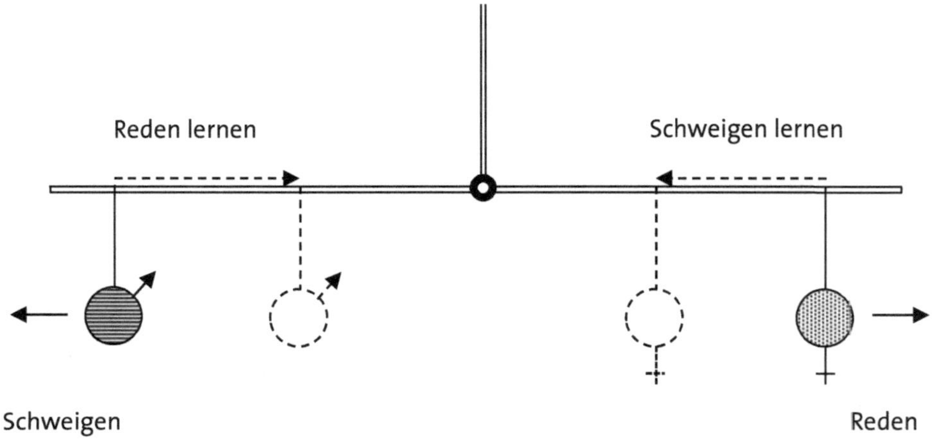

Abb. 9: Das Mobile-Prinzip

Ein Beispiel aus meinen Gesprächen zeigt, wie das Mobile-Prinzip funktioniert. Bericht 18:

> *Zum Abschlussgespräch mit einem magersüchtigen Mann hatte ich auch seine Frau eingeladen. Ich war neugierig darauf, wie sie wohl aussehen würde. Und tatsächlich: Sie war rundlich und wohlgenährt. Als wir im Gespräch aufs Thema „Essen" kamen, meinte sie: „Aber Sie verstehen mich doch, Herr Engeli, einer von uns beiden muss doch noch etwas essen." Worauf er antwortete: „Aber einer von uns muss doch noch etwas bremsen, nicht wahr?" Anstatt eigenverantwortlich zu sein, übernahmen sie jeweils auch die Verantwortung für den anderen: Sie aß für beide, und er hungerte für beide. Das „Mobile-Prinzip" verstärkte das ungute Essverhalten beider Partner.*

Dieses weitgehend unbewusste, reaktive Verhalten der Partner beruht auf der falschen Überlegung, dass man als Ehepaar die Verantwortung für einen Bereich, zum Beispiel für das Essen, gemeinsam trägt und unter sich aufteilen kann. Wie kann das Mobile-Prinzip überwunden werden? Wenn jeder die Verantwortung für sein persönliches Verhalten zu 100 Prozent vor Gott übernimmt,[134] wird das Mobile außer Kraft gesetzt, und beide können sich frei entwickeln.

Reagieren Sie im einen oder anderen Bereich Ihrer Ehe noch nach dem Mobile-Prinzip, liebe Leser und Leserinnen? Der klare Entschluss jedes Partners im gemeinsamen Gebet, in diesem Bereich seine Verantwortung voll und ganz vor Gott zu übernehmen, und der des anderen, auf jede Beeinflussung und Kontrolle zu verzichten, wird das Mobile außer Kraft setzen.

Gott, der Garant unseres Ehebundes, fördert die Entwicklung unserer Beziehung. Sie soll für beide Partner zum Raum werden, in dem sie sich wohl fühlen und als Person wachsen können. Sein Wirken daraufhin verbindet er noch mit einem anderen Ziel: Wachstum in der Einheit. Dafür nutzt er ein ganz besonderes Phänomen: die Koevolution.[135]

5.3. Koevolution

Unsere Ehe hat meine Frau und mich in einmaliger Weise verändert. Wir sind heute nicht mehr die, die wir bei unserer Hochzeit waren. Wir haben uns am Partner, durch den Partner und gemeinsam mit dem Partner verändert. Der Begriff „Koevolution“ fasst diese im Zusammenleben stattfindenden Prozesse zusammen. Er beschreibt einen meist positiven, interaktiven Wachstumsprozess, der für beide eine „Win-win-Situation“ schafft und die Ehebeziehung stärkt. Koevolution bewirkt persönliches Wachstum aufeinander zu; so baut Gott unsere Einheit. Wie kann es im Ehe-Alltag dazu kommen?

- Wir verändern uns dadurch, dass wir uns am Partner reiben. Das bedeutet, dass auch die alltäglichen kleinen Stacheln und unwirschen Bemerkungen („Jetzt muss ich deine Schuhe schon wieder wegräumen ...!“), die wir als so unangenehm erleben, langfristig zu einer guten Veränderung führen und segensreich sein können!

134 Vgl. Kapitel 3.1. und Abbildung 4 „Das Gott-Ehe-Dreieck“.

135 Diesen Begriff hat der Psychiater und Paartherapeut Jürg Willi geprägt. Vgl. sein Buch *Ko-Evolution – Die Kunst gemeinsamen Wachsens*, Reinbek 1985.

- Das alltägliche Verhalten des Partners und seine wiederholten, oft absichtslosen Reaktionen bewirken bei uns Veränderung. Seine Art, Dinge zu sehen, zu bewerten und zu tun, beeinflusst uns; er wird für uns zum Modell, von dem wir lernen. (In einer gelüfteten Wohnung zu leben, ist mir heute wichtiger als früher ...) Das geschieht besser ohne viele Worte.[136]

- Was wir gemeinsam tun und erleben, verändert uns in die gleiche Richtung:

Das biblische Prinzip, dass wir verwandelt werden in das, was wir anschauen,[137] gilt wohl auch für die Ehebeziehung. Je mehr unsere Beziehung durch Zuwendung und Austausch geprägt ist, desto mehr wachsen wir aufeinander zu. Ob dies der Grund dafür ist, dass sich ältere Paare nach einer langen, guten Ehe immer ähnlicher sehen?

Was wir miteinander bewusst erleben, verändert uns in dieselbe Richtung, vor allem wenn wir uns nachher über unser Erleben austauschen. Durch das Miteinander-Teilen wird aus dem Erlebten eine gemeinsame Erfahrung. Die nachher im Austausch gezogenen Schlüsse bestimmen mit, wie beide durch das Erlebte geprägt werden.

Je mehr wir uns im Glauben innerlich näherkommen, desto mehr stimmen wir in unseren Überzeugungen überein. Wenn diese in einer gemeinsam getragenen Verantwortung zum Einsatz kommen, entwickeln sie sich weiter, und der Austausch darüber verbindet uns und stärkt unsere Einheit.

Die Beziehungsnetze der Partner – die persönlichen und das gemeinsame – fördern oder hindern die Koevolution. Die Pflege von persönlichen Freundschaften, die uns im Guten bestärken, und der Aufbau eines Ehe-Freundeskreises sind für unsere Entwicklung sehr wichtig. Gute Freunde sind ein Geschenk Gottes. *Aber täuscht euch nicht: schlechter Umgang verdirbt gute Sitten.*[138] Es lohnt sich, sich einmal darüber auszutauschen, welche persönlichen und gemeinsamen Beziehungen beide als wohltuend und ermutigend erleben, und welche bei einem Partner oder bei beiden ein ungutes Gefühl auslösen. Nach dem Austausch können Sie Gottes Rat suchen. Er wird Ihnen zeigen, welche persönlichen oder gemeinsamen Kontakte Sie abbrechen soll-

136 Vgl. als Gegensatz Bericht 3, S. 39: Umerziehungs-Versuche lösen beim Partner Widerstand aus.

137 Vgl. dazu 2. Korinther 3,18.

138 1. Korinther 15,33.

ten, und wie Sie das tun können; er wird Sie auch beim Aufbau eines gemeinsamen Freundeskreises leiten.

Beim Lesen haben Sie vielleicht Aha-Erlebnisse gehabt. Können Sie die Frucht der Koevolution in Ihrer Person und in Ihrer Beziehung erkennen? Tauschen Sie sich darüber aus. Sie können sich auch überlegen, ob und wie Sie Ihre Koevolution gezielt fördern möchten.

5.4. Der Ehepaar-Glaube

„Das gemeinsame Glaubensleben ist das allerstärkste Band in der Ehe, und es muss in ganz besonderer Weise gepflegt werden.“[139] Als Bundes-Partner will Gott nicht nur mit jedem als Person, sondern auch mit uns als Paar in Beziehung stehen. Es braucht viel Entschiedenheit, Ausdauer und Geduld, um die gemeinsame Gottesbeziehung zu entwickeln. Der Ehepaar-Glaube setzt sich, wie eine Münze, aus zwei Seiten zusammen: dem persönlichen Glauben der Partner (die zwei kleinen „Glaubens-Kammern“ in Abbildung 10) und dem gemeinsam gelebten des Ehepaars (die große „Glaubens-Kammer“). Die eine Komponente kann die andere nicht ersetzen; beide zusammen bilden „das allerstärkste Band in der Ehe“.

Dem persönlichen Glauben der Partner kommt die erste Priorität zu; der Ehepaar-Glaube baut auf diesem auf. Unsere persönliche Glaubens-Kammer können wir so gestalten, wie es uns entspricht. Für unsere tägliche Zeit mit Gott können wir einen *einsamen*[140] Ort suchen, an dem wir uns wohlfühlen und in Freiheit mit Gott sein können; und wir können die für uns beste Tageszeit dafür wählen. Die Ehepaar-Glaubens-Kammer dagegen gilt es so einzurichten, dass sich beide darin wohl fühlen. Das verlangt einen offenen Austausch und viel Flexibilität.

139 Eine Aussage von Theodor Bovet. Vgl. Fußnote 50.

140 Markus 1,35.

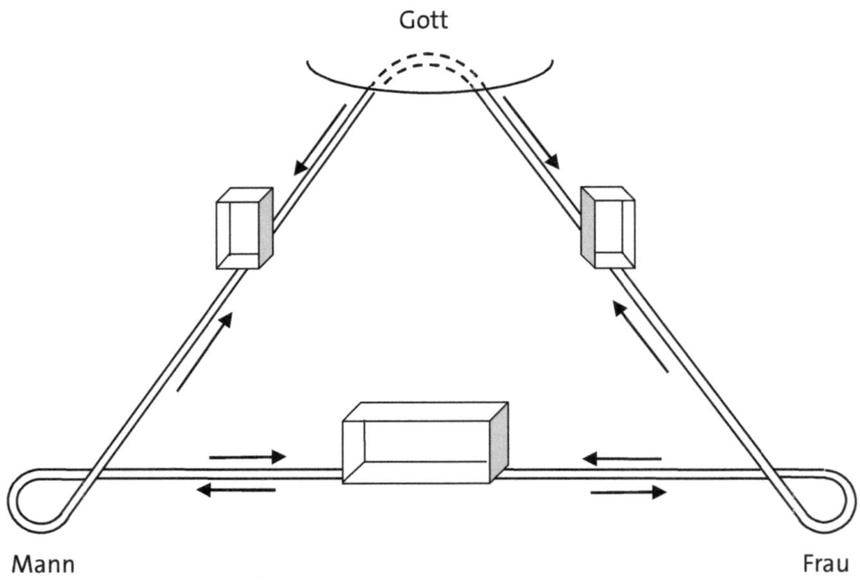

Abb. 10: Persönlicher und Ehepaar-Glaube

Den persönlichen Glauben stärken

Zuerst geht es um den Ausbau unserer persönlichen Glaubens-Kammer.[141] Wie können wir den persönlichen Glauben stärken und gestalten? Jesus will unser Modell sein[142], auch in der Art, wie er seine Beziehung zum Vater gelebt hat. Einige biblische Texte enthalten dafür hilfreiche Hinweise: Jeden Morgen nahm sich Jesus Zeit mit dem Vater: *Und in der Frühe, als es noch finster war, stand er auf* (die Verbform deutet eine regelmäßige Handlung an), *ging hinaus und begab sich an einen einsamen Ort, und dort betete er.*[143] Durch den Tag hindurch blieb er auf den Vater ausgerichtet und mit ihm verbunden: *Der Sohn kann nichts von sich aus tun, es sei denn, er sehe den Vater etwas tun; denn was dieser tut, das tut in gleicher Weise auch der Sohn.*[144] Aus Liebe fügte er sich in das ein, was der Vater bereits

141 Vgl. Kapitel 3.1. und Bericht 4.

142 Vgl. Matthäus 11,29.

143 Markus 1,35.

144 Johannes 5,19.

dabei war zu tun; er tat alles mit ihm und für ihn; er blieb in Verbindung mit ihm, bis er sein Tagwerk vollendet hatte.

Wir können Jesus „nachfolgen" und in seine Haltung eintreten; wir können lernen, Gott zur Verfügung zu stehen und unsere Tage in enger Verbindung mit ihm zu leben. Dafür kommt dem inneren Zwiegespräch mit ihm große Bedeutung zu. Es ist eine Form des Gebets, zu der Paulus seine Leser ermutigt: *Betet ohne Unterlass* [wörtlich: *ohne eine Gelegenheit auszulassen*], *in allem sagt Dank; das ist der Wille Gottes, in Christus Jesus, für euch.*[145]

Es ist gut, wenn wir – wie Jesus – den Tag mit Gott beginnen: Wir treten bewusst in die Vater-Sohn- bzw. Vater-Tochter-Beziehung ein und lassen uns von seiner Liebe füllen.[146] Wir legen ihm vor, was uns Sorge bereitet; wir beten für den Partner und unsere Kinder. Wir Männer stellen unsere Frau und die Kinder unter Gottes Schutz und segnen sie.[147] Im Tageslauf bleiben wir durchs innere Zwiegespräch mit ihm verbunden. So empfangen wir Aufträge, erfahren Hilfe und Leitung. Und: *In allem sagt Dank.* Am Abend dürfen wir das vollbrachte Werk dann in seine Hände zurücklegen.

Gott will auch durch sein Wort, die Bibel, zu uns reden. Wenn wir unser Herz dafür öffnen, schließt es uns der Heilige Geist auf. Es ist „das Brot des Lebens", das in uns Gottes Leben wirkt. Es ist eine Kraft, die uns zurechtbringt im Glauben, in unseren Maßstäben und Überzeugungen und in unserem Handeln. Es schafft Wachstum in der Gottes-Erkenntnis; wir lernen Gott und sein Wirken besser verstehen und wachsen in der Liebe zu ihm. Die Bibel ist ein unerschöpflicher Schatz der Weisheit und der Erkenntnis.

Den Ehepaar-Glauben aufbauen

Und nun zum Ehepaar-Glauben. Es braucht viel Entschiedenheit, Geduld und rücksichtsvolle Liebe zum Partner, um den gemeinsamen Glauben aufzubauen und zu gestalten. Es ist Gott wichtig, dass wir als Ehepaar *zur Einheit des Glaubens und der Erkenntnis des Sohnes Gottes gelangen.*[148] Auf dieses Ziel hin wirkt er in

145 1. Thessalonicher 5,17–18.

146 Vgl. Bericht 1.

147 Vgl. Kapitel 3.6. „Der Auftrag des Mannes".

148 Epheser 4,13.

uns. Wenn sich beide Partner darauf einlassen, können sie mit seinen Anstößen und seiner Hilfe rechnen.

Der Aufbau des Ehepaar-Glaubens beginnt oft damit, dass einer von beiden den Mut findet, dem Partner seinen Wunsch auszudrücken, sich über den Glauben austauschen oder eine gemeinsame Gottesbeziehung aufbauen zu können. Dann gilt es, einen kleinen Anfangs-Schritt festzulegen (z. B. das Tischgebet etwas ausweiten; einander kurz segnen, bevor der oder die erste aus dem Haus geht; den Tag im Gebet gemeinsam abschließen oder Ähnliches). Wenn daraus eine ermutigende Erfahrung wird, kann ein Partner einen nächsten kleinen Schritt vorschlagen. Dieser behutsame Aufbau braucht viel Zeit; aber er führt zu einem tragfähigen Fundament.

Was die geistliche Einheit besonders fördert, ist der Austausch mit dem Partner über das persönliche Erleben mit Gott, über neue Entdeckungen in der Bibel, über das, was uns in einem gemeinsam erlebten Gottesdienst oder Seminar besonders ermutigt hat usw. Auch der Austausch über unsere Zweifel und das, was uns Not macht im Glauben, gehört dazu. Es baut den Ehepaar-Glauben auf, wenn wir einander um Unterstützung bitten und füreinander beten können. So wird zwischen dem Wachstum des persönlichen und der Entwicklung des Ehepaar-Glaubens eine positive Wechselwirkung entstehen.

Der Zugehörigkeit zu einer christlichen Gemeinde, in der sich beide Partner wohl und zu Hause fühlen, kommt für das gemeinsame Glaubenswachstum große Bedeutung zu. Wir brauchen Gemeinschaft mit anderen Menschen, um im Glauben gesund zu wachsen und *mit allen Heiligen zusammen die Breite und Länge und Höhe und Tiefe zu ermessen und die Liebe Christi zu erkennen, die alle Erkenntnis übersteigt.*[149] Wenn ein Paar beim Bau der Gemeinde mitwirkt, fördert die gemeinsam getragene Verantwortung die Koevolution im Glauben und stärkt die geistliche Einheit. Was diese aber am stärksten fördert, ist das Ehe-Gebet.

Das Ehe-Gebet

Auf dem Ehe-Gebet liegt eine große Verheißung: *Wenn zwei von euch auf Erden übereinkommen, um etwas zu bitten, dann wird es ihnen von meinem Vater im Himmel zuteil werden. Denn wo zwei oder drei in meinem Namen versammelt sind,*

149 Epheser 3,18–19.

da bin ich mitten unter ihnen.[150] Wenn wir als Paar miteinander beten, ist Jesus bei uns. Und wenn wir uns in dem, was wir bitten, mit dem Partner eins machen, wird Gott uns antworten. Was für ein Privileg! Wenn wir Jesus bewusst dazu nehmen, entsteht ein Gebets-Dreieck (vergleiche Abbildung 4), in dem noch eine weitere Zusage gilt: *Wenn ihr den Vater in meinem Namen um etwas bittet, wird er es euch geben.*[151] In meinem Namen heißt: in Übereinstimmung mit meinem Willen. Wie können wir uns im Gebet nicht nur miteinander, sondern auch mit Jesus eins machen? *Lasst euch dabei* [beim Beten] *vom Heiligen Geist leiten, weil er dem Willen Gottes gemäß für die Heiligen eintritt.*[152] Wenn wir im Gebet die Anstöße des Heiligen Geistes aufnehmen, stehen unsere Gebete im Einklang mit Gottes Willen.

Um das Ehe-Gebet zu entwickeln, haben meine Frau und ich einige Jahre gebraucht. Als wir dann mit einer täglichen Gebetszeit beginnen konnten, entdeckten wir die positiven Rückwirkungen auf unsere Beziehung. Bericht 19:

> *Neben allem Guten, das durch unser Ehe-Gebet bewirkt wird, bildet es auch einen Schutz für unsere Beziehung: Um mich nach dem Frühstück mit meiner Frau im Gebet eins machen zu können, muss ich mit ihr versöhnt sein. Ein Ehe-Konflikt kann also nicht länger als 24 Stunden dauern; bis zur gemeinsamen Gebetszeit haben beide die Beziehung zum anderen bereinigt. Oft beginnen wir mit einer Zeit des Dankens. In unserem Ehe-Gebet hat sich eine Kultur der Dankbarkeit entwickelt, die immer mehr auch unseren Alltag prägt. Das Wissen um die Verheißung, die auf dem Eins-Sein liegt, ermutigt uns zur Flexibilität; mit unserem „Amen" wollen wir uns ganz hinter das stellen, was die oder der andere betet. Je bewusster wir uns durch den Heiligen Geist leiten lassen, desto überzeugter kann der oder die andere „Amen" sagen. Wir nehmen im gemeinsamen Gebet nur Themen auf, die beide auf dem Herzen haben: unsere Kinder und Enkel, die Begegnungen und Herausforderungen des Tages, die Fürbitte für unsere Freunde, aktuelle Anliegen für das Wachstum von Gottes Reich, für das politische und wirtschaftliche Geschehen usw. Da wir im Gebet unsere Herzen öffnen, lernen wir den anderen besser kennen. Das vertieft das Verständnis fürei-*

150 Matthäus 18,19–20.

151 Johannes 16,23.

152 Epheser 6,18; HFA; und Römer 8,27.

nander. Dass es unserer Eheperson trotz alltäglicher Konflikte gut geht, ist auch eine Frucht des gemeinsamen täglichen Gebets.

Auf dem Weg zum regelmäßigen Ehe-Gebet gibt es einige Hindernisse zu überwinden und Fallgruben zu vermeiden. Als erstes müssen wir den Mut und die Freiheit finden, um das, was sonst im Herzens-Gespräch mit Gott geschieht, vor dem Partner laut auszusprechen. Unsere Gottes-Beziehung ist ein sehr intimer und verletzlicher Bereich; eine lieblose Reaktion auf unser Gebet würde uns tief treffen. Beide sollen ehrlich, ihren Überzeugungen und ihrem Stand im Glauben gemäß, von ganzem Herzen und ohne Angst vor Korrektur oder Kritik beten können. Fürs gemeinsame Gebet müssen wir dem Partner vertrauen können. In Übersicht 3 im Anhang, „Das Ehe-Gebet", finden Sie einige Hinweise, wie das Ehe-Gebet entwickelt und davor bewahrt werden kann, zu einem Ort der indirekten Botschaften, der Verletzungen und des Konflikts zu werden.

Aber auch für Ehepaare mit langer Gebets-Erfahrung kann das Gebet in schwierigen Situationen zum Konfliktpunkt werden. Soll man auch dann am gemeinsamen Gebet festhalten? Bericht 20:

Vor dieser Frage standen wir, als unser 30-jähriger Sohn an Krebs erkrankt war. Meine Frau kämpfte im Gebet um ihn wie eine Löwin um ihr Junges; meine Gebete empfand sie als glaubensschwach, sie fühlte sich im Kampf von mir im Stich gelassen. Eine Mutter betet anders als ein Vater. Nach unseren Gebetszeiten kam es immer wieder zu Konflikten, die uns zu spalten drohten. Was sollten wir tun, um in unseren Gebeten ehrlich bleiben und trotzdem miteinander beten zu können? Im Austausch darüber haben wir beschlossen, uns durch die ausgelösten Konflikte nicht vom gemeinsamen Gebet abhalten zu lassen. So mussten wir beide lernen, dem anderen die Freiheit zu lassen, seiner inneren Überzeugung gemäß zu beten, und uns in Liebe selbst dann hinter seine Bitten zu stellen, wenn wir anders gebetet hätten. Der Wille zur Einheit und die Flexibilität können den Sieg über das Spaltende davontragen.

Lassen Sie sich den Segen des gemeinsamen Gebets nicht entgehen, liebes Ehepaar! Haben Sie den Mut, sich miteinander auf den Weg zu machen! Der beste Start ist, wenn Sie in einem gemeinsamen Gebet Gott Ihren Entschluss ausdrücken und ihm die Führung für dieses Projekt übergeben. Übersicht 3 im Anhang zeigt konkret auf, wie Sie das Ehe-Gebet mit der „Kunst der kleinen Schritte" aufbauen können.

Gemeinsam entscheiden

Zuletzt möchte ich über eine unserer wichtigsten Entdeckungen im Ehe-Gebet berichten: Wir haben gelernt, aus dem Hören auf Gott Entscheidungen gemeinsam zu treffen. Was für ein Geschenk! Es erspart uns lange Dafür-und-Dawider-Diskussionen und – wenn etwas misslingt – nachträgliche Konflikte darüber, wer die Verantwortung für die Entscheidung trage. Wie haben wir diesen Geheimtipp entdeckt? Bericht 21:

> *Mit 38 Jahren entschloss ich mich zusammen mit meiner Frau, meine Lehrtätigkeit aufzugeben und an der Universität Bern Psychologie zu studieren. Dies bedeutete, dass wir mit unserer großen Familie von einem Stipendium leben mussten. Worauf mussten wir von nun an verzichten? Sollten wir das Auto verkaufen, den Telefonanschluss kündigen usw.? Da kam uns der Gedanke, Gott für jede dieser Entscheidungen um seinen Rat zu bitten; er wusste es ja. Ich formulierte die Frage möglichst einfach, sodass sie mit Ja oder Nein beantwortet werden konnte. Dann kamen meine Frau und ich im Gebet vor Gott und hörten gemeinsam in der Stille auf seinen Rat. Wenn wir beide ein Ja hatten, setzten wir die gewonnene Überzeugung ohne weiteres Prüfen um; wenn wir beide ein Nein hatten, war es auch klar; wenn die Antworten nicht übereinstimmten, verschoben wir die Entscheidung bis zur nächsten Hör-Zeit. Dieser Weg war so einfach und das Ergebnis so überzeugend, dass wir in den letzten vierzig Jahren unsere Entscheidungen auf diese Art gefällt haben, sei es für das persönliche, für das berufliche oder für das Familien-Leben. Und es gibt kaum eine, die wir bereut hätten.*

Vielleicht fragen Sie sich nun, liebe Leserinnen und Leser: Kann man Gott einfach um seinen Rat bitten; ist das, was wir dann hören, seine Antwort? Es ehrt Gott, wenn wir aus der Grundhaltung Jesu heraus[153] in Freiheit seinen Rat suchen: *Mein sind Rat und Hilfe. Ich bin die Einsicht, mein ist die Stärke.*[154] Er ermutigt uns sogar dazu: *Wem es unter euch… an Weisheit fehlt, der erbitte sie von Gott, der allen vorbehaltlos gibt und niemandem etwas zum Vorwurf macht: Sie wird ihm zuteil werden.*[155] Er wacht auch darüber, dass wir im Hören nicht getäuscht werden: *Wer*

---

153 Er hat sich dem Vater freiwillig aus Liebe ganz untergeordnet. Vgl. dazu Johannes 5,19–20.

154 Sprüche 8,14; ELB.

155 Jakobus 1,5.

unter euch gäbe seinem Sohn, wenn er ihn um Brot bittet, einen Stein, und wenn er ihn um einen Fisch bittet, eine Schlange? Wenn also ihr, die ihr böse seid, euren Kindern gute Gaben zu geben wisst, wie viel mehr wird euer Vater im Himmel denen, die ihn bitten, Gutes geben.[156] Deshalb können wir der im gemeinsamen Hören auf Gott gewonnenen Überzeugung vertrauen. Von Gott haben wir einen Rat empfangen; seine Umsetzung bleibt aber unsere eigene, freie Entscheidung. Wir übernehmen als Ehepaar die Verantwortung für unseren Entschluss und sind auch bereit, die sich daraus ergebenden Konsequenzen gemeinsam zu tragen.

Falls Sie Gottes Angebot, Ihr Ratgeber zu sein, als Ehepaar annehmen wollen, gebe ich Ihnen noch einige praktische Hinweise:

- Der beste Zeitpunkt für ein gemeinsames Hören auf Gott ist im Anschluss an eine Ehepaar-Gebetszeit.

- Tauschen Sie sich über die Frage aus, die Sie Gott vorlegen möchten, bis sie einfach und klar ist. Auch komplexe Fragen lassen sich auf zwei, drei Ja-Nein-Fragen herunterbrechen.

- Drücken Sie Ihre Bitte um Gottes Rat und die konkrete Frage im lauten Gebet aus, bevor Sie vor Gott still werden. Bleiben Sie in der Zeit des Hörens beisammen.

- Tauschen Sie sich darüber aus, was jeder in der Stille erlebt hat: vielleicht sind Sie zu einer inneren Überzeugung gelangt; oder Sie wurden an einen Bibeltext erinnert; Gott hat Ihnen vielleicht einen bildhaften Eindruck geschenkt oder eine direkte Antwort gegeben. Bleiben Sie im Austausch bei dem, was Sie empfangen haben, auch wenn Sie es nicht ganz verstehen; gleichen Sie es nicht dem an, was der Partner mitgeteilt hat.

- Wenn beide berichtet haben, ziehen Sie den Schluss. Entweder ergibt sich daraus eine gemeinsame Überzeugung, oder die gegenseitige Bestätigung fehlt. Wenn es nicht klar ist, verschieben Sie die Frage auf eine nächste Hör-Zeit.

156 Matthäus 7,9–11.

- Falls Sie zur selben Überzeugung gelangt sind, danken Sie Gott dafür, fassen den gemeinsamen Entschluss und stellen die Umsetzung unter seine Führung. Was Gott uns aus seinem vollkommenen Überblick heraus und aufgrund seiner Pläne für uns rät, können wir mit unserem eingeschränkten Verstand nicht überprüfen. Deshalb treffen wir unsere Entscheidung im Vertrauen auf Gott und aus dem Glauben heraus, wie Petrus: *„Auf dein Wort hin will ich die Netze auswerfen"*.[157]

Und nun: Gottes Segen über Ihren ersten Erfahrungen mit dem gemeinsamen Hören auf Gott und den darauf aufbauenden, im Vertrauen auf Gott gefällten Entscheidungen!

5.5. Die Geschenk-Position

In Gottes Plan sind Mann und Frau als Geschenk füreinander gedacht. Das kommt bei der Erschaffung von Eva zum Ausdruck. In die „Geschenk-Position" können wir bewusst eintreten. Dieser freie Schritt ist ein konkreter und starker Ausdruck unserer Liebe zum Partner. Er verändert unsere innere Haltung: Es geht nun nicht mehr um die Frage, was ich vom Partner zu bekommen hätte, wo ich zu kurz komme, wie der Partner sich verändern müsste usw.; nun geht es um die Frage, wo ich das göttliche Geschenk noch nicht bin und wie ich es werden kann. Dieser Schritt entspricht der Haltung, zu der Paulus seine Leser ermutigt: *Einer achte den anderen höher als sich selbst!*[158]

Ich habe mehrfach erlebt, dass ein Partner oder beide gegen Ende eines Eheseelsorge-Prozesses den Wunsch hatten, diesen Schritt zu tun. Wie sind wir dabei vorgegangen? Weil ihnen bewusst war, dass göttliche Geschenke ja eigentlich vollkommen sein sollten, haben sie ihren Hingabe-Schritt „obendurch", über Gott vollzogen: „Ich schenke mich dir, Herr; mache aus mir ein göttliches Geschenk für … (Name des Partners)." Wenn sie dazu bereit waren, konnten sie noch einen Schritt weitergehen: „Ich entlasse dich, (Name), aus all meinen Forderungen und Ansprüchen. Du darfst die Verantwortung für dein Sein und Tun ganz und allein vor Gott tragen." Sogar dann, wenn nur einer in die Geschenk-Position eintrat,

157 Lukas 5,5.

158 Philipper 2,3.

entlastete die neue Haltung des sich schenkenden Partners die Ehebeziehung; und in seinem Herzen löste der Schritt mehr Zuwendung und Liebe zum anderen aus.

Abbildung 11 zeigt, wie wir in die Geschenk-Position eintreten können. Das Paket auf dem linken Schenkel des Dreiecks stellt den Mann dar, der sich über Gott seiner Frau schenkt; das Paket auf dem rechten Schenkel die Frau.

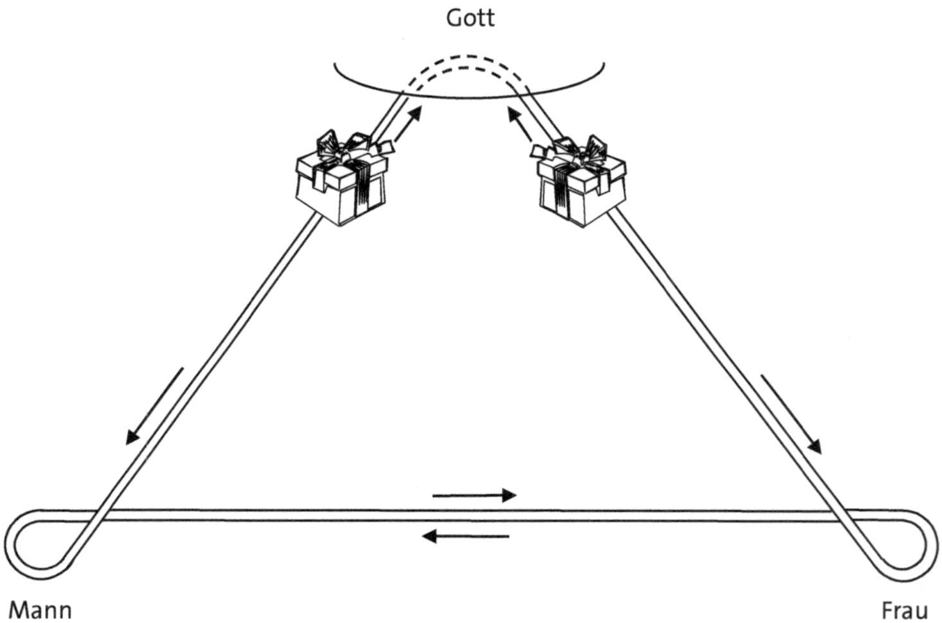

Abb. 11: Die Geschenk-Position

Und welche Folgen hat dieser Schritt? Wenn Sie ihn wagen, sei es allein oder mit dem Partner zusammen, können Sie mit zwei sich ergänzenden Auswirkungen rechnen:

1) Gott wird Ihre Bitte ernstnehmen. Im sich schenkenden Partner beginnt durch Gottes Wirken ein innerer „Umbau". Der beschenkte Partner wird diesen immer deutlicher wahrnehmen und überrascht feststellen, dass der Veränderungsprozess anhält.

2) Der beschenkte Partner beginnt, den anderen immer mehr als Geschenk zu erleben, wie wenn er ihn durch Gottes Augen sehen würde, und ihn lieber zu gewinnen.

Diesen Prozess mitzuerleben, hat mich jedes Mal tief beeindruckt.

Und nun, liebe Leserin, lieber Leser, warten Sie nicht auf Ihren Partner, um in die Geschenk-Position einzutreten. Lassen Sie Ihre Liebe zu ihm durch einen klaren Schritt im Gebet konkret werden. Tauschen Sie sich erst dann mit ihm darüber aus, wenn er Ihnen Fragen zu stellen beginnt. Gott segne Sie am neuen Platz mit Freude, Frieden und Entfaltung!

Und wenn Sie den Schritt gemeinsam tun können, wird das zu einem Meilenstein in der Geschichte Ihrer Ehe werden!

6. EHE-HERAUSFORDERUNGEN

2 Ich kenne deine Werke und deinen Einsatz und deine Beharrlichkeit…
3 Ausgeharrt hast du, und um meines Namens willen erträgst du dies alles und bist nicht müde geworden.
4 Ich habe dir aber vorzuwerfen, dass du deine erste Liebe verlassen hast.
5 … Kehr um zu den Werken des Anfangs. (Offenbarung 2,2–5)

Was Gott der Gemeinde in Ephesus sagt, können wir auch auf unseren Weg in der Ehe übertragen. Gott scheint es normal zu finden, dass das Leben oft recht schwierig ist; und er verspricht auch nicht, das zu ändern. Aber er sieht uns und weiß, wie unser Herz es meint; er erkennt unser Bemühen und unser Durchhaltevermögen in schwierigen Zeiten an; er weiß um alles, was wir ertragen, und dass wir trotz allem weiterlaufen und *nicht müde geworden* sind. Gott ist mit uns als großer Ermutiger. Er gibt uns zweierlei Rückmeldungen: zuerst Lob und Anerkennung und dann einen weiterführenden Auftrag als angemessene Herausforderung. Sie entspricht dem, was wir mit seiner Hilfe tun können.

Was möchte Gott Ihnen durch dieses Wort sagen, liebe Leserin, lieber Leser? Wofür möchte er Ihnen Anerkennung schenken; wie möchte er Sie herausfordern; welchen Auftrag gibt er Ihnen?

Durch seine Ermutigung mittels Anerkennung und Herausforderung treibt Gott unsere Entwicklung als Person voran, *bis wir… zum vollkommenen Menschen heranwachsen und die volle Reife in der Fülle Christi erlangen.*[159] Für diesen lebenslangen Prozess der Person-Werdung kommt verbindlichen und durch Annahme und Liebe geprägten Beziehungen große Bedeutung zu. In Gottes Plan

159 Epheser 4,13.

ist die Ehebeziehung der beste Ort dafür.[160] Auch die Ehe-Herausforderungen will Gott dafür nutzen.

Die Folgen des Sündenfalls machen unser Leben kompliziert, herausfordernd und notvoll.[161] Das gilt auch für die Ehe. In meinen Gesprächen habe ich festgestellt, dass vor allem drei Bereiche als besonders herausfordernd erlebt werden: die Ergänzung, die „Kommunikation" und die sexuelle Beziehung. Sie werden oft zu Schlachtfeldern, auf denen die ehelichen Beziehungskämpfe ausgetragen werden. Ist Ihnen aufgefallen, dass es sich um die Aspekte der Ehebeziehung handelt, die von Gott her als ganz besondere Geschenke für Mann und Frau gedacht waren? Durch die Erlösung, die er durch Jesus Christus bereitet hat, sollen auch diese Bereiche für uns mehr und mehr wieder zu einem Geschenk werden und die damit verbundenen Herausforderungen zu Wachstums-Chancen. Die nächsten Kapitel zeigen auf, wie das konkret geschehen kann.

6.1. Die Ergänzung zum Gewinn machen

Die Wahl des Partners nach dem Ergänzungs-Prinzip ist die erste Herausforderung, der wir uns zuwenden wollen. Das Ergänzungs-Prinzip ist Teil von Gottes Schöpfungsplan.[162] Durch die Erschaffung von Eva werden Mann und Frau zu ergänzungsbedürftigen Geschöpfen. Jedes soll die spezifischen Anteile von Gottes Wesen, die ihm zugeordnet worden sind, wieder in die Beziehung einbringen. Im Miteinander der Ergänzung können Mann und Frau in vollständigerer Art Gottes Ebenbild sein als jeweils allein. Wir wissen um unsere Ergänzungsbedürftigkeit. Deshalb wünschen wir uns ein Gegenüber des anderen Geschlechts, das in die Beziehung einbringen kann, was uns fehlt.[163] Nach der Hochzeit gilt dann aber bei den meisten Paaren: „Der Punkt der Anziehung wird später zum Punkt des Konflikts." Weshalb schafft die von uns gewünschte und von Gott als Bereicherung gedachte Ergänzung so viel Beziehungsstress?

160 Vgl. Kapitel 5.3.

161 Vgl. Kapitel 2.1. bis 2.3.

162 Vgl. Kapitel 1.2.

163 Vgl. Kapitel 5.1. sowie Kapitel 3.6.

Die Herausforderungen liegen in uns selber

Auch wenn wir uns mit zwei unabhängigen, freien „Ja" gewählt haben, ist die Umsetzung dieser Wahl im alltäglichen Miteinander eine große Herausforderung. Nach der Hochzeit landen wir schnell in der Realität. Oft stellt sich eine gewisse Ernüchterung bezüglich der Ergänzung ein: Der Partner verhält sich anders als vorher („Mein Mann redet ja kaum noch"); wir finden die gewünschte Hilfe nicht („Ich muss die Hemden doch selber bügeln"); in gewissen Bereichen haben beide eine Stärke (beim Einrichten der Wohnung prallen zwei „Experten" aufeinander); in anderen Bereichen sind beide hilflos (die Hochzeitsreise ist eine organisatorische Katastrophe). Und wenn sich gewisse Stärken des einen Partners immer mehr zeigen, entmutigt das den anderen in seiner eigenen Entwicklung („Das schaffe ich nie so").[164]

Mit der Zeit entdecken wir, dass die größten Herausforderungen nicht im Partner, sondern in uns selber liegen. Trotz unseres guten Willens, die Andersartigkeit des Partners positiv aufzunehmen, versagen wir immer wieder: Wir sind innerlich gerade unter Druck und reagieren ungeduldig und gereizt. Oder wir erleben das Reden oder Tun des anderen als gegen uns gerichtet (vergleiche die Interpretationsfalle[165]). Manchmal empfinden wir die Hilfe oder die angebotene Ergänzung als lästig („Er will mir seine Lösung aufdrängen"), und aus Stolz oder Verletzung nehmen wir sie nicht an. Es gibt noch tiefer liegende Gründe für unsere Not mit der Ergänzung: Aus unserer eigenen Identität als Mann/Frau heraus können wir den anderen nicht ganz verstehen; sein Empfinden, seine Denkweise, die innere Logik seines Handelns sind uns fremd. Oft kommen unterschiedliche kulturelle und familiäre Prägungen dazu, die wir nicht nachvollziehen können. Das Fremd-Sein des Partners schafft Stress, macht uns hilflos und macht aus der Ergänzung eine anstrengende und konfliktreiche Angelegenheit. All das kann über die Zeit zu Konkurrenz-, Rechthaberei- oder Kampf-Beziehungsmustern führen.

Wie kommen wir aus dieser Spirale der Not und Hilflosigkeit heraus? Wir verstehen: Der Grund dafür liegt nicht darin, dass wir falsch gewählt hätten. Wir können an unserer Wahl festhalten, und Gott hat sich ja auch zu ihr gestellt; wir haben den richtigen Partner. Die Lösung liegt auch nicht darin, dass der Partner sich unseren Wünschen gemäß verändern würde. Die eigentlichen Herausforderungen, denen

---

164 Vgl. „Das Mobile-Prinzip" in Kapitel 5.2.

165 Vgl. Bericht 13, S. 72f.

wir uns mit Gottes Hilfe zu stellen haben, liegen in unserer Schwachheit und Verletzlichkeit und in unserer inneren Haltung dem Partner gegenüber.

Ergänzungsfähig werden

Wie können wir ergänzungsfähig werden? Als erstes geht es um die Änderung unserer inneren Haltung. Wir wollen uns eingestehen und annehmen, dass wir ergänzungsbedürftig sind. Und dem anderen wollen wir zugestehen, dass seine Andersartigkeit, die wir frei gewählt haben, für uns eine Bereicherung ist; wir wollen lernen, sie anzunehmen. Hier sieben Grundentscheidungen, die Ihre innere Haltung in dieser Richtung verändern können:

- Ich lasse den Wunsch nach Gleichartigkeit los und entscheide mich dafür, mich durch dich als meine Frau/meinen Mann ergänzen zu lassen. Du darfst anders sein als ich.
- Ich habe dich damals frei gewählt. Ich stehe zu meiner Wahl und will dich noch besser kennen- und verstehen lernen.
- *Nehmt einander an, wie auch Christus euch angenommen hat, zur Ehre Gottes.*[166] So will ich dich annehmen als meine Ergänzung und Hilfe von Gott her.
- Ich will dir ein echtes Gegenüber sein. Ich stehe zu mir selber, zu meinem subjektiven Erleben, zu meinen Überzeugungen, zu meiner Art zu glauben und zu meinem Wunsch nach persönlichem Wachstum. Auch du darfst ganz du selber sein und dich entwickeln.
- In Verantwortung vor Gott nehme ich meinen Platz ein im Gott-Ehe-Dreieck und in der göttlichen Eheordnung, die auf Ergänzung angelegt ist.
- Ich entschließe mich zum Austausch. Ich will annehmen, was du mir geben kannst, und dir geben, was ich habe.
- Ich bitte Gott für mich um Wachstum in der unabhängigen Liebesfähigkeit und in der Flexibilität.

166 Römer 15,7.

Beginnen Sie mit irgendeiner dieser Grundentscheidungen; am besten mit der, die Sie am leichtesten umsetzen können. Drücken Sie Ihren Entschluss im Gebet vor Gott als Zeuge aus und versuchen Sie dann, die neue Haltung in Ihrer Ehebeziehung umzusetzen. Wenn Sie Ihr Ziel erreicht haben und die neue Haltung Ihr Verhalten zu prägen beginnt, wählen Sie aus der obigen Liste die nächste Entscheidung aus.

Wenn Sie sich als Ehepaar gemeinsam auf den Weg zur Ergänzungsfähigkeit machen wollen, können Sie von Übersicht 5, „Ergänzung als Bereicherung", ausgehen. Sie baut auf den oben angeführten persönlichen Entscheidungen auf. Gehen Sie die Übersicht zuerst persönlich durch. Dann tauschen Sie sich Punkt für Punkt darüber aus. Sie werden dabei viel über den anderen erfahren; Ihr Verständnis füreinander wird wachsen. Es ist eine Hilfe zu wissen, in welchen Bereichen sich der Partner Ergänzung wünscht, und wo er sich als Gegenüber einbringen möchte. Beim letzten Punkt geht es um Flexibilität als echte Stärke: Dort, wo ich mich dir freiwillig, ohne zum Opfer zu werden, anpassen kann, komme ich dir gerne entgegen.[167]

Das Gottesgeschenk der Ergänzung auszupacken, bleibt ein lebenslanger Prozess. Die Liste der Grundentscheidungen kann Ihnen helfen, dranzubleiben. Wir können in der annehmenden, liebenden Grundhaltung dem Partner gegenüber wachsen; wir können die Art des Partners mehr und mehr schätzen lernen und auch flexibler werden; aber wir werden immer wieder Vergebung brauchen für unwirsches, verurteilendes und eigensüchtiges Verhalten. Gott bedient sich der Herausforderungen des Ergänzungs-Prinzips, um uns in unserer Herzensgesinnung zu verändern.

6.2. Miteinander reden

Gott hat uns für Beziehungen geschaffen (vergleiche Abbildung 1) und uns mit der Sprache begabt. Wir sind sprechende Wesen; was wir sagen oder tun, wird vom Gegenüber immer als Mitteilung verstanden. Deshalb gilt: „Der Mensch kann nicht *nicht* kommunizieren."[168] Wie wir uns auch verhalten, ob wir reden oder

167 Vgl. Bericht 12.

168 In: Paul Watzlawick et al., *Menschliche Kommunikation,* Bern 1974⁴, S. 53.

schweigen, uns zu- oder abwenden, alles kann als Botschaft verstanden werden. Unser spontanes, alltägliches Reden und Handeln ist oft nicht durch eine Absicht bestimmt, sondern durch unsere innere Befindlichkeit oder durch die Situation. Unser bewusstes Beziehungs-Verhalten dagegen offenbart die Haltung unseres Herzens. Jesus sagt dazu: *Denn aus der Fülle des Herzens redet der Mund;*[169] und dasselbe gilt auch für unser Tun.[170] Die Grundhaltung zum anderen drückt sich in verbaler und in non-verbaler Form aus: durch Worte, den Tonfall, Blicke, Gesten und durch Handlungen. Wir sind aber nicht nur Sender, sondern auch Empfänger von Botschaften. Wir hören und interpretieren sie.[171] Jede Beziehung wird im Reden und im Hören durch die Grundhaltung der Partner bestimmt.

Und wenn Sie nun all das auf Ihre Beziehung übertragen, liebe Leserin, lieber Leser: Wie steht es damit bei Ihnen? Für diese kleine Standortbestimmung können Sie Abbildung 7, „Die Beziehungs-Autobahn", zu Hilfe nehmen. Die beiden Fahrbahnen weisen darauf hin, dass jeder sowohl Sender als auch Empfänger von Botschaften ist. Welche Botschaften möchte ich dem Partner durch mein Reden und mein Tun senden? Weshalb gelingt mir das oft nicht; in welchen Situationen versage ich? Wie interpretiere ich das Reden und Handeln des Partners; welche Haltung mir gegenüber lese ich aus seinem Reden heraus? Tauschen Sie sich nachher über Ihre Antworten aus. Wenn es Ihnen gelingt, frei und offen miteinander zu reden und den Partner anzuhören, werden Sie vielleicht entdecken, dass der Partner Sie mehr liebt, als Sie gedacht hatten.

Bei dieser Standortbestimmung können einige Knackpunkte der Gesprächsfähigkeit offenbar werden, denen wir uns noch zuwenden wollen: die Herzenshaltung unserem Partner gegenüber – die Not, dass wir unsere Liebe oft nicht ausdrücken können – unser häufiges Versagen im alltäglichen Austausch – die Gefahr, dass wir das Verhalten des Partners falsch einordnen usw. Aber wir werden auch Wege kennenlernen, wie wir in der Gesprächs- und in der Austauschfähigkeit wachsen können.

169 Matthäus 12,34; ELB.

170 Vgl. Matthäus 15,19.

171 Vgl. die Interpretationsfalle in Kapitel 4.4. und Bericht 13.

Reden als Gottes Auftrag

Wir sind für unser Reden und Hören vor Gott verantwortlich. Unsere Worte sind für Gott Taten; sie können zerstörerische Auswirkungen haben[172] und in seinem Urteil so schwer wiegen wie Mord und Totschlag.[173] Unser Reden kann dem Gegenüber aber auch Gnade geben und es aufbauen. Durch unsere Worte werden wir gerechtfertigt oder verurteilt: *Über jedes unnütze Wort, das die Menschen reden, werden sie Rechenschaft ablegen müssen am Tag des Gerichts. Denn aufgrund deiner Worte wirst du freigesprochen werden, und aufgrund deiner Worte wirst du verurteilt werden.*[174]

Das Rede-Verhalten ist ein zentrales biblisches Thema. Gottes Auftrag können wir durch drei Bibelworte zusammenfassen:

> *Und alles, was ihr tut, mit Worten oder Taten,*
> *das tut im Namen des* [oder *für den*] *Herrn Jesus.* (Kolosser 3,17)[175]
>
> *Kein faules [oder hässliches, schlechtes] Wort komme aus eurem Mund, sondern nur eins, das gut ist zur notwendigen Erbauung* [oder *zum notwendigen Aufbau*],
> *damit es dem Hörenden Gnade* [oder *eine Freundlichkeit, Wohltat*] *gebe!*
> (Epheser 4,29; ELB)
>
> *Lasst uns aber die Wahrheit reden* [oder *aufrichtig sein*] *in Liebe.* (Epheser 4,15; ELB)

Diese Texte zeigen uns, wie wir verantwortungsvoll mit der Gabe der Sprache umgehen können. Gottes Auftrag besteht zuerst darin, dass unser Reden und Tun zu seiner Ehre geschehen soll. Durch unsere Worte will er andere Menschen aufbauen; unser Reden soll ihnen Gnade geben; wir sollen für sie ein Gegenüber von Gott her sein. Dieser Auftrag ist eine große Ehre; wir dürfen Gott mit unserem Reden (und Schweigen) dienen und ihn damit verherrlichen.

Wie können wir zwischen *unnützen* bzw. *faulen* und *guten* bzw. *hilfreichen* Worten unterscheiden? Aus Epheser 4,15 können wir schließen, dass das Kriterium dafür nicht die Wahrheit, sondern die Liebe ist. Dass unser Reden immer wahrhaftig sein soll, das steht fest; aber nicht alles, was der Wahrheit entspricht, baut auf. Zum Verständnis dieser Aussage ist der Vergleich mit einem elektrischen Kabel

---

172 Vgl. Jakobus 3,2–12.

173 Vgl. Matthäus 5,21f.

174 Matthäus 12,36f.

175 Vgl. Bericht 7.

hilfreich: Die Wahrheit ist der Kupferdraht, der immer da sein muss; die Liebe ist die isolierende Hülle. Ohne den Schutz der Liebe kann die Wahrheit töten. Alles, was nicht durch unsere Liebe zum anderen abgedeckt ist, sind faule Worte, die verletzen oder töten können.

Der Anspruch dieses Auftrages ist groß. Die erste Herausforderung besteht darin, dass wir über unserer Grundhaltung zu den Gegenübern wachen müssen. Wie wir sie sehen und zu ihnen stehen, wird in unseren Worten oder im non-verbalen Verhalten sichtbar werden. Die zweite Herausforderung besteht darin, dass wir uns unseres Auftrages zur Ehre Gottes nicht nur in den besonderen Redesituationen wie seelsorgerlichen Gesprächen, Vorträgen usw., sondern auch im alltäglichen Austausch bewusst bleiben sollten. Im Nachhinein werden wir uns aber immer wieder fauler Worte und gewohnheitsmäßiger „Rede-Sünden" bewusst. Wie kommen wir hier weiter? Auch für das Redeverhalten gibt es ein zur neuen Schöpfung gehörendes Angebot Gottes: die bewusste, offene, klare, freilassende und durch Barmherzigkeit geprägte Art, wie Jesus mit den Menschen geredet hat.

Im Gott-Ehe-Dreieck miteinander reden

Überprüfen Sie nun, liebe Leserin, lieber Leser, wie die angeführten biblischen Aussagen im Gott-Ehe-Dreieck (Abbildung 4) einzuordnen sind. Enthält es zusätzliche entlastende und konkret umsetzbare Hinweise zum Gespräch? Was spricht Sie an und ermutigt Sie?

Das Gott-Ehe-Dreieck erinnert uns daran, dass wir nicht nur mit dem Partner, sondern auch mit Gott in einer Beziehung stehen. Wenn wir die im Dreieck angezeigten Prioritäten berücksichtigen, kann er seinen Platz auch in unserem horizontalen Beziehungs-Verhalten einnehmen; dann tragen wir unsere Verantwortung vor ihm und nicht vor dem Gegenüber. Er ist unser Ratgeber, unser Befähiger und unser Lehrer. Um uns auch im alltäglichen Reden und Austauschen seinem Auftrag gemäß zu verhalten, können wir lernen, innerlich mit ihm in Verbindung zu bleiben. Wir dürfen ihn bitten, Wächter über unserem Reden und Hören zu sein, uns zu ermutigen oder zurückzuhalten; oder wir können kurz nachfragen, bevor wir einen Gedanken aussprechen: „Soll ich das sagen?" Er gibt uns die Kraft zu schweigen, aber auch den Mut zu reden, wo es nötig ist. Und er ist bereit, uns unsere „Rede- und Schweige-Sünden" immer wieder zu vergeben.

Im Dreieck wird sichtbar, dass uns zwei Wege zum Partner offenstehen: der direkte „unten-" und der indirekte „obendurch", über Gott. Wir haben die Wahl, auf welchem Weg wir dem Partner eine Botschaft senden wollen. Der Weg „obendurch" bedeutet, dass wir das, was wir nicht direkt sagen können (oder sollen), Gott übergeben. Wir vertrauen ihm an, was uns beim Partner Not und Sorge bereitet, und lassen ihn dann machen. Was über ihn läuft, geht durch die göttliche „Kläranlage". Weil Gott Liebe ist, filtert er alle „Phosphate" des Unguten und Eigensüchtigen heraus. Was dann von ihm her zum Partner fließt, ist frisches, gereinigtes, durch seine Liebe angereichertes „Trinkwasser". Es ist also nicht erstaunlich, dass der Partner von Gott viel mehr annehmen kann als von uns.[176] Es lohnt sich, alles, was der Partner als *faule, hässliche, schlechte Worte* erleben würde, durch Gottes Kläranlage zu schicken. So können wir ihm Vorwürfe, Urteile und Worte ersparen, welche ihn entmutigen, herabwürdigen oder verletzen würden. Der Weg über Gott ist auch dort sinnvoll, wo es uns für unser Reden an der Liebe fehlt.[177]

Unser eigentlicher Auftrag besteht aber darin, die Liebe „untendurch" fließen zu lassen, auch durch Worte. Alles, was dem Partner Gnade gibt, soll direkt zu ihm fließen: unsere Fröhlichkeit, unsere Dankbarkeit für ihn, der Ausdruck unserer Liebe, Verständnis für sein Erleben, was ihn stärkt, Trost und Hoffnung schafft, praktische Hilfe und emotionale Unterstützung. Alles, was ihn ermutigt, motiviert oder ihm wieder auf die Beine hilft, gilt es „untendurch" zu schicken. Auch das gemeinsame Planen und Beraten, der Austausch über unser Erleben, das Anteil-Geben und -Nehmen, Gespräche über den Glauben und über Fragen, die uns beschäftigen, gehören ins horizontale Ehe-Gespräch.

Gesprächsfähigkeit

Gesprächsfähigkeit ist lernbar; und zudem ist Gott in uns am Werk, um uns für den göttlichen Rede-Auftrag, dem in der Ehe besonders große Bedeutung zukommt, zu befähigen. Zuerst geht es ihm – wie immer – um die Gesinnung des Herzens, die unser Redeverhalten bestimmt. Wenn Sie festgestellt haben, lieber Leser, liebe Leserin, dass Ihre Haltung dem Partner gegenüber nicht durch Vertrauen, Wohlwollen und Liebe geprägt ist, sondern durch Angst, Misstrauen, Ablehnung, Verachtung, Gleichgültigkeit oder Ähnliches, dann bietet Gott Ihnen einen Austausch

176 Vgl. Bericht 3, S. 39f.

177 Vgl. Epheser 4,15.

an: Sie können das Ungute ablegen und Neues (Liebe, Annahme, Güte oder Ähnliches) anziehen.[178]

Es gibt Menschen, die zwar Liebe empfinden, sie aber nicht auszudrücken gelernt haben; sie hatten keine Modelle dafür. Liebe braucht eine Sprache, damit das Gegenüber sie wahrnehmen kann. Weil Gott uns zur Liebe befähigen will, können wir diesen Lernprozess mit seiner Hilfe nachholen. Wenn wir ihm unsere Not bringen, wird er uns in kleinen Schritten auf dieses Ziel hin führen. Lassen Sie sich von Gott zeigen, womit Sie beginnen sollen (zum Beispiel mit wortlosen Liebesimpulsen[179]). Und daraus wird sich der nächste kleine Schritt ergeben. Neues lernen verlangt Geduld und Entschiedenheit. Sagen Sie dem Partner nichts über Ihren Lernweg; er soll die Veränderungen feststellen können. Weil er dem Neuen zuerst nicht zu trauen wagt, braucht es viel Zeit, bis er sich darüber freuen kann.

Vielen Menschen fällt es schwer, die Liebe des Partners wahr- und anzunehmen. Vor allem dann, wenn die Art, wie er sie ausdrückt, nicht ihren Erwartungen und der Weise entspricht, wie sie selber ihre Liebe zeigen. Hierzu Bericht 22:

> *Nach Abschluss der Paargespräche bat mich Frau B. noch um einen kurzen Block von Einzelgesprächen. Ihr Mann hatte sie so tief enttäuscht, dass sie im Blick auf ihre Ehe sehr hoffnungslos war. Ich fragte sie: „Liebt Sie Ihr Mann denn, Frau B.?“ Die Frage löste viel aus – sie schwieg lange. Schließlich sagte sie: „Es kommt darauf an, worauf ich achte. Wenn ich auf das achte, was er mir sagt, dann liebt er mich nicht. Wenn ich auf das achte, was er für mich tut, dann liebt er mich sehr!“ – „Und nun, worauf wollen Sie von jetzt an achten?“ Sie entschied sich: „Auf das, was er tut.“*
>
> *Etwa ein Jahr später erhielt ich einen langen Brief von ihr, eine Art Standortbestimmung. Ein Satz hat sich mir eingeprägt: „Ich bin noch immer eine geliebte Frau.“ Sie hatte endgültig darauf verzichtet festzulegen, wie ihr Mann seine Liebe zu ihr ausdrücken müsste, und sich auf die Art eingelassen, wie er sie ausdrücken konnte. Von einer ungeliebten war sie zu einer geliebten Frau geworden, ohne dass sich ihr Mann verändert hatte.*

Bericht 22 zeigt, dass Liebe verschieden ausgedrückt werden kann. Männer lieben anders als Frauen. Wenn wir das Beziehungs-Verhalten unseres Partners an unse-

178 Für das praktische Vorgehen, vgl. den Artikel „Seelsorge an der eigenen Seele“ im Anhang.

179 Vgl. Kapitel 4.1. „Liebe“.

rer Art messen, überfordern wir ihn und machen ihn hilflos. Frau B. hat eine Wahl getroffen, die sie zu einer geliebten Frau gemacht hat. Das steht uns auch offen.

Wenn wir zum Gott-Ehe-Dreieck (Abbildung 4) und der Beziehungs-Autobahn (Abbildung 7) noch das Konzept der Beziehungs-Formel (Abbildung 6) heranziehen, wird ein weiterer Aspekt des Gesprächsverhaltens wichtig: Freiheit und Eigenverantwortung. Eigenverantwortlich reden bedeutet, dass ich darauf verzichte, dem Partner die Verantwortung für mein Erleben, meine Gefühle und mein Handeln anzulasten. „Du machst mich wütend", ist eine billige Schuldverschiebung. „Nun werde ich wütend und kann mich nicht mehr beherrschen", ist das ehrliche Eingeständnis, dass ich an meine Grenze komme. „Ich-Botschaften" sind eigenverantwortliche Aussagen; sie greifen das Gegenüber nicht an. Wenn wir unser Erleben, unsere Wünsche und unsere Meinungen als „Ich-Botschaften" ausdrücken lernen, kann sich ein freier, ehrlicher und bereichernder Dialog entwickeln.

Um eigenverantwortlich handeln zu können, brauchen wir Selbstdisziplin: *Denn wer das Leben lieben will und gute Tage sehen möchte, der halte seine Zunge im Zaum.*[180] Wie können wir wachsen in der Kontrolle über unsere Gedanken und Gefühle und über unsere Zunge? Gott will uns dazu befähigen: *Die Frucht des Geistes ist Liebe, Freude, Frieden, Geduld, Güte, Rechtschaffenheit* [oder: *Freundlichkeit*], *Treue, Sanftmut, Selbstbeherrschung.*[181] Selbstdisziplin gehört zur Frucht der Liebe, die Gott durch den Heiligen Geist in uns wachsen lassen will. Um im Reden liebesfähig zu werden, müssen wir über uns wachen und unsere Seele führen lernen.[182]

Auch für unser Redeverhalten gilt oft: *... das Gute, das ich will, übe ich nicht aus, sondern das Böse, das ich nicht will ...*[183] Das wird immer wieder geschehen. Wenn wir in unserer Austauschfähigkeit wachsen wollen, ist es deshalb unumgänglich, jedes Versagen Gott als Schuld zu bekennen und dafür Vergebung zu empfangen. Er vergibt uns und ermutigt uns, den Lernprozess wieder aufzunehmen.[184] Wenn

180 1. Petrus 3,10.

181 Galater 5,22f.

182 Vgl. auch Kapitel 9.2. „Gib acht auf dich!".

183 Römer 7,19; ELB.

184 Vgl. dazu den Abschnitt „Rückfälle ins alte Muster" im Artikel „Seelsorge an der eigenen Seele".

wir unser Versagen auch vor dem Partner eingestehen, wird er unser Verhalten nicht auf sich beziehen (vergleiche die Interpretationsfalle).

Der Dialog

Der Dialog ist die hohe Schule des Ehe-Gesprächs. Darunter verstehe ich eine Form des Austauschs, in der wir ein Thema miteinander vertiefen. Wir machen gemeinsam einen Weg, den jeder alleine nicht gehen kann. Im Pingpong des Austauschs führt der Beitrag des anderen das Thema etwas weiter oder eröffnet einen neuen Blickwinkel. Jede Aussage bringt uns einen Schritt weiter. Die Andersartigkeit des Partners ist eine Bereicherung. Solche Austausch-Momente sind Höhepunkte der Ehe-Beziehung. Sie sind nicht nur im Gespräch möglich. Meine Frau und ich erleben diese kreative Spirale auch in der Dialog-Form des gemeinsamen Gebets. Das sind Momente tiefer Freude und Einheit.

Wie können Paare eine Dialog-Kultur entwickeln? Je besser die Partner sich ihres Erlebens, ihrer Wünsche und ihrer Überzeugungen bewusst sind und sie formulieren können, desto tiefer kann der Austausch gehen. Je eigenständiger jede(r) denken kann, desto reicher wird das Gespräch. Je flexibler sich jede(r) auf die Gedanken des anderen einlassen kann, desto leichter entwickelt sich der Dialog. Aber auch die Qualität der Ehebeziehung spielt eine Rolle: Je mehr die Ehebeziehung durch gegenseitige Annahme und Wertschätzung, die Freiheit, man selber sein zu dürfen, und ein gutes Beziehungs-Gleichgewicht geprägt ist, desto größer ist die Dialog-Fähigkeit.

Vielleicht kommen Sie nun zum Schluss, die Voraussetzungen seien bei Ihnen noch nicht erfüllt. Wenn Sie sich Ihrer persönlichen Schwächen und der „Baustellen“ Ihrer Beziehung bewusst sind und hier weiterkommen wollen, sollten Sie es aber trotzdem wagen, das Projekt der Entwicklung Ihrer Dialog-Fähigkeit anzupacken. Es könnte auch bei einigen „Baustellen“ zu Fortschritten führen. Übersicht 6, „Unsere Dialogfähigkeit stärken“, gibt die nötige Hilfestellung. Und wenn Sie dann merken, dass die Latte doch etwas zu hoch ist, legen Sie das Projekt bis zu einem späteren Zeitpunkt auf Eis.

6.3. Eheliche Sexualität

Gott hat uns als Mann bzw. Frau geschaffen; die Sexualität ist Teil der Schöpfungsordnung. In der Tierwelt dient das sexuelle Verhalten der Erhaltung der Art; es ist instinktgesteuert. Beim Geschenk, das Gott Adam und Eva gemacht hat, geht es um einen Akt der Liebe und des Eins-Werdens: *Adam erkannte seine Frau Eva.*[185] *Erkennen* bedeutet nicht nur sexuellen Umgang miteinander haben, sondern den Ehepartner als Person wahrnehmen, sich mit dem Herzen auf ihn einlassen; es ermöglicht das tiefste Eins-Sein, das Menschen erfahren können. In der sexuellen Vereinigung fügt Gott Mann und Frau zu einem Ganzen zusammen: ... *sie sind nicht mehr zwei, sondern sie sind ein Fleisch.*[186] Zum Geschenk der ehelichen Sexualität gehören auch Sehnsucht, Anziehung, Zärtlichkeit, Augenweide, Lust und Erfüllung.[187]

Im Körper von Mann und Frau drückt sich das Ergänzungs-Prinzip so eindrücklich aus wie nirgends sonst. Ihre Andersartigkeit führt zur Herausforderung, ihre spezifischen Bedürfnisse und ihr unterschiedliches sexuelles Erleben in Einklang zu bringen und ihre sexuelle Beziehung so zu gestalten, dass beide Erfüllung finden. Dafür gibt es keine Norm-Lösung. Jedes Paar steht vor der Aufgabe, die der Einmaligkeit ihrer Beziehung gemäße Form der ehelichen Sexualität zu finden.[188]

Dazu kommt, dass unsere Geschlechtlichkeit seit dem Sündenfall unter dem Einfluss von Satan steht. Es ist ihm gelungen, die sexuelle Befriedigung von der Liebe loszulösen und sie aus dem Schutzraum der Ehe herauszureißen. Sie ist zu einem autonomen Bereich geworden, der mit allerlei Versuchungen, Schuld und viel Not verbunden ist (Untreue, eigensüchtige Befriedigung, pervertierte Bedürfnisse ...). So ist die Sexualität in vielen Ehen vom Geschenk zum Schlachtfeld geworden, auf dem die Paare ihre Beziehungskämpfe austragen (Verweigerung, Entzug, Drohungen, Gewalt usw.).

185 Vgl. 1. Mose 4,1; LUT.

186 Markus 10,8.

187 Vgl. dazu z. B. Sprüche 5,15–19 und Hohes Lied.

188 Deshalb verzichte ich auf „Rezepte“. Ich lege das Gewicht auf die Haltung der Partner, auf die Eigenverantwortung und auf die Gestaltung des Ehe-Projekts zur Sexualität.

Die Sexualität verstehen

In meiner seelsorgerlichen Tätigkeit habe ich die Erfahrung gemacht, dass ein Verständnis der Sexualität, das auf Gottes Schöpfungsgedanken beruht und die Erlösung und Gottes Angebote einbezieht, Entlastung schafft. Es ermöglicht einen verantwortlichen Umgang mit der persönlichen und mit der ehelichen Sexualität. Hier die wichtigsten Punkte:

- Die geschlechtliche Identität ist Teil unserer Person. Wir sind Mann bzw. Frau in allem, was wir sind und tun.
- Die sexuelle Befriedigung ist kein primäres Bedürfnis, wie etwa Hunger, Durst oder Schlaf. Das sexuelle Bedürfnis „schläft", bis es „geweckt" wird. Der Umgang damit ist unserem Willen unterordnet; wir tragen vor Gott die Verantwortung dafür.
- Das Ausleben der Sexualität gehört in den Bund der Ehe. Außerhalb der Ehe gelebte Sexualität bezeichnet die Bibel als „Unzucht".[189]
- In der Sexualität von Mann und Frau zeigt sich das Ergänzungs-Prinzip: im Körper und den Geschlechtsorganen; in den sich ergänzenden inneren Voraussetzungen und in den Wünschen; in den unterschiedlich ausgeprägten Bedürfnissen; in den unterschiedlichen Erregungsabläufen.
- Der Mann trägt die Haupt-Verantwortung für die eheliche Sexualität. Petrus ermutigt ihn zu einer rücksichtsvollen, die Verletzlichkeit und Würde der Frau schützenden Haltung: *Ihr Männer, wohnt bei ihnen mit Einsicht als bei einem schwächeren Gefäß* [gemeint ist der Körper], *dem weiblichen, und gebt ihnen Ehre* [oder *Wertschätzung*] *…*[190]
- Die Grundhaltung der Partner und ihre Einstellung zum anderen bestimmen ihre sexuelle Beziehung (vergleiche dazu Abbildung 13). Deshalb ist diese wie ein Barometer für das Ganze der Ehebeziehung. Schwierigkeiten und Nöte, die Paare hier haben, finden sich meistens auch in anderen Bereichen ihrer Ehe.

189 Vgl. 1. Korinther 7,2–5.

190 1. Petrus 3,7. Vgl. dazu Kapitel 3.6. „Der Auftrag des Mannes".

Entsprechen die obigen Aussagen Ihrem eigenen Verständnis der Sexualität? Gibt es etwas, das Sie überprüfen oder anpassen sollten? Welch große Bedeutung dem Verständnis der Sexualität für den Umgang mit ihr zukommt, zeigt Bericht 23:

> *Heute wolle er über ein etwas schwieriges Thema sprechen, sagte der junge Mann. Es ging um die Masturbation. Er müsse es einfach immer wieder tun; es sei wie ein Zwang, er könne nicht widerstehen. So war der Mann zur Vermutung gelangt, er könnte dämonisch belastet sein. An ein, zwei konkreten Situationen arbeiteten wir heraus, wie es sich jeweils abspielte. Daraus ergaben sich für mich keine Hinweise auf eine okkulte Belastung. Nun fragte ich ihn, welches sein Verständnis der Sexualität sei: „Ist es für Sie ein Trieb wie Hunger und Durst, für den man nicht verantwortlich ist und den man immer wieder stillen muss; oder ist es ein Bedürfnis, für das wir die Verantwortung übernehmen können und müssen?" Die zweite Sicht war ihm völlig fremd: „Bis jetzt fühlte ich mich meinen sexuellen Bedürfnissen ausgeliefert; ich habe die Verantwortung für meine Sexualität noch nie übernommen." Darauf hin baten wir Gott im Gebet, er möge ihm bis zum nächsten Gespräch zeigen, ob sein ihm Not bereitendes Verhalten durch eine finstere Macht bestimmt sei oder ob er einfach die Verantwortung für seine Sexualität zu übernehmen habe.*
>
> *Im nächsten Gespräch berichtete er: „Die Ursache meiner Not wurde mir sehr schnell klar. Als ich im Gebet die Verantwortung für meine Sexualität übernommen hatte, war der Zwang gebrochen. Ich habe zwar noch Kämpfe, aber ich muss diese Bedürfnisse nun nicht mehr befriedigen; ich kann ihnen auch widerstehen."*

Sexualität im Gott-Ehe-Dreieck

Die eheliche Sexualität ist Teil des Ganzen der Ehebeziehung. Deshalb enthalten die uns bekannten Konzepte entlastende und konkret umsetzbare Hinweise für den Umgang damit. Was entdecken Sie, wenn Sie die Botschaft des Gott-Ehe-Dreiecks (Abbildung 4) auf Ihre sexuelle Beziehung übertragen? Notieren Sie Ihre Gedanken und vergleichen Sie diese dann mit dem, was mir in meinen seelsorgerlichen Gesprächen wichtig geworden ist:

- Gott gehört der erste Platz, sowohl in der persönlichen als auch in der ehelichen Sexualität: Er weiß, was gut ist; er darf bestimmen; von ihm kommt die nötige Hilfe.

- Jeder ist für den Umgang mit seinem Körper und mit seiner Sexualität vor Gott verantwortlich, nicht vor dem Partner. Deshalb gilt: *Wisst ihr nicht, dass euer Leib ein Tempel des Heiligen Geistes ist, … und dass ihr nicht euch selbst gehört? … Verherrlicht also Gott mit eurem Leib!*[191] Aus Gottes Sicht gehören wir nicht uns selbst, sondern unser Leib gehört ihm; er will sich um ihn kümmern. Sie können Gottes Anspruch im Gebet anerkennen: „Ich schenke dir meinen Körper. Du darfst über ihn verfügen. Ich nehme den Auftrag an, dich mit meinem Körper und dadurch, wie ich mit ihm umgehe, zu verherrlichen."

- Paulus spricht aber auch von der *ehelichen Pflicht* der Partner: *Der Frau gegenüber erfülle der Mann seine Pflicht, ebenso die Frau dem Mann gegenüber. … Entzieht euch einander nicht, es sei denn in gegenseitigem Einverständnis für eine bestimmte Zeit, … damit der Satan euch nicht versuche, weil ihr dem Begehren nicht widerstehen könnt.*[192] Die *Pflicht*, den Ehepartner im Bereich der Sexualität nicht im Stich zu lassen und ihn so der Gefahr übergroßer Versuchung auszusetzen, gehört zum Auftrag der ehelichen Liebe. Die Verantwortung für dessen Erfüllung tragen wir eigenverantwortlich vor Gott. Wir können schuldhaftes Verhalten nicht durch das des Partners begründen und aus der ehelichen Pflicht keine Forderung an den anderen ableiten.

- Wenn beide Partner ihre Sexualität in ihrer Verantwortung vor Gott und in der Freiheit der Kinder Gottes[193] leben, kann sich ihre sexuelle Beziehung entfalten.

Nachdem wir das Grundkonzept des Gott-Ehe-Dreiecks in seiner Bedeutung für die Sexualität gemeinsam ausgelotet haben, können Sie nun, persönlich oder gemeinsam, die Botschaften der Beziehungs-Formel (Abbildung 6) und der Holländischen Brücke (Abbildung 8) für die Gestaltung Ihrer ehelichen Sexualität zu Hilfe nehmen.

191 1. Korinther 6,19–20.

192 1. Korinther 7,3.5.

193 Vgl. Kapitel 4.1. „Freiheit".

Die persönliche Sexualität ordnen

Bevor wir uns dem gemeinsamen Projekt zuwenden, die Ihrer Eheperson entsprechende einmalig gestaltete sexuelle Beziehung zu entwickeln, möchte ich Sie einladen, lieber Leser, liebe Leserin, Ihre persönliche Sexualität in Ordnung zu bringen. Notieren Sie, was Sie aus der Lektüre heraus im Hinblick auf Ihr sexuelles Erleben beschäftigt: Abhängigkeiten, Nöte, ungute Praktiken, zu starke oder fehlende Bedürfnisse, Schuldgefühle usw. Wo wünschen Sie sich Veränderung?

Durch seinen Tod am Kreuz hat Christus uns erlöst; wir können nun selber über unsere Person und unser Leben bestimmen; wir können unsere Gefängnisse verlassen und in der Freiheit leben. In ihm sind wir auch neu geschaffen worden; wir können Unbrauchbares ablegen und Neues anziehen. Das gilt auch für unsere Sexualität. Der Artikel „Seelsorge an der eigenen Seele" enthält einen Überblick über Gottes Angebote und zeigt, wie Sie sich um Ihre Nöte kümmern können. Unterstellen Sie sich zuerst Gottes Maßstäben und übernehmen Sie vor ihm die Verantwortung für alles, was zu Ihrer Sexualität gehört. Nun lassen Sie sich zeigen, mit welcher Not Sie beginnen und wie Sie Schritt für Schritt vorgehen sollen. Aus meiner seelsorgerlichen Erfahrung heraus gebe ich noch einige praktische Hinweise.

Gott hat Sie mit der Autorität über Ihre Person beschenkt; Sie können frei bestimmen, was in Ihrer Person Gültigkeit haben soll. Das gilt für den Umgang mit Ihrer Sexualität in den Gedanken, in den Handlungen und bis hinein in die Träume. Sie können aus dem, was Sie bis jetzt gefangen gehalten hat, aus- und in Ihre Freiheit eintreten. Sie sind dem, was sich in Ihnen abspielt, nicht einfach ausgeliefert. Bericht 24:

> *Herr F-D hatte die Paargespräche abgebrochen; er war nicht bereit, seine Fremdbeziehung loszulassen. Seine Frau wollte an ihrer Ehe und an dem ihrem Mann gegebenen Treue-Versprechen festhalten. Sie bat mich um einige Einzelgespräche. In einem davon erzählte sie mir einen Traum, über den sie entsetzt war: Sie hatte mit einem fremden Mann geschlafen. „So etwas habe ich bisher noch nie geträumt. Das will ich nicht!" – „Da hat sich in Ihnen die Tür zur Untreue geöffnet. Möchten Sie sie wieder schließen?" Wir sprachen darüber, wie sie das tun könne, und kamen dann im Gebet vor Gott: Sie bestätigte den freien Entschluss, ihrem Mann treu zu bleiben, obwohl er es gar nicht verdiente. – Da sie ihren Traum-Ehebruch als Schuld empfand, bat sie Gott um Vergebung. – Dann verriegelte sie die*

Tür der Untreue mit folgenden Worten: „Ich bringe dir meine ungestillten Bedürfnisse, Jesus; kümmere du dich um sie. All meine Kraft als Frau, die das andere Geschlecht sucht, soll auf meinen Mann gerichtet sein und zu keinem anderen fließen. Was von anderen Männern zu mir kommen will, soll zu dir hin geleitet werden, Jesus." – Das waren freie, klare Entscheidungen! Im nächsten Gespräch sagte sie: „Es ist kaum zu glauben: Seit ich die Tür zur Untreue verschlossen habe, empfinde ich sogar wieder Liebe zu meinem Mann ..."

Alles, wofür Sie Ihr Gewissen anklagt, braucht Vergebung von Gott her. Nachdem Sie diese empfangen haben, sollten Sie die schuldhaften Gewohnheiten der Unreinheit oder der Untreue ablegen und die zur neuen Schöpfung gehörende Reinheit und Treue anziehen. Untreue kann zu einer persönlichen Bindung an die andere Person führen. Nach der Vergebung und der Umkehr können Sie dieses Angebunden-Sein im Namen Jesu lösen. Bericht 25:

Die Frau kam mit dem Tod ihres Mannes nicht zurecht. Sie bat mich um Hilfe. Als ich sie fragte, was sie am meisten belaste, erzählte sie mir eine Untreue-Erfahrung, die schon viele Jahre zurücklag: Sie hatte sich in den Mann eines befreundeten Ehepaares verliebt und darüber nachgedacht, dass der Tod ihres Mannes den Weg in eine Beziehung mit ihm öffnen würde ... Beide waren sich der gegenseitigen Anziehung bewusst; aber es war bei diesem prickelnden Erleben und der gedanklichen Untreue geblieben. Ihr Mann wusste nichts davon.

Als sich seine gesundheitliche Situation verschlechterte, begann ihr Gewissen sie zu quälen: „Bin ich durch meinen Wunsch, frei zu werden, an seinem Tod schuldig?" Wenige Tage bevor ihr Mann starb, bekannte sie ihm alles. Er vergab ihr. Aber es brachte ihr keinen Frieden. Im Gespräch wurde klar, was noch fehlte: Sie brauchte Vergebung von Gott her und Lösung der seelischen Bindung an diesen Mann. Als sie ihre Schuld vor Gott bekannt und Vergebung empfangen hatte, schenkte Gott ihr auch die Gewissheit, dass sie keine Schuld am Tode ihres Mannes trage. Vor mir als Zeuge durchtrennte sie im Gebet dann die seelische Bindung an den anderen Mann im Namen Jesu. Sie verspürte eine tiefe Befreiung, bis in ihren Körper hinein.

Manche Nöte im Bereich der Sexualität haben ihre Wurzeln in Familien-Erblinien: Untreue-Tendenzen; überwältigend starke sexuelle Bedürfnisse; perverse Wünsche; ein stetes Kreisen um Lustfantasien; sexuelle Süchte usw. Aus unguten

Erblinien können Sie im Namen Jesu aus- und in das Erbe der Gotteskindschaft eintreten.

Dort wo Sie für eine entwürdigende und zerstörerische sexuelle Erfahrung (Missbrauch, Vergewaltigung oder Ähnlichem) Heilung brauchen, besteht der grundlegende Schritt darin, dem Täter zu vergeben. Wenn Sie das nicht schaffen, kann Ihnen Bericht 38 (S. 162) zur Hilfe werden. Dem Täter Vergebung zu gewähren, öffnet die Tür für Ihre Heilung. Weil Jesus Ihre Not stellvertretend getragen hat, dürfen Sie wiederhergestellt, frei von Schande und wieder mit Würde ausgestattet werden.

Unsere Sexualität gestalten

Und nun kommen wir zum angekündigten gemeinsamen Projekt. So einmalig, wie Ihre Eheperson ist, soll auch Ihre sexuelle Beziehung werden. Sie darf anders sein als die aller anderen Ehepaare; sie muss keine Norm erfüllen. Ihr sexuelles Miteinander soll Ausdruck Ihrer Persönlichkeiten, Ihrer Beziehung und Ihrer Liebe sein. Beide Partner sollen darin soviel Stillung finden, dass sie im Umgang mit ihrer persönlichen Sexualität nicht in Not geraten. Als Garant Ihres Ehe-Bundes übernimmt Gott gerne die Projektleitung.

Wenn sich beide auf diesen gemeinsamen Weg einlassen können, bietet Übersicht 7, „Die Sexualität unserer Eheperson entwickeln“, eine hilfreiche Wegbeschreibung. Zur Einführung einige Hinweise:

- Dem Austausch kommt eine Schlüsselrolle zu. Es ist wichtig, dass Sie mit dem Partner über alles sprechen lernen.

- Beide bringen alles ein, was zu ihnen gehört: Ihre Flexibilität und ihre Bereitschaft, sich auf den gemeinsamen Weg einzulassen – ihre sexuelle Entwicklung – ihr Erleben mit früheren Partnern, prägende oder verletzende Erfahrungen aus der Vergangenheit – die persönlich vollzogenen Schritte zur Bereinigung – ihr Erleben in der sexuellen Beziehung, wie sie zurzeit ist – ihre Bedürfnisse und Wünsche für die weitere Entwicklung.

- Machen Sie Gott zum Projektleiter. Beginnen Sie Ihren Austausch mit Gebet. Kommen Sie mit Ihren Fragen vor Gott, suchen Sie seinen Rat. Bitten Sie ihn um Führung und Hilfe, wenn Sie nicht weiterkommen.

- Treten Sie miteinander in die Ermutigungs-Spirale der Dankbarkeit ein. Danken Sie Gott für jede kleine Veränderung, die Sie in Ihrem sexuellen Miteinander feststellen können.

Und nun: Gottes Segen zum gemeinsamen Entdecken des Geschenks, das Gott für Sie als Person und für Ihre Ehebeziehung bereithält!

6.4. Eine Standortbestimmung

Den Weg als Ehepaar möchte ich mit einer Bergwanderung vergleichen. Wenn wir an einen Aussichtspunkt gelangen, halten wir inne. Der Blick ins Tal und auf die Gipfel gegenüber ist eine Augenweide. Es hat sich gelohnt, sich auf den Weg zu machen und die ganzen Anstrengungen in Kauf zu nehmen. Dass wir den Weg bis hierhin geschafft haben, erfüllt uns mit Freude, Dankbarkeit und auch ein wenig Stolz; es ermutigt uns dazu, nach der Pause mit neuer Freude und Kraft weiterzuwandern. Der Austausch über unser Erleben hat uns ermutigt und macht aus der Wanderung eine gemeinsame Erfahrung. Diese Wirkung soll eine Standortbestimmung haben.

Solche Momente des Innehaltens und Austauschens über das Miteinander und das Erleben in der Ehe ergeben sich an wichtigen Wegmarken oft spontan: Wenn die Kinder ausgeflogen sind; wenn bei einem Partner eine progressive Erkrankung entdeckt wird; bei der Pensionierung usw. Sie enthalten ein ermutigendes Potenzial: Freude darüber, zu zweit unterwegs zu sein; Dankbarkeit Gott und dem Partner gegenüber; mehr Verständnis für das Erleben des anderen; Klarheit über notwendige Kurskorrekturen; Motivation und Hoffnung für das Weitergehen. Wie kann man dabei vorgehen?

Übersicht 8 ermöglicht eine Entwicklungs-Standortbestimmung, und das „Ehe-Haus“ (Abbildungen 12 und 13) bietet sich für eine Querschnitt-Standortbestimmung an. Für die meisten Ehepaare ist eine Standortbestimmung eine herausfordernde Sache. Gott schenke Ihnen zwei freie Ja, das Vertrauen zum Partner und den Mut, sich der Realität offen und hoffnungsvoll zu stellen. Er übernimmt dabei gerne die Führung. Und wenn es gemeinsam nicht möglich ist? Sich alleine auf den Weg zu machen, ist besser als gar nicht.

Die Entwicklung unserer Ehebeziehung

Übersicht 8, „Unsere Ehebeziehung hat sich entwickelt", zeigt die Etappen einer Entwicklungs-Standortbestimmung auf. Werfen Sie zuerst einen kurzen Blick auf Kapitel 5.2. und setzen Sie sich dann einzeln mit den Fragen auseinander. Beim Austausch über die persönlichen Antworten ist wichtig, dass Sie die subjektive Erlebensweise und Realität des anderen anhören und akzeptieren können.[194]

Den „Grund-Herausforderungen", die in Übersicht 8 einen Schwerpunkt bilden, müssen wir uns nicht nur in den ersten Ehejahren stellen. Sie können nicht ein für alle Mal bewältigt werden. Jede größere Veränderung (das erste Kind, die Frau nimmt die Berufstätigkeit wieder auf, eine medizinische Diagnose usw.) bedingt neue Anpassungen. Die Grund-Herausforderungen begleiten uns ein Leben lang.

Vergessen Sie nicht: Jede Standortbestimmung soll Freude und Dankbarkeit, Ermutigung und Hoffnung bewirken und uns für den gemeinsamen weiteren Weg stärken. Wenn Ihnen dieses Ziel außer Reichweite zu sein scheint, sollten Sie sich den Fragen nur persönlich stellen und auf einen Austausch darüber verzichten.

Der Ist-Zustand unserer Ehebeziehung

Abbildung 12, „Das Ehe-Haus", ermöglicht es Ihnen, den Ist-Zustand Ihrer Ehebeziehung zu überprüfen. Bernhard Harnik, ein rumänischer Arzt, hat das Bild entwickelt. In den 1950er- Jahren war er einer der ersten kirchlichen Eheberater in der Schweiz.

Die Säulen stellen die wichtigsten Bereiche dar, in denen wir die Ehe im Alltag leben. Sie tragen das Haus, in dem die Eltern mit den Kindern wohnen. Die Säulen setzen sich aus dem Beitrag beider Partner zusammen. Die linke Säulenbegrenzung ist der Beitrag der Frau, die rechte der des Mannes; eine durchgezogene Linie bedeutet einen großen Beitrag, eine gestrichelte einen geringen. Je größer die Zahl der stark ausgebildeten, tragfähigen Säulen ist, desto stabiler ist die Ehebeziehung. Ehen mit wenigen tragfähigen Säulen sind gefährdet.

Die Anzahl und die Auswahl der Säulen können Sie Ihrer Situation anpassen. Eine Säule, die für Ihre Beziehung keine Bedeutung hat (zum Beispiel „Elternschaft"), können Sie durch eine andere ersetzen (zum Beispiel „Finanzen", „Gemeinsam getragene Verantwortung" oder Ähnliches). Über einige Säulen haben wir uns bereits Gedanken gemacht: Dialog, Glaube, Liebe und Sexualität.

194 Vgl. dazu die Spielregeln in Übersicht 6, Stationen 3–5.

Zur Säule „Wohnen“ gehört alles, was mit dem Zuhause, der Einrichtung, dem Wohnstil, der Ordnung und der häuslichen Atmosphäre zu tun hat. Die Säule „Elternschaft“ wird in Kapitel 7.3. zum Thema. Die Säule „Alltag“ umfasst die Verteilung und die Koordination der Aufgaben, die Absprachen und Abläufe und die Gestaltung des Miteinanders im Alltag.[195]

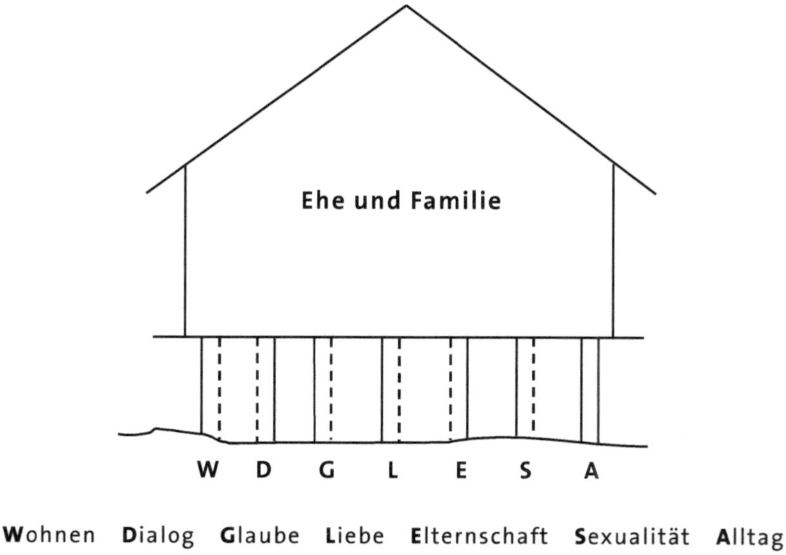

Abb. 12: Das Ehe-Haus

Wenn Sie den Ist-Zustand Ihrer Ehe feststellen wollen, setzen Sie sich zuerst persönlich mit den folgenden Fragen auseinander:

1. Welche Säulen sind bei uns gut und stark ausgebildet?
2. Welche brauchen Aufbau und Stärkung?
3. Das Verhältnis zwischen tragfähigen und schwachen Säulen: Ist unsere Ehe gefährdet?

195 Vgl. Kapitel 9.3.

4. Wie sieht unser Ehe-Haus aus? Zeichnen Sie es Ihrem Erleben gemäß auf.
5. Worin besteht mein Beitrag in den einzelnen Säulen? Bin ich damit zufrieden? In welchen Säulen könnte ich meinen Beitrag erhöhen? Was würde das bedeuten; wie könnte ich das verwirklichen?
6. Persönliche Zeit mit Gott: Was willst du mir zu unserem Haus und zu meinem Anteil sagen?

Nach der persönlichen Standortbestimmung können Sie sich über Ihre Antworten zu den Fragen 1 – 4 miteinander austauschen. Falls Sie den Wunsch haben, Ihre Ehe zu entfalten, wählen Sie von den schwachen Säulen die aus, die am leichtesten gestärkt werden kann. Im Austausch über Frage 5 soll jeder Vorschläge einbringen, wie er seinen Beitrag erhöhen möchte. Wenn Sie nach drei Monaten ermutigende Veränderungen feststellen, wählen Sie die nächst-einfache der zu stärkenden Säulen aus.

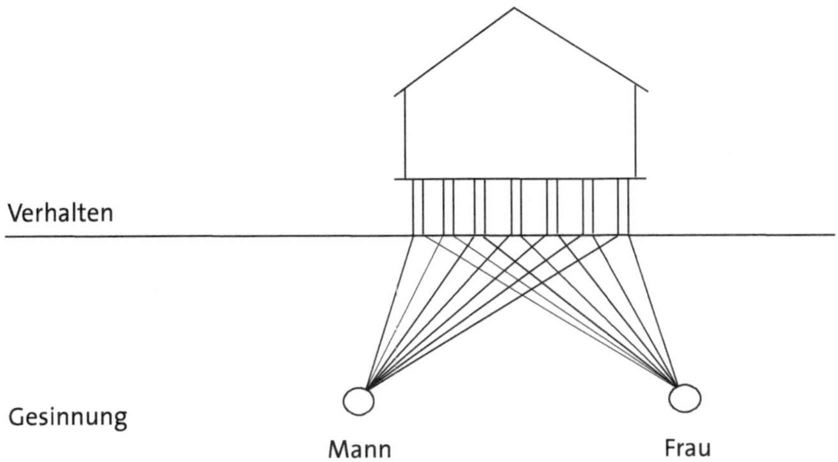

Abb. 13: Verhalten und Gesinnung

Abbildung 13 macht einen weiteren Aspekt des Ehe-Hauses klar. Unser Verhalten in den Bereichen bzw. Säulen des Ehe-Hauses (z. B. dass ein Partner die Geduld nie verliert; oder die Rechthaberei des anderen in allem, was er sagt und tut) ist

Ausdruck der *Gesinnungen des Herzens*,[196] unserer Grundhaltung. Diese bestimmt unseren Beitrag in allen Säulen; sie zeigt sich im Dialog, in der Sexualität und im alltäglichen Verhalten.

Auch für diesen Teil können Sie in einer Zeit vor Gott eine persönliche Standortbestimmung machen. Setzen Sie sich mit den untenstehenden Fragen ehrlich auseinander und öffnen Sie sich dann für das, was Gott Ihnen dazu sagen möchte. Anschließend können sie dort, wo Sie sich Veränderung wünschen, im Gebet Schritte zur Veränderung gehen.[197]

- Wie erlebt mein Partner mein Handeln und Reden; welche Grund-Haltungen drücken sich für ihn darin aus?
- Entspricht das der Einstellung, die ich ihm gegenüber haben möchte?
- Fragen Sie Gott: „Welche Herzenshaltungen stehen hinter meinem Reden und Tun?"
- Was bietet Gott Ihnen an, damit sich Ihr konkretes Verhalten schrittweise verändern kann?
- Nehmen Sie sein Angebot im Gebet an und setzen Sie es im Alltag um.

Wie geht es Ihnen, liebe Leserin, lieber Leser, nach diesen Standortbestimmungen? Haben sie Freude, Dankbarkeit, hilfreiche Kurskorrekturen und Ermutigung für den weiteren Weg bewirkt? Falls Sie auch Schwieriges entdeckt haben, sollten Sie nicht weitergehen, bevor Sie im Gebet alles abgelegt haben, was Sie belasten, entmutigen oder Ihnen Angst bereiten möchte. Wenn Sie diese Dinge Gott anvertrauen, können Sie den Weg als Ehepaar mit Hoffnung und Dankbarkeit wieder aufnehmen. Ich wünsche Ihnen, dass beide Partner im Glauben sagen können: *Ich bin in guter Zuversicht, dass der, der ein gutes Werk in (uns) angefangen hat, es vollenden wird bis auf den Tag Christi Jesu.*[198]

196 Hebräer 4,12; ELB.

197 Vgl. wieder den Artikel „Seelsorge an der eigenen Seele" im Anhang.

198 Philipper 1,6; ELB.

6.5. Ein Exkurs: Unverheiratet sein

Gottes Grund-Auftrag an Adam und Eva: *„Seid fruchtbar und mehrt euch und füllt die Erde“*,[199] machte die Ehe zur göttlichen Norm-Ordnung.[200] Im Alten Testament war es eine Schande, unverheiratet zu sein. Das hat der Prophet Jeremia, dem Gott die Ehelosigkeit auferlegt hat, auch so empfunden und es als schmerzhaften Verzicht erlebt.[201] Da es in der Gesellschaft keinen Platz für sie gab, war die Not der ledigen Frauen besonders groß; sie standen schutz- und ehrlos im Leben, vor allem in Zeiten von Krieg und äußerer Bedrängnis.[202] Zum Schmerz der Kinderlosigkeit kam die Schande, Gottes Grund-Auftrag nicht erfüllen zu können. Durch seine Ehelosigkeit und die neue Schöpfung hat Jesus die Scham und die Not überwunden.

Als sich aber die Zeit erfüllt hatte, sandte Gott seinen Sohn.[203] Ganz Mensch zu werden, bedeutete für den Sohn einen unvorstellbar großen Verzicht: die Trennung vom Vater, aus der Unendlichkeit in die Enge der irdischen Beschränkung einzutreten und nicht mehr allgegenwärtig, allwissend und allmächtig zu sein. Vieles musste bestimmt werden: Wie sollte er zur Welt kommen; wer sollten seine Eltern sein; sollte er in einer gewöhnlichen Familie mit Geschwistern aufwachsen; musste er, wie alle anderen, von Modellen lernen; sollte er heiraten …? Und noch viel mehr musste gewählt werden, bis hin zur Augenfarbe.

Der Vater hat entschieden: *Er musste … in allem den Brüdern (und Schwestern) gleich werden.*[204] Jesus wurde ganz Mensch; er wurde versucht und litt wie wir. Er lebte in einer wohl nicht immer ganz einfachen Familie. Aber *eine* menschliche Erfahrung hat er nicht gemacht: Er war nicht verheiratet. Durch die Ehelosigkeit von Jesus legitimiert Gott das Unverheiratet-Sein und stellt es gleichwertig neben die „Norm-Ordnung“ der Ehe.[205] Das zeigt sich auch darin, dass er nicht nur Ver-

199 1. Mose 1,28.

200 Es gibt kein hebräisches Wort für „Junggeselle“.

201 Zur Ehelosigkeit von Jeremia, vgl. Jeremia 16,1ff und 15,17f. Das galt auch für verheiratete Frauen wie Sara (1. Mose 21), Rebekka (1. Mose 25,20ff.), Rahel (1. Mose 30) und Hanna (1. Samuel 1), für die ihre Kinderlosigkeit eine große Not bedeutete.

202 Vgl. etwa Jesaja 4,1.

203 Galater 4,4.

204 Hebräer 2,17.

205 Dass die Ehe die Norm bleibt, betont auch Paulus (vgl. 1. Korinther 7,2).

heiratete in seinen Dienst ruft (zum Beispiel Petrus), sondern auch Ledige (zum Beispiel Paulus).

In der neuen Schöpfung scheint ein neuer Grund-Auftrag zu gelten: „Füllet mein Reich!“ Und das können Unverheiratete mit ganzer Kraft tun. Deshalb schreibt der ledige Paulus: *Ich wünschte freilich, alle Menschen wären wie ich. … Ich möchte, dass ihr ohne Sorge seid. Der Unverheiratete kümmert sich um die Dinge des Herrn, er sorgt sich, wie er dem Herrn gefalle. Der Verheiratete aber kümmert sich um die Dinge der Welt, er sorgt sich, wie er seiner Frau gefalle, und so ist er gespalten. Und die unverheiratete Frau, ob alt oder jung, kümmert sich um die Dinge des Herrn … Die verheiratete Frau aber kümmert sich um die Dinge der Welt, sie sorgt sich, wie sie ihrem Mann gefalle.*[206]

An Jesus als Mensch sehen wir, dass Unverheiratete ein reiches, erfülltes Leben haben können. Sie können eine besonders tiefe Beziehung zum Vater entwickeln, in der von Gott geschenkten Freiheit leben, „makarios“ sein, sich als Person entfalten und lernen, mit der Not der Einsamkeit und der unerfüllten Sexualität zu leben. Das Unverheiratet-Sein bringt einerseits eine Vereinfachung des Lebens mit sich; andererseits aber auch besondere Herausforderungen. Es ist nicht sinnvoll, Ehe und Ledigsein miteinander zu vergleichen; wir gehen dabei von Idealvorstellungen aus, die es in der Realität nicht gibt. Paulus kommt zu einem einfachen Schluss: *Doch hat jeder von Gott seine besondere Gabe* [griechisch *charisma*, ein göttliches Gnadengeschenk], *der eine so, der andere anders.*[207] Sowohl die Ehe als auch das Ledigsein sind göttliche Gnaden-Geschenke. Wenn wir sie als das verstehen und annehmen, können wir in unserem Stand zu einem reichen Leben finden.

Was bedeutet das für die Art, wie Menschen ihr Unverheiratet-Sein leben können?[208] Darüber habe ich von den ledigen Menschen in unserer Familie und in unserem Bekanntenkreis viel gelernt. Einige von ihnen, vor allem Frauen, gehören zu den entfaltetsten und interessantesten Menschen, die ich kenne. Sie haben sich den Herausforderungen ihres Standes immer wieder mit Mut neu gestellt und gestalten ihr Leben aus ihrer Beziehung zu Gott heraus mit Entschiedenheit und

206 1. Korinther 7,7.32–34.

207 1. Korinther 7,7.

208 Zur Ehelosigkeit Berufene und unfreiwillig Ledige stehen vor ähnlichen Herausforderungen.

Kraft. Sie folgen dem unverheirateten Jesus in ihrem Ledigsein nach. Sie haben Nöte und Kämpfe; aber sie lernen mit ihnen umzugehen. Und Gott setzt sie vielen anderen Menschen zum Segen. Welches ist ihr Geheimnis?

- Die meisten Ledigen würden wohl nicht sagen, dass sie eine Berufung zum Ledigsein empfangen haben. Sie haben in ihren Beziehungen zum anderen Geschlecht aber kompromisslos und klar gewählt, Beziehungen wieder abgebrochen und niemanden gefunden, mit dem sie die Ehe aus ganzem Herzen eingehen konnten. Zu dieser freien Entscheidung sind sie auch später immer wieder gestanden.

- Ohne sich grundsätzlich für die Ehe zu verschließen, haben sie sich mit der Realität ihres Ledigseins versöhnt. Nun konnten sie beginnen, ihr Leben bewusst und aktiv zu gestalten: sich ein wirkliches Zuhause schaffen, einen geordneten Alltag entwickeln, ein Beziehungsnetz aufbauen, Nichten und Neffen einladen, auch außerhalb des Berufes Verantwortung übernehmen, persönliche Interessen und kreative Tätigkeiten pflegen …

- Sie haben Gott zum wichtigsten Gegenüber gemacht, zu ihrem Freund und Ratgeber. Die Hoffnung auf ihn ist zu einem *sicheren und festen Anker der Seele*[209] geworden. Bei ihm finden sie Hilfe, Trost, Stillung und Geborgenheit.[210]

- Sie suchen und finden Wege, wie sie aus ihrer Beziehung zu Gott heraus mit ihren Frustrationen umgehen können: der Einsamkeit, dem Fehlen einer Ergänzung, ihrer unentfalteten Sexualität, als Person zu wachsen ohne festes menschliches Gegenüber … und mit dem Unverständnis für ihre Situation vonseiten der Verheirateten.

Das, was wir aus den Evangelien über den ledigen Menschen Jesus als Person und über seine Art zu leben wissen, ist Zeugnis für die Fülle, die Gott auf das Leben lediger Menschen legen will. Wenn wir zudem daran denken, dass er der „Adam" der neuen Menschheit ist, und dass die Entfaltung unserer Person von Gott her auf das Ziel ausgerichtet ist, dass *wir alle … zum vollkommenen Menschen heran-*

209 Hebräer 6,19.

210 Vgl. z. B. Psalm 73,25; LUT.

wachsen und die volle Reife in der Fülle Christi erlangen,[211] dann verstehen wir, dass Ledigsein in Gottes Augen ein ebenso großes Gnadengeschenk ist wie die Ehe. Durch das Leben von Jesus und durch die Erlösung hat Gott dem Unverheiratet-Sein den Stachel genommen. Die Angebote der neuen Schöpfung können vom Mangel auf der menschlichen Ebene viel wettmachen. Aber für Ledige und Verheiratete gilt: Sie werden an ihrem Stand auch immer wieder leiden.

211 Epheser 4,13.

7. EHE UND FAMILIE

[3] Wie ein fruchtbarer Weinstock ist deine Frau im Innern deines Hauses, wie Triebe des Ölbaums sind deine Söhne rings um deinen Tisch.
[4] Sieh, so wird gesegnet, wer den HERRN fürchtet. (Psalm 128,3–4)

Verheiratet sein, Söhne und Töchter haben und eine Familie bilden, das sind keine Selbstverständlichkeiten, sondern Privilegien und ein Segen. Der Ursprung von allem ist der Schöpfungsplan Gottes und seine Vaterschaft über uns Menschen:

[14] Darum beuge ich meine Knie vor dem Vater, [15] von dem jedes Geschlecht [oder jede Familie] *im Himmel und auf Erden seinen Namen empfängt.* (Epheser 3,14–15)

Um die zentrale Bedeutung zu verstehen, die der Familie in Gottes Plan zukommt, müssen wir zu den Anfängen zurückkehren. Alles gehört zusammen: die Schöpfung des Menschen als Gottes Ebenbild – der Mensch als Beziehungswesen[212] und die Erschaffung von Eva als Adams Gegenüber auf Augenhöhe – die Ehe und die Beauftragung zur Familie. In der Familie setzt Gott die Schöpfung fort; hier soll das Kind ganz Mensch werden und in seine Gottebenbildlichkeit hineinwachsen. Die Familie hat einen zentralen Auftrag in Gottes Schöpfungsplan. Die Familie ist kein Auslauf-Modell; ohne Familie geht es nicht! Dass die Familie unabdingbar ist für die Menschwerdung, zeigt sich darin, dass Gott seinem Sohn das Aufwachsen in einer Familie zugemutet hat. Deshalb wird es Ehen und Familien geben, bis Jesus Christus wiederkommt.[213]

212 Vgl. Abbildung 1.

213 Vgl. dazu Matthäus 24,37–38; LUT.

7.1. Die Familie im Schöpfungsplan

Gott hat uns so geschaffen, dass wir, um Mensch im Sinne der Gottebenbildlichkeit zu werden, menschliche Gegenüber und den schützenden Rahmen der Familie brauchen. Das Neugeborene kann allein nicht überleben; es braucht die Fürsorge der Eltern. Wenn es zur Welt kommt, sind außer wenigen Reflexen noch keine Fähigkeiten ausgebildet; es muss alles von menschlichen Modellen lernen. Nicht nur essen, sprechen, gehen, auch wahrnehmen, überlegen, Schlüsse ziehen und Gefühle entwickeln, haben wir von unseren Gegenübern gelernt. Der Notwendigkeit, von Modellen lernen zu müssen, hat Gott auch seinen Sohn unterworfen. Ohne menschliche Gegenüber wird das Neugeborene nicht zu einer menschlichen Person im Sinne der Gottebenbildlichkeit. Dafür gibt es einige geschichtliche Beispiele. Bericht 26:[214]

> *Am 26. Mai 1828 tauchte ein etwa 17-jähriger junger Mann in Nürnberg auf. Er konnte kaum aufrecht stehen und gehen. Er kannte und vertrug keine andere Nahrung als Brot und Wasser. Seine Sprache bestand in einigen auswendig gelernten Sätzen; anderes konnte er nicht ausdrücken. Er schien vieles gar nicht wahrzunehmen. Er hatte gelernt, seinen Namen zu schreiben: Kaspar Hauser. Er war sitzend in einem dunklen, niederen Verlies gefangen gehalten worden. Sein Betreuer hatte ihn nie angeblickt und kaum mit ihm gesprochen. Sein Gesicht hatte einen tierischen Ausdruck. Er war völlig lebensunfähig (er hatte z.B. keine Angst vor dem Feuer und verbrannte sich), konnte anfangs nicht überlegen und zeigte keine Gefühle. Für all dies hatte er keine Gegenüber gehabt, von denen er es hätte lernen können. Die damalige Welt fragte sich, ob Kaspar Hauser überhaupt ein Mensch sei. Aber Kaspar war lernfähig: Die liebevolle Betreuung und geschickte Unterweisung in der Familie des Gymnasialprofessors Daumer machte aus ihm einen ganzen Menschen.*

In Gottes Plan ist die Familie der Ort, wo das Neugeborene zum Menschen wird. Annahme und Liebe schaffen den Schutzraum, in dem es lernen und Neues entdecken kann. Was es hier von Gegenübern lernt, ist von prägender Bedeutung für sein ganzes Leben. Durch Modelllernen erwirbt es erste Fertigkeiten; von seinen

214 Vgl. dazu: Anselm Ritter von Feuerbach, „Kaspar Hauser". In: *Leseheft mit Materialien,* Ernst Klett Verlag, Stuttgart 1984.

Gegenübern übernimmt es auch die Ausdrucks- und Verhaltensweisen, durch die sich seine Persönlichkeit immer klarer zu erkennen gibt. Im Beziehungsraum der Familie findet das Kind auch seine geschlechtliche Identität. Hier kann es soziale Kompetenzen entwickeln: Liebesfähigkeit, Abgrenzung, Eigenverantwortlichkeit und Konfliktfähigkeit. In der Familie sollte es auch Strategien entwickeln können, wie es die Liebe der anderen gewinnen und schwierige Erfahrungen verarbeiten kann. Neben den Eltern werden bald auch größere Geschwister zu Modellen.

Die Familie ist nicht nur der Ort, wo das Neugeborene in sein Menschsein hineinwachsen kann, sondern auch das Sprungbrett ins Leben als Erwachsener. Sie schafft die inneren Voraussetzungen für ein gelingendes Leben, indem sie prägende Grundhaltungen und leitende Wertmaßstäbe vermittelt. Sie ist auch der Ort, wo der Glaube als Gottesbeziehung vorgelebt, gelernt und vertieft werden kann. Das, was das Kind bei seinen Eltern als Modellen sieht, hat oft mehr Gewicht als das, was mit Worten gelehrt wird. Das Bild meines Vaters, den ich ein paarmal betend am Frühstückstisch sitzen gesehen habe, die aufgeschlagene Bibel vor sich, hat sich mir tief eingeprägt. Und wenn ich vom sechs Jahre alten Lucien höre, dass er mit einem traurigen Erlebnis zu Jesus geht, dann weiß ich, dass er das von unserer Tochter gelernt hat.

Die göttliche Ordnung der Familie ist also der Ort, wo Gott die Menschwerdung des Neugeborenen fortführen will. Auch um sein Reich zu bauen, geht Gott von Familien aus. Neue Etappen beginnen immer wieder mit einer Familie: Adam und Eva stehen am Anfang der Menschheit; durch Noah und seine Familie rettet Gott die Menschheit durch die Sintflut hindurch; aus Abraham und Sara entsteht sein Volk; auch seinem Sohn mutet er eine normale Familie mit kleinen Brüdern und Schwestern zu; die Familie von Lydia und die des Kerkermeisters in Philippi stehen am Anfang der ersten Gemeinden in Europa. Dasselbe lässt sich auch in der Geschichte der christlichen Mission feststellen. Bis heute gilt: Die Familie und Gottes Reich gehören eng zusammen.

7.2. Ein geordnetes Beziehungsgefüge

Den Auftrag zur Familie erteilt Gott Adam und Eva vor dem Sündenfall.[215] Ihre ersten Kinder, Kain und Abel, kommen aber erst nach der Vertreibung aus dem

215 Vgl. 1. Mose 1,28.

Garten Eden zur Welt. Am Chaos in der ersten Familie werden die erschreckenden Folgen des Sündenfalls offenbar: Das Familienleben ist geprägt durch die Uneinigkeit der Eltern und durch alle Arten von Schuld, Neid, Konflikten und Mord unter den Kindern. Daraus entstehen Angst, Not und Leid. Und so geht es in den folgenden Generationen weiter. In den biblischen Familien des Alten Testaments zeigen sich alle Familiennöte, denen wir noch heute begegnen: eheliche Untreue und ihre Folgen für die Familie; eine gegen den Vater gerichtete Koalition von Mutter und Sohn; Eifersucht unter Geschwistern; Betrug und Übervorteilung; und sogar Inzest.

Diese Familiengeschichten machen aber auch sichtbar, dass Gott sein Reich mit solch unvollkommenen Familien baut. Zudem hat er dem Menschen durch den Sündenfall hindurch eine natürliche Liebesfähigkeit bewahrt.[216] Und noch mehr: Gott hat den Menschen dazu befähigt, mit Not und Leid so umzugehen, dass er daran nicht zerbrechen muss, sondern erstarken kann. Das nennen wir heute Resilienz.

Damit unsere Familien nicht im Chaos der ersten Familie landen, macht uns Gott das Angebot einer Familien-Ordnung. Diese weist den Eltern und den Kindern klare Plätze und Aufträge zu. Dort stehen sie unter Gottes Segen, sind den anderen zum Segen gesetzt, können in ihre Verantwortung vor Gott hineinwachsen und sich als Person entfalten. So entsteht ein Raum des Friedens, in dem die Familie ihren Auftrag erfüllen kann.[217] In der zweiten Hälfte des 20. Jahrhunderts sind die Paar- und Familientherapeuten zum Schluss gekommen, dass die Familie ein geordnetes Beziehungs-Gefüge sein sollte. Das Zielbild, das sie entwickelt haben, stimmt weitgehend mit dem biblischen Verständnis der Familie überein. Die gesunde Familienordnung lässt sich mit Hilfe des Ehe-Hauses darstellen:

216 Vgl. dazu Matthäus 7,11; ELB.

217 Vgl. als Parallele „Die Eheordnung“ in Kapitel 3.6.

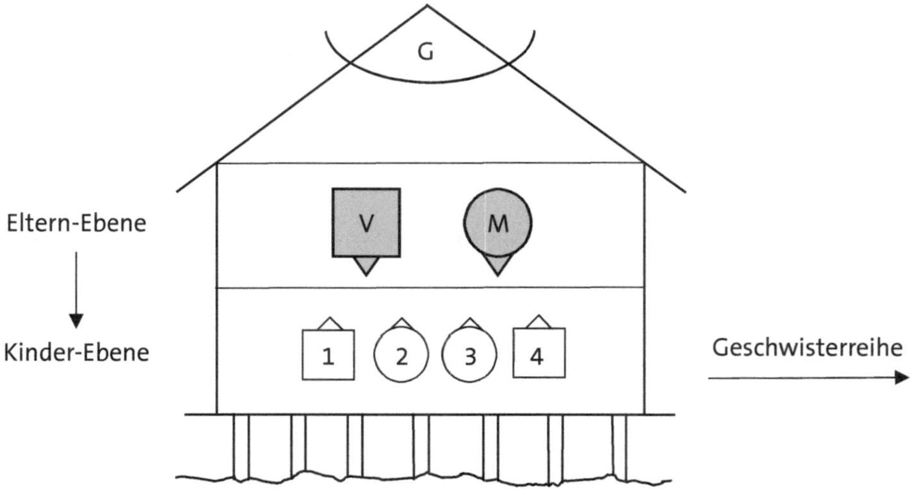

Abb. 14: Die Familien-Ordnung

Gott ist Vater über der ganzen Familie. Er vertraut die Kinder den Eltern an; vor ihm tragen sie ihre Verantwortung. In ihrer Aufgabe als Elternpaar sind sie den Kindern zugewendet (vgl. die Ausrichtung der „Nasen"). Die Kinder sind den Eltern untergeordnet; sie sollen ihnen gehorsam sein (vgl. dazu Jesus als zwölfjähriger Junge in Lukas 2,51). Je älter sie werden, desto mehr tragen sie ihre Verantwortung vor Gott. Erwachsene Kinder sollen Vater und Mutter ehren;[218] aber die Verantwortung dafür tragen sie vor Gott (vgl. Jesus als junger Mann in Johannes 2,3–4). Die Geschwisterreihe ist eine Nacheinander-Ordnung: Jedes hat seinen Platz, an dem es von Gott gesegnet wird; es ist wichtig, an seinem Platz zu bleiben (vgl. die langfristigen Folgen des Platz-Wechsels zwischen Esau und Jakob in 1. Mose 25,29ff.).

In Gottes Familienordnung gibt es eine klare Verantwortungs-Struktur. Verantwortung trägt man für die, welche einem untergeordnet sind. Verantwortung geht von oben nach unten: Gott (G) ist Vater über dem Elternpaar und über den Kindern; er sorgt für alle. Vater (V) und Mutter (M) sind von Gott mit der Elternschaft betraut; sie erfüllen ihren Auftrag zum Wohl der Kinder und zur Ehre des Vaters im Himmel. Die Art, wie sich die Eltern Gott unterordnen, dient den Kindern

218 Vgl. Epheser 6,2–3.

als Modell für ihre Unterordnung unter die Eltern. Wenn wir den Frieden in der Familien-Ordnung bewahren wollen, sollten wir die gesunden Prioritäten[219] einhalten: 1. Priorität: die persönliche Beziehung beider Elternteile zu Gott; 2. Priorität: die Ehebeziehung der Eltern; 3. Priorität: die Beziehung von Vater und Mutter zu jedem Kind; 4. Priorität: die Geschwister-Beziehungen.

Die Ehe der Eltern ist das Fundament für die Ordnung und das Zusammenleben in der Familie. Eine stabile, durch Wohlwollen, Zuwendung und Liebe geprägte Ehebeziehung schafft die Voraussetzungen für ein geordnetes Beziehungsgefüge, in dem jedes an seinem Platz leben und sich dort entfalten kann. Die Ehe der Eltern begründet entweder eine Segens- oder eine Fluch-Ordnung; eine gestörte Ehebeziehung der Eltern führt zu einer gestörten Familien-Ordnung. In einer dysfunktionalen Familie leidet das schwächste Glied, meistens eines der Kinder, am stärksten. Vgl. dazu Bericht 27. Er besteht aus der Zeichnung von Iris, die ihre Familie darstellt, und einem Begleittext:[220]

Mutter Bernd (13) Vater Bärbel (7) Iris (9)

Iris' Zeichnung ist sehr aussagekräftig: Die Mutter steht an erster Stelle, sie beherrscht das Bild, sie hat „das Maul" offen und fast als einzige Haare. Der Vater ist zugeknöpft. Bärbel und Iris haben kein Gesicht, keine Identität. Iris ist nicht an ihrem Platz; sie steht etwas abseits; sie ist ganz klein und hat keine Hände; sie kann gar nichts tun, sie ist völlig hilflos...

219 Vgl. dazu Abbildung 4.

220 Die Zeichnung und das Zitat stammen aus: Walter Wanner, *Signale aus der Tiefe*, Brunnen Verlag Gießen/Basel 1975, S. 116.

Die Zeichnung macht das Beziehungsgefüge der Familie sichtbar. Die Ehe-Beziehung der Eltern ist gestört: Der Vater nimmt seinen Platz in der Ehe und als Haupt der Familie nicht ein; diese wird von der Mutter dominiert. Den Platz an ihrer Seite hat Bernd inne, der älteste Sohn, mit dem sie eine Koalition gebildet hat. Der Vater hat sich mit Bärbel, der jüngsten Tochter, zusammengeschlossen. Iris ist das Opfer der Familienkonstellation: „Iris ist kontaktscheu, liebesunfähig und gehemmt. Sie leidet unter starken Minderwertigkeitsgefühlen, Schlafstörungen, Konzentrationsunfähigkeit und Angst. Gegenüber der empfundenen Zurücksetzung und Lieblosigkeit reagiert sie mit Einnässen und anderen Trotzhandlungen, um auf irgendeine Weise Zuwendung zu erfahren."

Um Iris zu helfen, müsste man die Familien-(Un)Ordnung zurechtbringen. Womit würden Sie beginnen, liebe Leserinnen und Leser? Ja, Sie haben recht: Zuerst müsste die Ehe der Eltern ins Lot kommen. Aber vielleicht fragen Sie sich auch: Wie sieht denn unser Familien-Gefüge aus? Übersicht 9 zeigt Ihnen den Weg für eine gemeinsame Standortbestimmung auf. Wenn Ihnen das Ergebnis Sorgen bereitet, wird Kapitel 7.4., „Gottes Angebote für die Heilung unserer Familie", für Sie wichtig sein.

7.3. Elternschaft

Elternschaft ist ein Auftrag von großer Tragweite. Um das zu verstehen, genügt es, sich an den zentralen Stellenwert der Familie im Plan Gottes zu erinnern. Gott beauftragt Vater und Mutter gemeinsam; keiner kann seinen Teil an den Partner abtreten. Um ihre einmalige Identität zu finden, brauchen die Kinder einen Vater und eine Mutter. Die Ehe der Eltern und der elterliche Erziehungsstil prägen das Leben und die Atmosphäre in der Familie. Sie tragen viel dazu bei, ob und wie die einzelnen Kinder sich als Person entfalten können. Da die Eltern für ihre Kinder zudem die Modelle sind für Vater-, Mutter- und die gemeinsame Elternschaft, wirkt sich ihr Handeln auch auf die Generation der Enkel aus.

Die gemeinsame Elternschaft ist eine herausfordernde Säule des Ehe-Hauses (Abbildung 12) und bei vielen Paaren eines der „Schlachtfelder" der Ehebeziehung. Das hat seine Gründe: Sie denken und handeln als Mann bzw. Frau; sie haben andere Persönlichkeiten; jeder hat zwei Modelle für Erziehung gehabt, darauf reagiert und seine Schlussfolgerungen gezogen: „Nie so wie meine Mutter!", sagt die Frau. – „So wie meine Mutter…", sagt der Mann. Aufgrund ihrer Unterschiedlichkeit und ihres anderen Erlebens werden sie kaum jemals zu einem gemeinsamen Erziehungsstil finden. Wie kann die gemeinsame Elternschaft dann zu einer tragfähigen Säule werden? Bevor wir auf diese Frage eine Antwort suchen, wollen wir tiefer verstehen, worum es bei der Elternschaft geht.

Ein gemeinsamer Auftrag

Gott ist Vater und Mutter zugleich. Den Auftrag der Elternschaft hat er im Sinne des Ergänzungsprinzips aufgeteilt. Adam hat er vor allem väterliche, Eva vor allem mütterliche Anteile der Gottebenbildlichkeit zugeordnet. Viele Züge von Gottes Wesen – wie etwa Liebesfähigkeit – hat er zwar in beiden angelegt, aber jeweils in einer männlichen bzw. weiblichen Ausprägung, die sich gegenseitig ergänzen. Väter lieben anders als Mütter. Für die Entwicklung ihrer Person und ihrer Identität brauchen die Kinder beide Arten von Liebe.

Was Gott mit Vaterschaft meint, ist eng mit dem Auftrag des Mannes in der Eheordnung verbunden.[221] Als „Haupt" trägt er die Verantwortung für die Familie vor Gott. Dies gilt auch im Bereich des Glaubens. Josua sagt: *Ich aber und mein Haus, wir werden dem HERRN dienen.*[222] Zudem soll der Vater für den materiellen und den geistlichen Schutz der Familie besorgt sein. Er vertritt die elterliche Autorität den Kindern gegenüber. Mit seiner Treue in der Gottesbeziehung ist er ihnen ein Vorbild. Seine Liebe zu ihnen zeigt sich darin, dass er Grenzen setzt und konsequent ist; er ermahnt sie und fördert ihre Eigenverantwortlichkeit. Aber auch die ausdauernde, barmherzige Liebe des Vaters im Gleichnis vom verlorenen Sohn[223] gehört zur Vaterschaft: *Wie ein Vater sich der Kinder erbarmt, so erbarmt der HERR sich derer, die ihn fürchten.*[224] Väter sollen so leben, dass sie *der Stolz ihrer Kinder sind.*[225]

Gott vergleicht sich auch mit einer Mutter: *Wie einen, den seine Mutter tröstet, so werde ich euch trösten.*[226] Die Mutter ist Trägerin des Lebens und wird mit einem

221 Vgl. Kapitel 3.6. „Der Auftrag des Mannes".

222 Josua 24,15.

223 Lukas 15,11–32.

224 Psalm 103,13.

225 Sprüche 17,6.

226 Jesaja 66,13.

Weinstock verglichen.[227] Sie ist das Herz der Familie und die Seele des Hauses; sie bestimmt die Atmosphäre. Sie bringt Intuition, selbstverständliche Hingabebereitschaft und emotionale Stärke in der Not in die Familie ein (vergleiche „Mutter Courage" von Bertolt Brecht). Sie kämpft um ihre Kinder wie eine Löwin um ihr Junges.[228] Sie ist ein Vorbild für die vertrauensvolle Liebe zu Gott. Paulus erinnert Timotheus an das Vorbild seiner Mutter und seiner Großmutter: *Ich erinnere mich des ungeheuchelten Glaubens…, der zuerst in deiner Großmutter Lois und deiner Mutter Eunike wohnte, ich bin aber überzeugt, auch in dir.*[229] Die Mutter fördert die moralische Entwicklung der Kinder. Ihre Wärme und Unterstützung gibt ihnen Sicherheit und Selbstvertrauen im Leben.

Was bedeutet das für eine Ein-Eltern-Familie? Die Frau von Bericht 5 (S. 42) hat nach einigen Monaten verstanden, dass sie die spezifischen Aufgaben der Vaterschaft ihren drei Kindern gegenüber nicht übernehmen konnte: „Ich habe nun begriffen, dass ich J. nicht ersetzen kann. Ich versuche jetzt einfach, Mutter zu sein; das genügt." Eine entlastende Einsicht! Das Umgekehrte gilt selbstverständlich auch: Ein Vater kann die Mutter nicht ersetzen. Zum Eltern-Auftrag gehört noch ein dritter Teil, den ich „Elternschaft" nenne. Diesen können die Eltern aufgrund ihrer persönlichen Voraussetzungen, der verfügbaren Zeit usw. unter sich aufteilen. Den Teil „Elternschaft" konnte unsere Bekannte aus Bericht 5 ganz übernehmen: Erziehung, Vorbereitung aufs Leben, Schule, Berufswahl, Begleitung ins Erwachsen-Sein, Unterstützung für die jungen Familien usw. Sie hat diese Verantwortung mit viel Entschiedenheit allein getragen und kann sich heute freuen über ihre Kinder und ihre Enkel.

Gemeinsame Elternschaft bedeutet auch, die Verantwortung für die Früchte unserer Erziehung gemeinsam zu tragen. Wir können unseren Teil nicht delegieren. Dies erkannte der Mann des Ehepaares, das ich in Bericht 22 (S. 110) erwähnt habe. Bericht 28:

> *Ich schätzte Herrn B.; er war ehrlich und reflektiert. In diesem Gespräch wurde die Not mit den beiden pubertierenden Töchtern zum Thema. Sie waren in die Drogen abgerutscht. Die Eltern waren ratlos. Was hatten sie*

227 Vgl. das Kapitel-Motto: Psalm 128,3.

228 Vgl. Bericht 20, S. 94.

229 2. Timotheus 1,5; ELB.

falsch gemacht? Die Frau hatte sich bei der Erziehung oft von ihrem Mann im Stich gelassen gefühlt. Plötzlich stand die Schuldfrage im Raum; sie wurden erregt: „Das ist jetzt die Frucht deiner Erziehung", sagte der Mann. Die Frau schaute ihn sprachlos an. Ich wandte mich zu ihm: „Wo ist die Frucht ihrer Erziehung, Herr B.?" Er wurde nachdenklich. Dann sagte er leise: „Ich verstehe: Man kann seine Verantwortung als Vater wohl nicht delegieren..." Er erkannte, dass er den Auftrag der Vaterschaft nicht wirklich übernommen hatte; er war bereit, sich unter seine Schuld zu stellen.

Mit welchem Einsatz auch immer wir die Aufgabe der Elternschaft übernehmen, kein Elternpaar bleibt schuldlos in der Erziehung seiner Kinder. Aus eigener Erfahrung wissen meine Frau und ich, welch erlösende Kraft darin liegt, wenn wir uns unserer Schuld ohne Ausflüchte und Begründungen ehrlich stellen und sie Gott bekennen. Er vergibt uns gerne.[230] Er ist bereit, unsere Fehler an den Kindern wiedergutzumachen und ihren Mangel auszufüllen. Wenn wir seine Vergebung empfangen, gilt für unsere Kinder Römer 8,28: *Wir wissen aber, dass denen, die Gott lieben, alles zum Guten dient...*; auch unser Versagen. Mehr dazu in Kapitel 7.4. und in Übersicht 10.

Solidarität in der Elternschaft

Nun aber zurück zur Frage, wie wir unsere Elternschaft leben können, ohne dass sie zu einem Beziehungs-Kampffeld wird. Durch meine Gespräche mit vielen Paaren bin ich zum Schluss gekommen, dass die Lösung nicht darin besteht, dass sich Vater und Mutter in allem einig werden und denselben Erziehungsstil haben. Im Gegenteil: Ihre Andersartigkeit ist ein Segen für die Kinder; so wird etwa die Ernsthaftigkeit des Vaters durch die lustige, humorvolle Mutter gemildert (oder umgekehrt...). Das ist gut so. Es gilt aber darüber zu wachen, dass jeder sich vor den Kindern dem Partner gegenüber loyal und wertschätzend verhält; die Kinder sollen keinen gegen den anderen ausspielen und keinen Keil in die Elternbeziehung treiben können. Die innere Haltung, die dies möglich macht, heißt: Solidarität in der Andersartigkeit.

Was bedeutet Solidarität in der Elternschaft? Es ist die Bereitschaft, mich hinter den Partner zu stellen, wenn er sich um die Kinder kümmert oder etwas von ihnen fordert. So schütze ich seine Autorität und verhalte mich loyal. Das ist besonders

230 Vgl. dazu 1. Johannes 1,8–9 und die Begriffserklärung zu „Schuld" im Anhang.

herausfordernd, wenn mir etwas anderes wichtiger wäre, ich es anders anpacken würde oder das Vorgehen des Partners nicht dem „normalen Ritual" entspricht. Bericht 29:

> *Der etwas schüchterne Schweizer hatte eine initiative, ehrgeizige Thailänderin geheiratet. Die Erziehung war das große Schlachtfeld ihrer Beziehung. Hier stießen die zwei Kulturen und Erziehungsstile aufeinander. Es ging um ganz alltägliche Dinge wie: Wann, wie oft am Tag und wie lange müssen die Kinder ihre Musikinstrumente üben; welche Priorität hat das Zähneputzen usw. Als ich um ein Beispiel bat, kam der Konflikt um das Zähneputzen auf den Tisch. Der Mann war nicht bereit zu akzeptieren, dass jedes Tischgespräch mit den Kindern durch den Befehl zum sofortigen Zähneputzen unterbunden wurde. Die Frau fühlte sich dadurch verraten und ungeliebt: „In unserer Kultur bestimmt die Mutter die Werte; und der Vater setzt sie den Kindern gegenüber durch." Es fiel ihr schwer zu verstehen, dass in unserer Kultur jeder Elternteil seinen Überzeugungen gemäß handeln kann, auch der Vater…*
>
> *Ich führte den Begriff der Solidarität ein: Sie nimmt ernst, dass wir für die Erziehung gemeinsam verantwortlich sind. Es ist gut, sich über die großen Ziele einig zu sein; aber jeder darf diese auf seine Art anstreben und einen anderen Erziehungsstil haben. Wenn der eine Partner mit den Kindern dran ist, stellt sich der andere unterstützend hinter ihn. Auf die Szene am Tisch bezogen heißt das: Aus der Haltung der Solidarität heraus hätte die Mutter sich über den Austausch des Vaters mit den Kindern freuen können: „Super, dass Vati sich noch etwas Zeit nimmt mit euch. Vergesst nachher dann aber nicht, die Zähne zu putzen." Und wenn sie das nicht tut und mit: „Jetzt geht ihr sofort die Zähne putzen" das Tischgespräch unterbricht? Was bedeutet Solidarität dann für den Vater? Er stellt sich zu seiner Frau und schützt ihre Autorität: „Ich möchte, dass ihr Mama schnell gehorcht. Geht und kommt gleich wieder, damit wir weiterreden können."*

Die Solidarität zeigt sich auch darin, dass sich die Eltern vor wichtigen Entscheidungen und voraussehbaren kritischen Situationen Zeit nehmen für einen Austausch über das konkrete Vorgehen. Hier kann das gemeinsame hörende Gebet[231] zu einer Lösung in Einheit führen. Gottes Rat ist kreativ und oft überraschend; es

231 Vgl. Kapitel 5.4. „Gemeinsam entscheiden".

ist für beide einfacher, sich seiner Weisheit unterzuordnen, als sich der Sicht des Partners zu beugen.

Die Bereitschaft und Fähigkeit, sich auf die Solidarität in der Elternschaft einzulassen, wird durch unsere innere Haltung und durch die Ehebeziehung bestimmt. Wir haben gute Voraussetzungen dafür, wenn …

… wir den Partner annehmen, so wie er ist, ihn lieben und ihm vertrauen.

… wir davon ausgehen, dass es für die Kinder eine Bereicherung ist, dass Papa es anders macht als Mama.

… es uns wichtig ist, dass jedes Kind auch zum anderen Elternteil eine gute, vertrauensvolle, anders gestaltete Beziehung aufbauen kann.

… wir im Vertrauen auf Gottes zurechtbringendes Wirken die Angst loslassen, dass die Kinder durch die Art des anderen zu Schaden kommen könnten.

… wir uns auf das grundsätzliche Ziel unserer Erziehung geeinigt haben. (Sollen unsere Kinder Erfolg haben im Leben; geht es uns um Wellness und Glück oder um ein Leben zur Ehre Gottes? Welches Ziel streben wir mit unserer gemeinsamen Erziehung an?)

… wir die Konflikte aus den Meinungsverschiedenheiten, die sich trotz aller Solidarität immer wieder ergeben können, im Schlafzimmer austragen statt vor den Kindern.

Wie geht es Ihnen, liebe Leserin, lieber Leser, mit dem Auftrag der gemeinsamen Elternschaft? Hat Sie die Möglichkeit der Solidarität als Grundhaltung angesprochen? Dann können Sie sich gemeinsam folgenden Fragen stellen und nachher die entsprechenden Schritte tun:

- Tragen wir den Auftrag für die Elternschaft gemeinsam und in Verantwortung vor Gott?
- Sind wir uns über die Grundziele unserer Erziehung einig? Wie formulieren wir sie?
- Erfüllen wir unsere Aufgabe in der Haltung der Solidarität?
- Mein nächster/unser gemeinsamer nächster Schritt …

Zum Schluss ein ermutigendes Beispiel für Solidarität aus einer vergebenden und den Partner annehmenden Haltung heraus. Bericht 30:

> *Die Frau kam für ein Einzelgespräch. Sie war mit einem Architekten verheiratet, der ein großes Architekturbüro aufgebaut hatte. So hatte er kaum Zeit gehabt für die Ehe und schon gar nicht für die Beziehung zu den Kindern. Die Frau hatte sich mit diesen Tatsachen versöhnt; es gab keine Bitterkeit in ihrem Herzen. Als ich sie fragte, welche Beziehung denn die Kinder zu ihrem Vater hätten, sagte sie: „Eine sehr gute!" Ich war erstaunt und wollte wissen, wie dies möglich geworden sei. Hier ihre Antwort: „Ich unternahm sehr viel mit den Kindern alleine. Ich sagte jeweils: ‚Vati wäre jetzt so gerne dabei; aber er muss noch arbeiten.' Und wenn ein Kind dann etwas Besonderes schaffte, sagte ich: ‚Schade, dass Vati das nicht sieht; er wäre sehr stolz auf dich!' Und auf der Heimreise dann: ‚Wir werden Vati alles erzählen.' So nahm ich ihn innerlich mit, und für die Kinder war er immer wie dabei." Ich war beeindruckt: Welch freilassende Liebe ihrem Mann gegenüber; welche großzügige Haltung der Solidarität; welche Liebe zu den Kindern, um ihnen eine gute Vaterbeziehung zu ermöglichen!*

Erziehung

Erziehen heißt, den Auftrag der gemeinsamen Elternschaft in die Tat umzusetzen, und uns den Aufgaben zu stellen, die Gott der Familie im Schöpfungsplan übertragen hat: Unsere Kinder sollen Menschen werden im Sinne der Gottebenbildlichkeit; jedes soll in seine einmalige Identität hineinfinden; sie sollen beziehungs- und liebesfähig werden; sie sollen in eine persönliche Gottesbeziehung eintreten und aufrecht im Leben stehen können. Was das konkret heißt, liebe Leserinnen und Leser, können Sie entdecken, wenn Sie Kapitel 7.1. und die obigen Ausführungen zu Vater- und Mutterschaft nochmals lesen und gemeinsam Ihre Schlussfolgerungen ziehen. So machen Sie zugleich eine kleine Standortbestimmung für Ihren Erziehungs-Auftrag.

Erziehung ist ein für jedes Kind einmaliger, durch viele Faktoren (die Persönlichkeit, den Platz in der Geschwisterreihe, die bisherigen Erziehungs-Erfahrungen der Eltern usw.) bestimmter Prozess. Wenn zur Familie Kinder unterschiedlichen Alters gehören, können wir sie nicht alle gleich behandeln. Kleinere Kinder etwa werden zu einer festen Zeit ins Bett gebracht, größere dürfen länger wach bleiben.

Das hat damit zu tun, dass der Erziehungs-Prozess zwei Haupt-Phasen umfasst, in denen sich ergänzende Kompetenzen gelernt werden sollen: Die Ein- und Unterordnungs-Fähigkeit und die Eigenverantwortung durch Selbst-Steuerung. Beide sind für das Leben als erwachsene Person grundlegend wichtig.

- Ziel von Phase 1): Gehorsam bzw. Ein- und Unterordnung lernen (bis ca. 12 Jahre). Das kleine Kind soll einerseits die Fähigkeit entwickeln, sich einer Autorität, der es vertraut, freiwillig unterzuordnen. Andererseits soll es lernen, sich ins Familienganze einzuordnen. Dabei entdeckt es, dass es lohnend ist, Teil einer Gemeinschaft zu sein und in dieser einen Platz zu haben. Um sich freiwillig ein- und unterordnen zu können, muss das Kind seine Bedürfnisse und Wünsche kontrollieren und verschieben lernen. So entwickelt es Frustrationstoleranz. Dabei wird zudem eine für die nächste Phase wichtige Fähigkeit gefördert: Das Kind lernt, wie es sich selber an die Hand nehmen kann.

- Ziel von Phase 2): Eigenverantwortlich bzw. in Freiheit leben lernen. Wenn es in der ersten Phase vor allem um die Lenkbarkeit und um die Einordnung geht, wird hier die Selbststeuerung zum Lernziel. Nun geben wir nicht mehr die Zeit vor, wann ein Kind ins Bett zu gehen hat. Erziehen heißt jetzt, Gespräche führen und ermutigende Rückmeldungen geben: „Wieviel Schlaf brauchst du pro Nacht? – Was heißt das, wann willst du ins Bett gehen? – Ich denke, das schaffst du ohne unsere Hilfe … Oder?“ Wir helfen dem Jugendlichen, sich seiner Person, seiner Bedürfnisse, seiner Schwächen und Stärken und seiner Selbststeuerungsmöglichkeiten bewusst zu werden. Er soll eine gute Selbstbeziehung finden und sich selber führen lernen. Wenn der Jugendliche die Verantwortung für sich selber übernehmen kann, ist er freiheitsfähig und wird bereit fürs Leben als Erwachsener.

Die Erziehung ihrer Kinder ist für die Eltern selber ein herausfordernder Lernprozess. Wir hatten fünf Kinder, die ersten vier in fünf Jahren, die jüngste Tochter fünf Jahre später. Bei der ersten Tochter versuchten wir noch, unsere Prinzipien einzuhalten; sie war unser „Lehrstück“. Mit jedem weiteren Kind warfen wir wieder einige davon über Bord. Trotzdem dachten wir bis zum vierten, dass sich unsere Kinder wegen unserer Erziehung so gut entwickelten. Das widerstrebende vierte Kind hat uns dann gelehrt, dass es nicht wegen, sondern trotz unserer Erziehung vielleicht gut werden kann. Die Jüngste haben wir fast gar nicht mehr aktiv erzogen; sie hatte an allem Anteil und genoss eine Art „Gruppen-Erziehung"; und das Ergebnis war nicht schlechter als bei den anderen… Wegen der sich ändernden Rahmenbedingungen (Anzahl der Kinder, aktuelle Lebenssituation, Belastbarkeit der Eltern, Ehebeziehung usw.) ist das Erziehen ein sich kontinuierlich veränderner Prozess. Eigentlich haben wir jedes Kind etwas anders erzogen. Wenn wir nochmals beginnen könnten, würden wir die alten Fehler nicht mehr machen; dafür aber neue.

Eine ermutigende Schlussfeststellung für alle Erziehenden: Es kommt mit unseren Kindern besser heraus, als es aufgrund unserer Mängel und Fehler als Eltern eigentlich dürfte. Weshalb ist das so? Es ist beeindruckend, wie anpassungsfähig Kinder sind. Wenn der Partner sich loyal verhält,[232] schaffen sie es, sich auf beide Elternteile einzulassen und mit jedem eine persönliche Beziehung aufzubauen. Zudem sind sie körperlich und seelisch recht robust; sie sind wie die Spatzen, die fast in jedem Klima gedeihen können. Es gibt aber noch einen anderen Grund für diese ermutigende Tatsache: Gottes große Liebe zu unseren Kindern. Es ist sein Wunsch, ihnen Gutes zu tun und sie zu entfalteten Personen heranwachsen zu lassen. Seine Gnade setzt das Gesetz von Saat und Ernte immer wieder außer Kraft, auch in der Erziehung. Es ist wirklich so: Es kommt besser heraus… Deshalb kann der Auftrag der Elternschaft mit viel Freude, Dankbarkeit und Segen verbunden sein.

7.4. Gottes Angebote für die Heilung unserer Familie

Die Erlösung durch Jesus Christus besitzt auch Gültigkeit für die Familie als Ganzes. Das erfuhr der Gefängniswärter in Philippi: *Glaube an Jesus, den Herrn, und du wirst gerettet werden, du und dein Haus,* versprechen ihm Paulus und Silas.[233] Und das geschah dann auch. Wie sehr die Familie Gott am Herzen liegt, zeigt sich etwa im letzten Vers des Alten Testaments, der das Kommen des Erlösers verheißt: *Er wird das Herz der Väter zu den Söhnen und das Herz der Söhne zu ihren Vätern umkehren lassen…*[234] Zur neuen Schöpfung gehören sowohl Einzelpersonen als

232 Vgl. Bericht 30, S. 141.

233 Apostelgeschichte 16,31.

234 Maleachi 3,24; ELB.

auch Ehepaare und ganze Familien. *Ihr seid das Licht der Welt. Eine Stadt, die oben auf einem Berg liegt, kann nicht verborgen bleiben,*[235] gilt auch für versöhnte und geheilte Familien. Um aus unserer Familie eine Stadt auf einem Berg zu machen, will Gott unsere stückwerkhafte Elternschaft zurechtbringen und sie unseren Kindern zum Guten mitwirken lassen. Dazu können wir etwas beitragen: Wir können ihm unsere Schuld bringen und das Privileg nutzen, für unsere Kinder stellvertretend handeln zu dürfen. Auch für unsere erwachsenen Kinder.

Für dieses stellvertretende Eintreten vor Gott finden wir schon im Alten Testament ein Beispiel, Hiob den Gerechten:[236] *Wenn dann die Tage des Gastmahls vorüber waren, sandte Hiob zu ihnen und ließ sie weihen* [oder *heiligte sie*], *und früh am Morgen brachte er für jedes Kind ein Brandopfer dar. Denn Hiob dachte: Vielleicht haben meine Kinder gesündigt und Gott gelästert in ihrem Herzen. Das tat Hiob jedes Mal.*[237]

Unsere Autorität, stellvertretend für die Kinder handeln zu dürfen, ist darin begründet, dass die Ehe und die Familie für Gott eine Einheit bilden: *Der ungläubige Mann ist durch die Frau geheiligt, und die ungläubige Frau ist durch den Bruder geheiligt. (Und auch für) eure Kinder… gilt: Sie sind heilig.*[238] Jesus Christus ist ja nicht nur für uns Eltern gestorben, sondern auch für unsere Kinder. Er hat alles getan, was nötig ist für ihre Erlösung, für ihre Heilung, für Stillung und Wiederherstellung, für die Vergebung ihrer Schuld und für ihr Wachstum hin zur Fülle der Christusähnlichkeit. Die erlösende und Neues schaffende Kraft Gottes überwindet das Gesetz von Saat und Ernte: Es gibt eine neue Schöpfung für sie. Welches Vorrecht, dass wir das im Gebet für sie beanspruchen und stellvertretend annehmen dürfen.

Für das stellvertretende Gebet der Eltern gelten die Verheißungen für das gemeinsame Beten.[239] Es ist ein gemeinsamer Akt des Glaubens. Wir tun es im Vertrauen auf Gottes Zusagen und seine Liebe zu unseren Kindern. So dürfen

235 Matthäus 5,14.

236 Hiob 1,8.

237 Hiob 1,5.

238 1. Korinther 7,14.

239 Vgl. Kapitel 5.4. „Das Ehe-Gebet“.

wir den Boden für das vorbereiten, was sie selber beizutragen haben, damit ihnen unsere stückwerkhafte Erziehung zum Guten mitwirken kann.[240]

Liebe Leserinnen und Leser, lassen Sie sich Gottes Angebot nicht entgehen, Ihren Kindern durch Ihr stellvertretendes Handeln im Glauben Gutes zu tun. Übersicht 10, „Heilung für unsere Familie“, zeigt Ihnen einen Weg dafür auf, der sich in zahlreichen Kursen für Ehepaare bewährt hat.

Hier einige zusätzliche Hilfestellungen zum Weg der Übersicht:

- Tauschen Sie sich zur Vorbereitung der einzelnen Etappen über die angegebene Bibelstelle aus. Anschließend bereiten Sie sich persönlich vor, teilen einander Ihre Gedanken mit und handeln dann im Gebet.
- Eins-Sein im Gebet: Wenn das eine betet, geht das andere innerlich mit und stellt sich in seinem Herzen hinter die Bitte des Partners. Unser „Amen“ bestätigt unser Einverständnis.
- Mit dem Schritt „Gott die Ehre geben“, tun Sie Ihren Kindern einen großen Dienst. Wenn Sie Ihre Hingabe und Aufopferung als Eltern an Gott „umadressieren“,[241] entlassen Sie sie aus der Schuldigkeit einer Gegenleistung oder eines geschuldeten Dankes.
- Bevor Sie Gott für Ihre persönliche und Ihre gemeinsame Schuld um Vergebung bitten, können Sie Bericht 28 und den anschließenden Text nochmals lesen.
- Wenn Sie die Schuld Ihrer Kinder vor Gott bringen, gehen Sie ähnlich vor: Sie bekennen ihm deren Haltung oder Tun als Schuld und bitten ihn um Vergebung, so wie es Jesus am Kreuz getan hat.[242] Zuletzt können Sie Gott für die Ihren Kindern geschenkte Vergebung danken und ihn darum bitten, dass Ihre Kinder sie in Besitz nehmen können.

240 Vgl. Römer 8,28.

241 Vgl. dazu Bericht 7, S. 47.

242 Siehe Lukas 23,24.

- Sich mit etwas versöhnen bedeutet den Entschluss, sein Ja zu etwas zu geben, das wir nicht ändern können. Wir tun es im Vertrauen auf Gott und seine Zusage, dass uns alles zum Guten mitwirken wird. Wenn wir Eltern uns mit etwas versöhnen, das zum Leben eines Kindes gehört (ein Lebensereignis mit schweren Folgen, eine fehlende Begabung, eine Behinderung, eine Fehlentscheidung usw.), können wir über dem Unabänderlichen Frieden finden. So bereiten wir dem Kind den Weg vor, dass es auch seinerseits ein „Ja" dazu haben und lernen kann, mit dem Schweren umzugehen.

- Und nun noch zum Sorgen-Abwerfen: *Alle eure Sorge werft auf ihn; denn er sorgt für euch.*[243] Der Text enthält eine Zusage und einen Auftrag. Abwerfen ist eine aktive, entschiedene, kraftvolle Handlung. Auch wohin ist klar: *auf Gott!* Sie können zum Abwerfen der Sorgen aufstehen und das Gebet mit einer Geste begleiten.

- Wenn Sie sich als Paar auf den Weg gemacht haben, hat jedes einen Zeugen für seine persönlichen Schritte im Gebet. Ein Zeuge darf uns später an die Gültigkeit unserer Gebete erinnern (z. B. an die empfangene Vergebung oder das Abwerfen der Sorgen).

Wie geht es nun weiter? Beginnen Sie mit einer persönlichen Auswertungszeit:

- Was ist durch die vollzogenen Schritte bei mir selber und in der Beziehung zu den einzelnen Kindern und zum Ehepartner geschehen? Gibt es etwas konkret umzusetzen?

- Erteilt Gott mir/uns einen Auftrag unseren Kindern oder anderen Menschen gegenüber? Wem gegenüber? Worin besteht er?

- Was können wir sonst noch dazu beitragen, dass unsere Kinder in das stellvertretend für sie Vollzogene eintreten?

Tauschen Sie sich über die Ergebnisse der persönlichen Auswertung aus und klären Sie in einer Hör-Zeit die von Gott Ihnen erteilten Aufträge ab: Was sollen wir mit allen Kindern teilen (Dank, Schuld eingestehen, ungute Familien-Muster

243 1. Petrus 5,7; LUT.

usw.)? Wofür sollen wir mit allen eine Austausch- und Gebetszeit vorsehen (Erblinien, Defizite, verletzende Familienereignisse)? Mit welchen Kindern braucht es ein Einzelgespräch? Worüber? Wer führt es?

Wenn Sie Ihre Aufträge dann ausgeführt haben, haben Sie alles getan, was Sie dazu beitragen konnten, dass Ihre Elternschaft den Kindern ganz und nur zum Guten mitwirkt. Damit unsere Kinder das auch erleben können, müssen sie das Ihre beitragen: Uns vergeben und das, was wir stellvertretend für sie getan haben, für sich in Besitz nehmen. Nun können wir unseren Kindern ohne schlechtes Gewissen und in Freiheit begegnen. Wir können Hoffnung für sie haben, Gott vertrauen, unsere Sorgen in Bitten verwandeln und gemeinsam für sie im Gebet einstehen. Das gehört zum lebenslangen Auftrag der Elternschaft.

8. KRISEN – ZERBRUCH – DER WEG DER GNADE

Zum Frieden hat euch Gott berufen. (1. Korinther 7,15; LUT)

Soll man in einem Ehebuch auch über Krisen, Zerbruch und Scheitern sprechen? Ich bin mir bewusst, dass einige der folgenden Kapitel nicht alle Leserinnen und Leser direkt ansprechen werden. Die Betroffenen aber werden durch die Lektüre neue Perspektiven, Entlastung, Hilfe und Hoffnung finden. Auch bei den Leserinnen und Lesern, denen ein tiefer Zerbruch bisher erspart geblieben ist, werden gewisse Aussagen und Berichte eine Kurs-Korrektur bewirken. Weil kein Ehepaar gegen eine Krise oder gegen einen Zerbruch gefeit ist, sollten Sie diese Kapitel also nicht überspringen.

Für einen Kongress für Menschen, die in der Ehe gescheitert waren, hatte man mich um das Grundlagen-Referat gebeten. Gab es Hoffnung für diese Menschen? Was konnte ich ihnen sagen? Gab es für sie einen Weg zurück in den Frieden? Hier die Schlussaussage meines Referates: „Es gibt aus jeder Unordnung und aus jedem Zerbruch heraus einen Weg der Gnade zurück in Gottes Ordnung und in den Frieden." In meiner Seelsorge-Arbeit hatte ich den „Weg der Gnade" entdeckt und wusste, welche Etappen zu ihm gehören. Er verlangt große Ehrlichkeit, Mut und Entschiedenheit; aber er führt zum Ziel: Frieden.

Der Text aus 1. Korinther 7 steht mitten in Paulus' Ausführungen über Ehe, Scheidung und Unverheiratet-Sein. Er zeigt auf, dass Gott für uns Menschen das allem übergeordnete Ziel hat, dass wir im Frieden leben können. Dazu hat er uns berufen. So drückt er seine Gnade und seine unendlich große Liebe zu uns aus. Paulus' Aussage gilt ganz besonders für die Ehe. Sie liegt Gott so sehr am

Herzen,[244] dass er die Ehepartner immer – auch durch Not und Krisen hindurch – in den Frieden zurückführen will. Wenn wir uns von ihm helfen lassen, kann aus einer Krise Gutes entstehen. Aber immer wieder muss Gott feststellen: *... und ihr habt nicht gewollt.*[245] Wenn wir Gottes Hilfe ausschlagen, kann es zum Scheitern und zum Zerbruch der Ehe kommen. Aber selbst dann wendet Gott sich nicht von uns ab. Dank der Erlösung und dem, was Jesus stellvertretend für uns getragen hat, steht uns der Weg zurück in den Frieden immer offen.

Was wir in Kapitel 4.4. über die „Normalität“ von Konflikten gesagt haben, kann auch auf das Thema „Krisen“ übertragen werden: In vielen Ehen kommt es früher oder später zu einer Durststrecke, einer Abkühlung oder einer Entfremdung, einer verdeckten oder einer offenen Ehekrise. Das scheint zur Entwicklung einer normalen Ehe zu gehören. Verdeckte Krisen können durch einen grundlegenden Konflikt oder durch das Ausbrechen eines Partners aus der Ehe so akut werden, dass sich das Paar grundsätzliche Fragen zu stellen beginnt und Hilfe sucht. Und dann? Ich konnte Paare in echte Neu-Anfänge begleiten. Ich habe aber auch erlebt, dass Ehen nicht gerettet werden konnten und die Krise zum Scheitern und zur Scheidung geführt hat.

Was charakterisiert Ehebeziehungen, die durch eine Krise wachsen können? Wie kann ein Paar durch eine Krise gehen und Gewinn davon tragen?

8.1. Entschiedenheit und Verbindlichkeit

In meinen Gesprächen bin ich Ehepaaren begegnet, die ich als „krisenfest“ beschreiben würde. Sie hatten sich zwar in eine Krise hineinmanövriert; aber mit wenigen Hilfestellungen waren sie fähig, den Weg durch die Krise alleine weiterzugehen und daraus Neues für den Aufbau ihrer Beziehung zu lernen. Hier ein Beispiel. Bericht 31:

> *Mitten im ersten Lockdown der Coronavirus-Pandemie erhielt ich den Anruf eines Mannes, den ich vor wenigen Jahren im Blick auf die bevorstehende Heirat begleitet hatte. Er berichtete mir, dass seine Frau sich in der aktuellen Situation so hysterisch und unmöglich verhalte, vor allem auch im*

244 Vgl. Kapitel 3.3. und 3.4.

245 Lukas 13,34.

Umgang mit den Kindern, dass er es zu Hause nicht mehr aushalte. Er sei im Begriff, sich eine Wohnung zu suchen; ob er mich einmal sehen könne. Es war klar: Sie steckten in einer akuten Krise. War die Ehe gefährdet? „Wollen Sie sich denn von Ihrer Frau trennen, Herr S.?" Er war so überrascht durch meine Frage, dass es kurz still blieb. Dann sagte er entschieden und klar: „Nein! Auf keinen Fall! Ich bin einfach überfordert." Ich war erleichtert. Die Beziehung schien krisenfest zu sein! Wenige Hilfestellungen genügten ihm, um das Verhalten seiner Frau einordnen und sich der schwierigen Situation mit Mut und Entschiedenheit wieder stellen zu können. Das angebotene Paargespräch haben sie bis heute noch nicht beansprucht.

Was charakterisiert Paare, die eine Krise als Chance nutzen können, und wie leben sie ihre Ehe?

Eine krisenfeste Ehebeziehung

Von krisenfesten Ehepaaren können wir lernen, was unsere Beziehung stark und tragfähig macht. Das habe ich in meiner seelsorgerlichen Arbeit festgestellt:

- Eine krisenfeste Ehe steht auf einem tragfähigen Fundament: Jedes hat das andere frei gewählt (zwei unabhängige Ja); beide haben sich ganz und ohne Vorbehalte in die Ehe hineingegeben; in ihren Herzen gibt es keine offenen Hintertüren oder Ausstiegs-Szenarien.[246]

- Sie leben ihre Ehe dem Zielbild des Gott-Ehe-Dreiecks entsprechend. Sie haben Gott seinen Platz gegeben: Er kann Zeuge und Garant ihres Bundes sein. Bei ihm suchen die Partner Rat und Hilfe. Sie wollen als Person wachsen. Gott darf sie auf sein Ziel hin umgestalten (Liebes- und Konfliktfähigkeit, Flexibilität, Vergebungsbereitschaft usw.).

- Sie leben ihre Beziehung zum Partner so, wie es die Beziehungs-Formel ausdrückt: in Eigenverantwortung und in innerer Freiheit; in frei gewählter Zuwendung zum Partner und in Treue.[247]

246 Vgl. Kapitel 5.1. „Ein festes Fundament".

247 Vgl. Kapitel 4.1. „Zuwendung".

- Sie nehmen ihren Platz im Dreieck ganz ein. Sie stellen sich dem Auftrag der Liebe.[248] Auch wenn es schwierig wird, steigen sie nicht aus der Ehe aus, weder innerlich noch äußerlich; sie lassen den Partner nicht im Stich; sie bleiben ihm treu.

- Konflikte verdauen sie umgehend persönlich;[249] sie lassen keinen Beziehungs-Misthaufen entstehen. Sie leben in einer „aufgeräumten Ehebeziehung".[250]

Was besonders stark zur Krisenfestigkeit einer Ehe beiträgt, ist die Grundhaltung von „Entschiedenheit und Verbindlichkeit": Entschiedenheit im Festhalten am gewählten Ziel, dem Gelingen der Ehe, und in der Unterordnung unter Gottes zusammenfügendes Wirken; und Verbindlichkeit in der Einhaltung des Ehebundes (Treue) und im Auftrag der Liebe. Diese innere Haltung fällt uns nicht in den Schoß; aber wir können uns für sie entscheiden. Sie gehört zu dem, was Gott durch die neue Schöpfung in uns wirken will.

Selbststeuerung

Eine unumgängliche Kompetenz für die Grundhaltung von Entschiedenheit und Verbindlichkeit ist die Selbststeuerung. Nur wenn wir über uns selber wachen und unsere Seele führen lernen, können wir einhalten, wozu wir uns freiwillig verpflichtet haben. Zur Selbststeuerung brauchen wir Selbstbeherrschung. Diese ist so wichtig, dass Gott sie in uns wachsen lassen will; sie ist Teil der Frucht des Heiligen Geistes: *Die Frucht des Geistes aber ist … Selbstbeherrschung.*[251] Sie gehört zur Christusähnlichkeit; Gott will uns damit ausrüsten.

Die Selbststeuerung macht es möglich, dass wir unseren Gelüsten und selbstsüchtigen Wünschen widerstehen können. Dabei kommt dem Umgang mit unseren Gedanken große Bedeutung zu. Paulus zeigt auf, wie wir diesen Kampf führen können: *Wir nehmen gefangen alles Denken in den Gehorsam gegen Christus.*[252] Das bedeutet, dass wir der Verachtung des Partners, der inneren Abwendung von ihm, dem Wunsch, ihn zu bestrafen, dem inneren Ausstieg aus der Ehebeziehung und

248 Vgl. Römer 13,8 und Kapitel 9.2. „Die Grundhaltung" 3).

249 Vgl. Kapitel 4.4.

250 Vgl. Kapitel 4.5.

251 Galater 5,22f.

252 2. Korinther 10,5; LUT.

allem Scheidenden in unseren Gedanken[253] mit Entschiedenheit entgegentreten: „Das kommt für mich überhaupt nicht in Frage!“ Wenn wir das nicht tun und die Grundhaltung der Verbindlichkeit verlassen, setzen wir unsere Ehe aufs Spiel. Es gilt, schon den kleinen Anfängen zu wehren. Vergleiche dazu Bericht 32:

Nach Abschluss des Gesprächsblockes mit ihrem Mann, dem Pastor einer evangelischen Gemeinde, saß mir nun seine Frau gegenüber. Als wir über ihre Ehebeziehung sprachen, wurde bald klar, dass sie keine Liebe mehr für ihren Mann empfand und ihn verachtete. Als ich ihr das Dreieck zeichnete und sie bat einzuzeichnen, wo sie stehe, machte sie ein Kreuz außerhalb des Dreiecks. „Sind Sie aus der Ehe ausgestiegen?“ Sie bejahte; sie war auch nicht bereit, an ihren Platz zurückzukehren. „Sie leben gefährlich, Frau X“, warnte ich sie: „Auf Ihrer Stirn steht geschrieben: ‚Ich bin zu haben.‘ Der Mann wird kommen, der das liest…“

Drei Gespräche später kam sie und gestand: „Es ist geschehen. Ich habe mit dem Motorradhändler auf der gegenüberliegenden Straßenseite, den ich oft vom Küchenfenster aus beobachtet hatte, Ehebruch begangen.“ Bei solchen Geständnissen packte mich oft etwas wie ein heiliger Zorn, nicht gegen die schuldig gewordene Person, sondern gegen den Feind. Und ich fasste jeweils den inneren Entschluss, ihm diesen Sieg streitig zu machen. Bei Herr und Frau X gelang es nicht. Es kam zur Scheidung; Herr X musste sein Amt niederlegen.

8.2. Durch Krisen wachsen

Eine Beziehungskrise, der sich beide ehrlich stellen, kann einen Entwicklungsschub auslösen. Paare mit der Grundhaltung von Entschiedenheit und Verbindlichkeit haben gute Voraussetzungen dafür, eine Krise gewinnbringend nutzen zu können.

Krisen als Chancen

Schleichende Krisen brechen oft erst nach Monaten oder Jahren auf, wenn es der an der Ehebeziehung stärker leidende Partner wagt – das kann die Frau sein oder

253 Vgl. Markus 10,9.

der Mann –, sein Erleben auszusprechen. Wenn es ihm gelingt, einfach seine Not auszudrücken und darauf zu verzichten, den Partner anzuklagen und Forderungen oder Bedingungen zu stellen, kann es zu einem offenen, konstruktiven Austausch über die Beziehung kommen.

Zwei Regeln ermöglichen einen fruchtbaren Krisen-Austausch – falls sich beide Partner daran halten:

1. Es geht uns um das Wachstum und die Entfaltung unserer Beziehung. Deshalb verzichten wir darauf, Schuld zuzuweisen und darüber zu streiten, wer was falsch macht.
2. Wir lassen den Wunsch los, vom Partner verstanden zu werden, und verzichten auf Begründungen und Rechtfertigungen für unser Erleben und unser Verhalten. Unser Ziel ist es, den Partner besser zu verstehen.

Das ist ein hoher Anspruch. Wenn das Gespräch aber in dieser Haltung geführt wird, kann das Paar im Austausch kreative Lösungen finden und neue Wege entdecken. Eines unserer Paare ist hier zurzeit gut unterwegs: Sie lernen, auf faule Kompromisse zu verzichten und im immer wieder neu aufgenommenen Gespräch dranzubleiben, bis sie eine Lösung gefunden haben, zu der beide ganz ja sagen können. Dafür braucht es einen langen Atem und Flexibilität. Die Entschlüsse, die zur Verwirklichung der gefundenen Lösung dann nötig sind, fasst das Paar im gemeinsamen Gebet. Und dann beginnt der Prozess, ihre Beziehung im Neuen leben zu lernen.[254]

Wenn es einem Paar nicht gelingt, eine Krise konstruktiv zu nutzen, sollte es Hilfe von außen in Anspruch nehmen. Je früher das geschieht, desto größer ist die Chance, dass die Beziehung durch die seelsorgerliche Krisenarbeit gestärkt wird, und dass beide Partner daran wachsen können.

Seelsorgerliche Krisenarbeit

Um eine Krise seelsorgerlich bearbeiten zu können, braucht es zwei unabhängige Ja und den Willen beider Partner, ihre Ehe zu retten und zu bauen. Dies ist nicht möglich, solange ein Partner an einer Außenbeziehung festhält.[255] Wenn sich im Erstgespräch zeigt, dass die Ehe seit Jahren in einer Dauerkrise steckt, ist es sinn-

254 Vgl. den Artikel „Seelsorge an der eigenen Seele“ im Anhang.

255 Vgl. Bericht 36, S. 161f.

voll, in Einzelgesprächen mit den Partnern das Fundament zu bereinigen.[256] In der Einzelarbeit gewinnen die Partner eine wichtige Erkenntnis: „Die Veränderung der Ehebeziehung beginnt bei mir. Wenn ich meine Haltung und mein Verhalten ändere, kann sie sich entwickeln; es ist sinnlos, auf den Partner zu warten." In den anschließenden Paargesprächen begleiten wir sie dann im herausfordernden Lernprozess, die in den Einzelgesprächen getroffenen persönlichen Entscheidungen im Ehe-Alltag konsequent umsetzen zu lernen.

Wenn die Krise schon zu lange gedauert hat und zum offenen Krieg geworden ist, sind oft beide Partner so erschöpft,[257] dass die zerstörerische Beziehungs-Spirale nur noch durch eine radikale Rettungs-Maßnahme angehalten werden kann. So habe ich denn mehrere Male eine befristete (drei bis sechs Monate) und durch eine gemeinsam ausgearbeitete Vereinbarung strukturierte Trennung zur Rettung der Ehe vorgeschlagen.

Die Beziehungs-Pause soll den erschöpften Partnern Erholung und das Wieder-zu-sich-selber-Kommen ermöglichen. Zudem schafft sie die Distanz, aus der jeder erkennen kann, was er zutiefst will. Ich denke da an die Frau, die für die Trennungszeit auch eine Außenbeziehung unterbrochen hatte und mir danach sagte: „Nun weiß ich wieder, wo mein Platz ist: bei meinem Mann und bei unseren Kindern." Die Trennung soll einen ehrlichen und konstruktiven Neuanfang ermöglichen. Dies ist nur dann möglich, wenn sich beide nach einer Veränderung ihrer Grundhaltung zum Partner und ihres Beziehungs-Verhaltens ausstrecken. Während dieser Zeit muss die Verbindlichkeit der Ehe gewahrt bleiben; die Trennung darf nicht zum ersten Schritt Richtung Scheidung werden.

Diesen Zielen dienen die Regeln, die wir mit dem Paar vereinbaren. Dazu gehört zum Beispiel, dass die Partner sich verpflichten, in dieser Zeit keine Außenbeziehung weiterzuführen oder einzugehen; oder dass beide, im Blick auf ihre persönliche Veränderung, seelsorgerlich begleitet werden. Auch die Tiefe der Trennung wird festgelegt (z. B. für „Bett und Tisch", aber die Frau besorgt dem Mann noch die Wäsche usw.). Es muss geklärt werden, ob und wie die Partner in der Trennungszeit miteinander Kontakt aufnehmen und ob sie sich sehen können. Alles, was die Kinder und die Finanzen anbetrifft, muss sorgfältig abgesprochen werden. Zudem vereinbaren wir die Termine für Stützpunkt-Paargespräche und für das

256 Vgl. Bericht 15, S. 76f.

257 Vgl. Bericht 34, S. 156f.

Abschluss-Gespräch am Ende der Trennungszeit. In diesem können sich die Partner für einen Neuanfang entscheiden – falls beide dazu bereit sind. Dieser wird besprochen, geplant und dann auch durch Paargespräche begleitet.

Ich habe ermutigende Erfahrungen gemacht mit vereinbarten Trennungszeiten. Bericht 33:

Seine Frau hatte immer wieder von einer Trennung gesprochen. Als es nun wirklich soweit kam, war das für Herrn L. ein Schock. Bei der Ausarbeitung der Vereinbarung für eine dreimonatige Trennungszeit sprachen wir auch darüber, in welchen Bereichen sich jeder persönliche Veränderung wünschte. Die Frau konnte mit einer Seelsorgerin daran arbeiten, die sie bereits kannte. Herrn L. bot ich Einzelgespräche mit mir an.

Das Erschrecken darüber, dass seine Ehe wirklich in Gefahr stand, führte bei Herrn L. zu einer hohen Motivation: Er wollte seine Haltung und sein Verhalten wirklich ändern. Wenn wir im Gespräch zu einer klaren Schlussfolgerung gekommen waren, sagte er jeweils: „Herr Engeli, das habe ich begriffen. Das werde ich von nun an tun!" Und so war es dann auch: Was er eingesehen und verstanden hatte, konnte er sofort umsetzen. Eine erstaunliche Fähigkeit! Nach drei Monaten war Frau L. wirklich überrascht: „Ich habe einen neuen Mann bekommen!" Es war so, die Veränderung von Herrn L. war echt und dauerhaft.

Der Versuch, eine Ehe durch eine vereinbarte Trennungszeit zu retten, gelang aber nicht immer. Bericht 34:

Sie hatten spät geheiratet. Der Mann war eine Art Privatgelehrter, ein guter Wissenschaftler und Büchernarr. Die Frau bestritt den Lebensunterhalt für die Familie als Ärztin. Sie hatten zwei Kinder, deren Erziehung vor allem der Mutter oblag. Als sie mich um Hilfe baten, war die Krise schon so weit eskaliert, dass ich sie als Notfall aufnehmen musste. Bald wurde mir klar: Die Ehe konnte nur noch durch eine vereinbarte Trennung gerettet werden. Die Frau war emotional völlig erschöpft. Ihre Praxis konnte sie mit letzter Anstrengung weiterführen; im Verlauf unseres Gesprächsblocks musste sie sie ganz schließen. Sie brauchte unbedingt eine Beziehungs-Pause, in der sie Distanz gewinnen, zu Kräften kommen und sich wieder selber finden konnte. Beide waren mit dem Vorschlag einer Trennung zur Eherettung einverstanden. Als es dann aber um die praktische Umsetzung ging, weigerte sich der Mann, das Haus der Frau und den Kindern zu überlassen; ohne seine

Bücher könne er nicht leben. Vor der Wahl, seine Ehe zu retten oder für eine gewisse Zeit auf seine Bibliothek zu verzichten, wählte er seine Bücher. Das verletzte die Frau so tief, dass sie in ihrer Erschöpfung und Hoffnungslosigkeit nur noch einen Ausweg sah: die Scheidung.

8.3. Einen Ehebruch aufarbeiten

Mit dem Thema „Ehebruch" war ich in meiner Tätigkeit immer wieder konfrontiert. Es war jedes Mal ein steiniger, intensiver und langer Weg, bis ein Ehebruch überwunden war. Wer miterlebt hat, wie viel Schmerz, Entwürdigung, Not und schwierige Konsequenzen oft für alle Betroffenen damit verbunden sind, versteht Gottes klares Wort gegen den Treue-Bruch in Maleachi 2,16: *Ich hasse es, wenn man sich scheidet, spricht der HERR.*

Schon in den Zehn Geboten drückt Gott seinen Willen unmissverständlich aus: *Du sollst nicht ehebrechen.*[258] Ehebruch bricht den Ehe-Bund. Als Bundes-Zeuge ist Gott direkt davon betroffen: ... *der HERR ist zum Zeugen geworden zwischen dir und der Frau deiner Jugend, an der du treulos gehandelt hast. Sie aber ist deine Gefährtin und die Frau deines Bundes!*[259] Im Neuen Testament macht Jesus klar, dass Ehebruch mit der inneren Haltung der Untreue beginnt: *Ich aber sage euch: Jeder, der eine Frau ansieht und sie begehrt, hat in seinem Herzen schon Ehebruch mit ihr begangen.*[260] Für den Treue-Bruch gibt es auch eine weibliche Variante.

Im Alten Bund wurde Ehebruch mit Steinigung bestraft. Im Neuen Bund bietet Gott den schuldig gewordenen Menschen den „Weg der Gnade" an. Den Männern, die an einer Ehebrecherin das Gesetz vollstrecken wollen, sagt Jesus: *Wer unter euch ohne Sünde ist, werfe als Erster einen Stein auf sie! Darauf legen die Männer ihre Steine nieder. Jesus wendet sich der Frau zu und sagt: Auch ich verurteile dich nicht. Geh, und sündige von jetzt an nicht mehr!*[261] Gott vergibt gerne; aber er erwartet eine klare Umkehr. Wie sieht der Weg der Gnade nach einem Ehebruch aus?

258 2. Mose 20,14.

259 Maleachi 2,14. Vgl. auch Kapitel 3.3.

260 Matthäus 5,28.

261 Johannes 8,7.11.

Ich habe eine komplexe Ehebruch-Situation ausgewählt, um den Weg zurück in Gottes Ordnung und in den Frieden aufzuzeigen. Bericht 35:

> *Ich hatte damals Gespräche mit drei Frauen aus derselben Gemeinde am Genfersee. Frau A. hatte sich als erste bei mir gemeldet; ich arbeitete mit ihr schon länger. Am Ende eines Gesprächs fragte sie mich unvermittelt: „Kann eine verheiratete Frau einen Freund haben?" Intuitiv erkannte ich, dass es um sie ging und um Ehebruch. Ich sagte klar: „Nein, Frau A.!" Sie begann zu argumentieren. Ich wiederholte: „Nein, Frau A.!" Damit entließ ich sie. Ich war entschlossen, die Gespräche mit ihr abzubrechen, falls sie auf ihrem Standpunkt beharrte. Im nächsten Gespräch gestand sie ihre Ehebruch-Beziehung. Ich hatte eine Vermutung: „Kenne ich den Mann?" – „Ja, Sie kennen ihn." – „Ist es Herr N. (der Mann einer der beiden anderen Frauen)?" – „Ja, es ist Herr N." Ein Schreck durchfuhr mich: Herr N. trug in seiner Gemeinde geistliche Verantwortung. Vor einigen Wochen hatte er mich angerufen und gefragt, ob sie als Ehepaar für Gespräche zu mir kommen könnten. Das vereinbarte Erstgespräch stand kurz bevor. Frau N. wusste sicher nichts vom Ehebruch ihres Mannes, sonst hätte sie mir ihre Not geklagt. Und Herr N. wusste nicht, dass ich alles erfahren hatte. Mit diesem Geheimnis konnte ich nicht in Paargespräche mit ihnen eintreten. Was sollte ich tun?*
>
> *Ich beschloss, Herrn N. im Erstgespräch die Möglichkeit zu geben, seine Situation von sich aus offenzulegen. Am vereinbarten Termin begann ich mit einem Einstieg zu dritt. Dann schlug ich vor, mit jedem seine Seite kurz persönlich zu klären. Um Herrn N. Zeit zu geben, schickte ich ihn ins Wartezimmer und sprach zuerst mit seiner Frau. Dann saß er mir gegenüber. Die Zeit verstrich. Es kam kein Geständnis. Nach einer Viertelstunde sagte ich: „Herr N., ich weiß, dass Sie im Ehebruch leben." Er wurde bleich. Dann legte er alles auf den Tisch: Er lebte mit den drei besten Freundinnen seiner Frau in einer sexuellen Beziehung; keine wusste von den zwei anderen. „Weiß Ihre Frau darum?" – „Nein! Sie würde zusammenklappen oder sich etwas antun." – „Ihre Frau muss die Wahrheit kennen. Sonst kann Ihre Ehe nicht gerettet werden. Was ans Licht kommt, kann heil werden." Er hatte große Angst vor diesem Schritt. Schließlich entschloss er sich aber, ihr bei einer geeigneten Gelegenheit alles zu gestehen. Ich wusste, dass für Frau N. eine Welt zusammenbrechen würde: „Sagen Sie Ihrer Frau dann, dass sie mich zu jeder Tages- und Nachtzeit zu Hause anrufen darf." Es ging nicht lange, bis ich sie schluchzend am Telefon hatte. Nun wartete harte und langwierige Arbeit auf uns …*

Der Weg der Gnade

Bevor wir uns am Beispiel von Ehepaar N. der Aufarbeitung eines Ehebruchs zuwenden, wollen wir den „Weg der Gnade“ kennen- und verstehen lernen. Er hat auch für andere Erfahrungen des Zerbruchs und des Scheiterns Gültigkeit. Die Abfolge seiner Stationen hat eine innere Folgerichtigkeit, die dem Weg entspricht, den unsere Seele gehen muss, um in den Frieden zu finden. Dieser Weg steht nicht nur dem „Täter“ offen, er kommt auch dem verwundeten und entwürdigten „Opfer“ zu Hilfe und ermöglicht ihm die Wiederherstellung und ein Leben im Frieden. Je nach der Situation und der Betroffenheit der Person (als „Täter“ bzw. „Opfer“) werden andere Stationen besonders wichtig. Der Weg der Gnade gestaltet sich für jede Person etwas anders aus.

Um diesen Weg tiefer zu verstehen, können Sie beim Lesen versuchen, die einzelnen Stationen auf die Situation von Bericht 35 zu übertragen. Versuchen Sie zu erkennen, welche Punkte für Herrn N. und welche für seine Frau besonders herausfordernd und wichtig geworden sein könnten. Hier die Abfolge der wichtigsten Stationen.[262]

1. Sich das Leiden, die innere Ruhelosigkeit, die Anklagen gegen andere und die Selbstvorwürfe eingestehen. Sich entscheiden, nicht darin sitzen zu bleiben, sondern sich auf den Weg zu machen, um mit Gottes Hilfe wieder in den Frieden zu finden.
2. Alles, was das Herz füllt (Not, Schmerz, Leiden usw.) vor Gott ausschütten und ihm überlassen.
3. Die Anklagen anderen Menschen gegenüber formulieren. Sich entscheiden, ihnen Punkt für Punkt zu vergeben, bis sie uns nichts mehr schuldig sind.
4. Sich der eigenen Schuld kompromisslos stellen; sie Gott bekennen. – Seine Vergebung empfangen. – Fürbitte tun für die Menschen, an denen wir schuldig geworden sind.
5. Gott um unsere innere Heilung und um Wiederherstellung bitten.
6. Uns bewusst gewordene falsche Grundhaltungen, lieblose Verhaltensweisen usw. ablegen. – Das Neue anziehen, das Gott uns anbietet.

262 Vgl. zu einigen Stationen den Artikel „Seelsorge an der eigenen Seele“ im Anhang.

7. Uns mit dem Vergangenen und seinen Konsequenzen versöhnen. Es hinter uns lassen. Uns für Neues öffnen und beginnen, auf Gottes Ziel hin zu laufen (vergleiche Philipper 3,13b–14.).
8. An unseren Entscheidungen und Schritten festhalten; ihnen treu bleiben; nicht mehr dahinter zurückgehen. Alles Neue, das sich in uns entwickelt, mit Dank „begießen".

Einige zusätzliche Hinweise legen die innere Folgerichtigkeit der Stationen offen:

Als erstes müssen unsere Emotionen zu Gott hin abfließen können: die Not, der Schmerz, die Auflehnung, die Wut, die Rachewünsche usw. Dann können wir uns dem Auftrag des Vergebens stellen. Wenn wir unsere Anklagen gegen eine Person formulieren, werden wir uns parallel auch unseres eigenen Versagens bewusst. Es braucht Entschiedenheit, um sich seiner Schuld dann ohne Umschweife und Ausflüchte zu stellen. Da uns Gott ja vergeben will, können wir sie ehrlich beim Namen nennen und Gott zum Beispiel unseren „Ehebruch" bekennen, statt von „einer unrechten Beziehung" zu reden. Je klarer jemand Gott seine Schuld bekennt, desto tiefer erlebt er die Befreiung durch Gottes Vergebung.

Jesu Worte in Johannes 8,11 zeigen, dass mit der göttlichen Vergebung (*ich verurteile dich nicht*) auch der Auftrag der Umkehr verbunden ist (*sündige von jetzt an nicht mehr!*). Wenn wir bereit sind, Buße zu tun und uns vom Unheilvollen abzuwenden, können wir mit Hilfe von Gottes Angebot „ablegen und anziehen"[263] Neues in Empfang nehmen.

Um den Weg der Gnade mutig und ganz zu gehen, braucht es Entschiedenheit (es gibt schwierige Wegstrecken – zum Beispiel den an uns schuldig gewordenen Menschen bedingungslos zu vergeben), Ehrlichkeit (Verzicht auf jede Schuldverschiebung – sich seiner Schuld eigenverantwortlich stellen) und Mut (die klare Abkehr vom dem, was wir als falsch erkannt haben). Falls eine betroffene Person es sich nicht zutraut, diesen Weg allein zu gehen, sollte sie einen seelsorgerlichen Menschen um Hilfe bitten, damit er sie von Station zu Station begleiten, sie zu klaren Entscheidungen führen, Zeuge ihrer Schritte sein und darüber wachen kann, dass sie das Ziel erreicht: Frieden!

263 Vgl. dazu Kolosser 3,8–12.

Die Aufarbeitung eines Ehebruchs

Wenn mir eine Person einen Ehebruch gestand, wusste ich, dass herausfordernde und Weisheit und Ausdauer verlangende Gespräche auf mich zukamen: zuerst in der Einzelarbeit mit dem schuldigen, dann mit dem verratenen Partner und schließlich in den Paargesprächen. Übersicht 11, „Die Aufarbeitung eines Ehebruchs“, fasst zusammen, welches die wichtigen Stationen der Einzel- und der Paararbeit sind. Wenn Sie diese mit dem „Weg der Gnade“ vergleichen, wird Ihnen die weitgehende Übereinstimmung auffallen.

Der Weg der Gnade steht den Menschen offen, die bereit sind umzukehren. Deshalb ist der endgültige Abbruch der Außenbeziehung eine wichtige Voraussetzung für die Aufarbeitung eines Ehebruchs. In der Einzelarbeit mit dem Schuldigen muss sichergestellt werden, dass die Außenbeziehung endgültig gelöst worden ist. Bericht 36:

> *In meiner Telefonzeit meldete sich ein Mann: „Ich lebe im Ehebruch; kann ich zu Ihnen kommen?“ Nach einem kurzen „Hören, was man droben sagt“,[264] fragte ich: „Haben Sie die Beziehung schon klar beendet?“ – „Nein.“ – „Dann können Sie nicht zu mir kommen.“ Auf der anderen Seite blieb es still. Nach einer längeren Pause fragte ich: „Wie lange brauchen Sie, um das zu tun?“ – Stille. – „Drei Wochen.“ – „Gut! Ich gebe Ihnen jetzt einen Notfall-Termin für in drei Wochen.“ Darauf ließ er sich ein. „Wir kommen in drei Gesprächen mit der Aufarbeitung durch – mehr kann ich Ihnen nicht anbieten –, wenn Sie bereit sind, hundert Prozent der Verantwortung für Ihr Handeln zu übernehmen.“ Ich war gespannt auf das erste Gespräch mit ihm.*
>
> *Als der Mann kam, hatte er die Beziehung wirklich abgebrochen. Er stellte sich seiner Schuld so ehrlich und ganz, dass wir den Ehebruch in wenigen Gesprächen aufarbeiten konnten. Da die andere Frau von ihm schwanger geworden war, stellte sich auch die Frage der finanziellen Folgen. In den anschließenden Paargesprächen willigte seine Frau ein, dass er dem unehelichen Kind ein Sparbuch anlegen konnte. Sie wurde bereit, die Folgen seiner außerehelichen Vaterschaft mitzutragen. Ein mutiger Schritt der Liebe!*

264 Nach Johann Christoph Blumhardt: Er „passt auf, was *man droben sagt*“.

Bericht 36 legt einige wichtige Punkte der Arbeit mit dem „Täter“ offen: Die Bereitschaft des Schuldigen, sein Handeln ohne Ausreden selber zu verantworten und dem Partner seine verletzenden Verhaltensweisen (sexuelle Verweigerung, verachtende Worte und Blicke, Nörgelei usw.) zu vergeben. Eine eigenverantwortliche Haltung des Täters ermutigt den verratenen Partner, auch seinerseits zu vergeben und die Folgen mitzutragen.

Eine schwierige Station, ohne die der Ehebruch nicht wirklich überwunden werden kann, ist die Buße des Täters. Sie führt zur Umkehr und zu einer inneren Haltungsänderung. Buße ist das heilsame Erschrecken über seinem Handeln, wie wenn man es plötzlich mit den Augen Gottes sehen würde. Bericht 37:

> *Als ich mit Herrn N. (Bericht 35) über die Notwendigkeit der Buße sprach, sagte er: „Es tut mir echt leid, dass ich meiner Frau soviel Schmerz und Not bereitet habe; aber das Erleben mit diesen Frauen war so schön…“ Wie konnte er zur Buße finden? Wir nahmen uns Zeit, dafür zu beten. Im nächsten Gespräch nahmen wir einen neuen Anlauf; wieder sagte er: „Ich kann es nicht ehrlich bereuen.“ Wie konnte er zur Buße finden? Ich wurde an das Wort in Johannes 16,8 erinnert, das die Reue als Werk des Heiligen Geistes umschreibt. Er war bereit, Gott um dieses Werk in ihm zu bitten. Als er dafür gebetet hatte, blieb er still wartend vor Gott. Plötzlich rief er aus: „Oh, wie schrecklich! Ich habe gesehen, was sich in den Ehebruchbegegnungen in der unsichtbaren Welt jeweils abgespielt hat: Ich habe Gott vor der ganzen unsichtbaren Welt gedemütigt. Es ist, wie wenn ich ihm jedes Mal eine Ohrfeige gegeben hätte. Das ist ja furchtbar!“ Ein heiliges Erschrecken hatte ihn erfasst: Gott war der am stärksten Betroffene; er hatte nicht nur seine Frau, sondern vor allem ihn verraten und Satan einen Triumph verschafft. Jetzt bereute er wirklich und konnte von Herzen umkehren.*

Nun aber zur Arbeit mit dem verratenen Partner. Die Vergebung dem Täter gegenüber ist der Schlüssel zur persönlichen Wiederherstellung. Wenn der Auftrag des Vergebens die menschliche Kraft übersteigt, kommt Gott uns gerne zu Hilfe. Bericht 38 (aus einer anderen Seelsorge-Situation):

> *Im ersten Ehejahr hatte Ehepaar B. eine hilfsbedürftige junge Frau aufgenommen. Jahre später, in einer tiefen Ehekrise, erfuhr Frau B. dann, dass ihr Mann sie während fünf Jahren mit der jungen Frau betrogen hatte. Wie konnte sie damit fertig werden? Frau B. suchte Hilfe, um die verlet-*

zende Erfahrung aufzuarbeiten. Der Prozess stockte, als es darum ging, ihrem Mann zu vergeben. Aus Erfahrung wusste ich, dass diese Etappe unumgänglich ist: Wer nicht vergibt, wird bitter, findet keinen Frieden und zerstört sich selber. Heute war schon das dritte Gespräch, in dem Frau B. es versuchte. Und wieder sagte sie unter Tränen: „Der Schweinekerl! Ich schaffe es nicht!" Was konnten wir tun? Ich schlug eine Zeit des hörenden Gebets vor. In dieser hatte ich einen bildhaften Eindruck: Herr B. stand etwa dreißig Schritte vor Jesus, der ihn mit seiner ganzen Barmherzigkeit und Liebe anblickte. Die Gnade, die er ausstrahlte, war wie ein Herrn B. einhüllender Lichtkegel. Ich verstand, dass das ein Angebot für Frau B. war: Stelle dich vor mich hin und tritt in meine Vergebungsbereitschaft ein. Dazu war sie bereit. Im Gebet stellte sie sich vor Jesus hin; sie trat in den Lichtkegel seiner Gnade ein. Als sie ihre Augen öffnete und ihren Mann mit dem Blick der Barmherzigkeit Jesu ansah, brach sie in Tränen aus: „Der arme Kerl!" Sie war mit Jesu Vergebungsbereitschaft beschenkt worden. Nun war der Weg des Vergebens offen.

Ein nächster wichtiger Schritt für den verratenen Partner ist die Erkenntnis über seinen Beitrag zum Ehebruch. Ohne diese Station kommt er nicht in den Frieden; er bleibt ein Leben lang in der Haltung des Opfers oder in einer überheblichen Selbstgerechtigkeit gefangen. Das Eingeständnis seiner Schuld und die Bereitschaft, falsche Haltungen abzulegen, öffnen den Weg für die Heilung der inneren Verletzungen. Die Wiederherstellung des verratenen Partners ist die Voraussetzung für einen echten Neuanfang in der Ehebeziehung.

Eine der größten Herausforderungen besteht in der Frage, wie der verratene Partner dem anderen wieder vertrauen kann. Bericht 39:

Seit sie vom Verrat ihres Mannes wusste, wurde Frau N. (Berichte 35 und 37) von einem tiefen Misstrauen ihrem Mann gegenüber geplagt. Sie musste sich ständig gegen den Wunsch wehren, alles von ihm wissen zu wollen und ihn zu überwachen. Ein kleiner Zettel mit einer unbekannten Telefon-Nummer löste einen großen Streit aus. Es war sehr demütigend für ihn. In einem Einzelgespräch darüber wurden Frau N. drei Dinge bewusst: „Das Ur-Vertrauen, das ich in die Geradheit meines Mannes gehabt habe, kann ich nicht wiederfinden; es ist für immer verloren. Er kann mein Vertrauen nicht verdienen; was er auch tut, ich werde immer wieder an seiner Ehrlichkeit zweifeln. Aber ohne dass ich ihm vertraue, kann unsere Beziehung nicht wiederhergestellt werden." Es gab nur eine Lösung: Sie musste sich dazu entschließen, ihrem Mann ihr Vertrauen neu und frei zu schenken und auf jede Kontrolle zu verzichten. Wie konnte sie diesen Sprung ins Leere wagen? Das Gott-Ehe-Dreieck zeigte ihr einen Weg auf: Ihrem Manne „untendurch" zu vertrauen, war eine Überforderung; sie merkte aber, dass es „obendurch" möglich werden könnte. Das wollte sie wagen; Gott konnte sie vertrauen. Sie gestand ihm ihre Unfähigkeit ein, ihrem Mann zu vertrauen. Sie dankte ihm dafür, dass ihm ihre Ehe wichtig sei und dass er das Herz ihres Mannes kenne und ihn zu lenken und über ihm zu wachen vermöge. Sie bat ihn, das Wächteramt über ihren Mann zu übernehmen. Nun fiel es ihr leichter, ihrem Kontrollbedürfnis und ihrem Misstrauen zu widerstehen. Sie konnte lernen, obendurch wieder Vertrauen zu schenken.

Und nun zur Paararbeit. Hier ergibt sich eine nächste Herausforderung: Der Ehe-Bund ist gebrochen worden. Wie kann er erneuert werden? Versprechen haben nur einmal Kraft; man kann den Bund nicht mit demselben Treueversprechen erneuern wie bei der Hochzeit. Bei einer meiner ersten Ehebruch-Situationen erinnerte mich Gott bei dieser Frage an die Geschenk-Position.[265] Diesen Weg habe ich dem Ehepaar dann auch vorgeschlagen und erlebt, dass diese Art der Bundes-Erneuerung für beide Partner zu einer tiefen Erfahrung werden kann. Dem zweiten Schritt im Gebet kam besondere Bedeutung zu: „Ich entlasse dich aus allen Forderungen und Ansprüchen. Du darfst deine Verantwortung ganz und allein vor Gott tragen." Für den verratenen Partner bedeutete das den Verzicht auf alle Kontrolle. Die Ehebund-Erneuerung durch die Geschenk-Position hat sich in meiner Arbeit immer wieder als guter Weg erwiesen.

Auch das gemeinsame Tragen der Konsequenzen des Ehebruchs muss in den Paargesprächen bearbeitet werden.[266] Bericht 40:

Im Gespräch mit Herrn und Frau N. über die Konsequenzen zeigte sich, dass Herr N. den unumgänglichen Schritt, alle Verantwortung in der Gemeinde abzulegen, bereits getan hatte. Frau N. empfand soviel Scham über dem Geschehenen, dass sie nicht mehr in die Gottesdienste gehen mochte; das Paar begann, eine neue Gemeinde zu suchen. Auch die Freundschaften mit den früheren Freundinnen der Frau und mit den drei Ehepaaren waren zer-

265 Vgl. Kapitel 5.5.

266 Vgl. auch Bericht 36, S. 161f.

brochen. Weil sich alles in ihrem Dorf abgespielt hatte, beschlossen sie, ihr Haus zu verkaufen und umzuziehen. Mit Ausnahme der Berufssituation von Herrn N. hatte das Geschehene ihr ganzes Leben umgekrempelt. Der Wille, sich mit den Folgen zu versöhnen und sich gemeinsam auf all das Neue einzulassen, schweißte das Paar fest zusammen.

Ohne eine sorgfältige und intensive Aufarbeitung mit jedem als Person und mit ihnen als Paar wäre das Wunder, das Herr und Frau N. erlebt haben, wohl nicht geschehen. Durch den „Weg der Gnade“ hat ihnen die Ehebruch-Situation zum Guten mitgewirkt. Die Verheißung von Römer 8,28 hat sich an ihnen erfüllt: Ihre Ehebeziehung war nach der Aufarbeitung tiefer, reicher und stärker als vorher. Damit das so bleiben kann, werden beide Partner den Mut und die Entschiedenheit brauchen, ihren Aufarbeitungs-Schritten treu zu bleiben.

8.4. Die Scheidung verarbeiten

Eine Scheidung bringt Enttäuschungen, verletzende Erfahrungen, Schmerz, Trauer über den Verlust, Scham über das Versagen, Auflehnung gegen die Ungerechtigkeit und oft auch Wut mit sich. Immer wieder habe ich von Betroffenen gehört: „Wenn ich damals alles gewusst hätte, hätte ich es nicht getan.“ Und ein „unschuldig“ geschiedener Mann, der von seiner Frau von einem Tag auf den anderen verlassen worden war, hat mir gesagt: „Man kommt nicht schuldlos durch eine Scheidung hindurch.“ Er hatte verstanden, dass auch er zum Zerbruch beigetragen hatte. Nach einer Scheidung steht beiden Partnern zum Aufarbeiten des Scheiterns der Weg der Gnade offen. Unverarbeitete Scheidungen lassen oft ruhelose, gebrochene und verbitterte Menschen zurück.

Die Aufarbeitung einer Scheidung ist ein langer, schwerer und herausfordernder Weg. Übersicht 12 zeigt wichtige Stationen auf. Es ist aber ratsam, ihn mit einem seelsorgerlichen Menschen als Begleiter und Ermutiger zu gehen. Auch hier geht es wieder darum, in Gottes Ordnung und in den Frieden zurückzufinden, zu dem Gott uns berufen hat. Aufgrund des bereits über den „Weg der Gnade“ Gesagten genügen hier einige spezifische Hinweise als Ergänzung zu Übersicht 12.

Der Vergebung kommt wieder eine Schlüsselrolle zu, sowohl dem Vergeben dem Partner gegenüber, als auch dem Empfangen der Vergebung für die eigene Schuld. Dem Partner seine ganze Schuld zu vergeben, ist für die verlassene Person ein großer und mutiger Schritt. Bericht 41:

N. war die Freundin einer unserer Töchter. Vor wenigen Jahren waren wir zur kirchlichen Trauung eingeladen gewesen. Nun war das Paar bereits gerichtlich getrennt, und der Scheidungstermin stand fest. Die junge Frau suchte Hilfe, um ihr Erleben aufzuarbeiten. Als es in den Gesprächen um die Vergebung dem Partner gegenüber ging, sprachen wir zuerst darüber, dass „vergeben" bedeutet, eine Person so aus unseren Anklagen zu entlassen, dass sie uns nichts mehr schuldig ist. „Das heißt also", sagte N., „dass ich bei der Scheidung dann auf jede Forderung D. gegenüber verzichten würde." – „Ja, eigentlich schon." – Stille. – „Willst du nicht damit warten bis nach der Scheidung, N.?" Sie überlegte. Dann sagte sie entschieden: „Nein, den Frieden, den ich dadurch finden werde, den will ich jetzt." – „Bist du ganz sicher?" – „Ja, ich will D. vergeben!" Wir begannen mit einer ausführlichen Anklage. Als sie Punkt für Punkt vergeben hatte, fragte ich sie: „Hast du D. aus aller Schuldigkeit entlassen? Kann er frei gehen? Brauchst du wirklich nichts mehr von ihm?" Sie bejahte. Sie war im Frieden.

Nach dem Gerichtstermin berichtete N.: „Es war eine super Erfahrung. Ich konnte wirklich auf jede Forderung D. gegenüber verzichten. Aber der Richter hat sich mit ganzer Kraft für meine Rechte eingesetzt ..."

Auch für den Partner, der die Hauptschuld am Scheitern der Ehe trägt, ist das Bekennen der Schuld und das Empfangen der Vergebung Gottes Schlüssel-Angebot. Um es anzunehmen, braucht der „Täter" die Bereitschaft, sich seiner Schuld ehrlich zu stellen und umzukehren.[267] Je tiefer das Verständnis dafür ist, dass Jesus seine Schuld am Kreuz getragen und die Strafe stellvertretend auf sich genommen hat, desto größer ist die Dankbarkeit für die Vergebung. Diese anzunehmen bedeutet, sich nun auch selber als schuldfrei, gewaschen und gerechtfertigt zu sehen. Wenn das nicht voll und ganz geschieht, kommt der „Schuldige" oft nicht in den Frieden und bleibt eine geknickte, in Selbstvorwürfen gefangene Person, deren Leben sich nicht mehr entfaltet.

Nach der Scheidung stellt sich für den verratenen Partner die Frage, ob er nun frei ist, wieder zu heiraten. Wenn es aufgrund eines Ehebruchs zur Scheidung gekommen ist, ist das der Fall.[268] In meiner Tätigkeit bin ich aber immer wieder

267 Vgl. für diesen Punkt das beim Ehebruch dazu Gesagte.

268 Vgl. die Aussage von Jesus in Matthäus 5,32: *... es sei denn wegen Unzucht* (LUT). Gottes Gnade kommt dem verratenen Partner entgegen: Er ist nicht mehr „gebunden".

Personen begegnet, vor allem Frauen, die ihrem Eheversprechen und dem früheren Ehepartner auch nach der Scheidung treu bleiben wollten.[269] Mit dieser mutigen Entscheidung hatten sie einen herausfordernden Weg gewählt, für den sie in ihrer Umgebung oft wenig Verständnis und Unterstützung fanden. Ich habe mehrere Frauen darin begleitet und sie ermutigt, solange an ihrem frei gewählten Entschluss festzuhalten, wie sie es ehrlich tun konnten. Wer sich für die einseitige Treue entscheidet, folgt Gottes Beispiel. Denn für ihn gilt: *Werden wir untreu, so bleibt er doch treu.*[270] Wer so handelt, macht Gott Ehre und wird dadurch gesegnet. Mehrere geschiedene Frauen, die ich bei der Aufarbeitung der Scheidung und in die neue Lebensphase hinein begleitet habe, sind auf diesem Weg zu freien, starken, entfalteten Personen geworden.

8.5. Die Zweitehe

Es gibt kein Anrecht darauf, in einer Ehe zu leben; es ist ein Geschenk Gottes. Es gibt auch kein Recht auf eine „zweite Chance“ nach einer misslungenen ersten Ehe. Um sich mit der Frage einer Wiederverheiratung in Frieden auseinandersetzen zu können, sollten die erste Ehe und die Scheidung sorgfältig aufgearbeitet worden sein. Menschen, die sich nach der Scheidung sofort in eine neue Ehe flüchten, nehmen alles mit, was in der ersten Ehe zum Scheitern beigetragen hat, und stürzen auf den nächsten Abgrund zu. Sich dem Leben allein während einiger Jahre zu stellen, stärkt und festigt sie als Person und ermöglicht ihnen eine klare Entscheidung bezüglich einer Wiederverheiratung. Es gibt manchmal auch gute Gründe dagegen!

Nach der Aufarbeitung des Scheiterns in der ersten Ehe kann Gott Menschen, die sich danach sehnen, mit einer neuen Ehe beschenken. Wie kann man wissen, ob er das tun möchte? Hier ein Beispiel aus meiner Arbeit. Bericht 42:

> *Durch M., eine Französin, die ich seelsorgerlich begleitete, hatte der Kanadier den Weg an die Beratungsstelle gefunden. Während unserer Gespräche entwickelte sich seine Beziehung zu M. immer klarer in Richtung Ehe. G. entstammte einer katholischen Familie und war geschieden. Nun stellte er*

269 Vgl. dazu Bericht 24, S. 117f.

270 2. Timotheus 2,13.

sich die Frage: „Darf ich überhaupt wieder heiraten?“ Ich sprach mit ihm über Gottes Gnade, die ihm eine neue Ehe schenken könne. „Wie kann ich erkennen, ob er das will?“ Ich schlug ihm eine Zeit im Hören auf Gott vor. Im anschließenden Austausch gewann G. eine klare Überzeugung: „Ich habe verstanden, dass ich zu meiner früheren Frau fahren und sie fragen soll, ob unsere Ehe wiederhergestellt werden kann. Wenn sie das verneint, kann ich M. heiraten.“

G. nahm mit seiner früheren Frau Kontakt auf und besuchte sie. Ihre Antwort war sehr klar. Sie lachte G. geradezu aus: Zurück in die erste Ehe? Nein, das komme für sie nicht in Frage. Er sei frei; er solle nur heiraten. G. hatte eine klare Antwort. Nun konnte er M. einen Heiratsantrag machen. Sie gab ihm ihr Jawort.

Zweitehen sind anders. Je schwieriger die erste Ehe war und je länger sie gedauert hat, desto stärker ist die geschiedene Person nachher durch Vorsicht, Schutzmechanismen und Befürchtungen geprägt. Sie wird den Mut wohl nicht wieder finden, sich so voll und ganz in die Ehe hineinzugeben wie beim ersten Mal. Deshalb sind Zweitehen oft geprägt durch eine gewisse Distanz, Zurückhaltung und Höflichkeit zwischen den Partnern; es fehlt ihnen an der spontanen, ganzen Hingabe. Wenn die erste Ehe nur wenige Jahre gedauert hat und aufgearbeitet worden ist, zeigt sich das Merkmal der „gebrannten Kinder“ weniger. Auch verwitwete Partner mit einer glücklichen ersten Ehe sind weniger vorbelastet.

Das erweiterte Dreieck

Was wir bisher über die Ehe gesagt haben, gilt auch für eine Zweitehe; alle Konzepte haben Gültigkeit. Zu den Herausforderungen einer „normalen“ Ehe kommen in einer Zweitehe aber einige zusätzliche Knackpunkte hinzu.

Die Besonderheit der Zweitehe besteht in den ein bis zwei Beziehungsdreiecken, die dem neuen Gott-Ehe-Dreieck angegliedert sind. Dies bringt Abbildung 15 zum Ausdruck. Die neue Ehe hat klaren Vorrang vor den Außen-Dreiecken, auch wenn die Zweitehe-Partner Kinder und die damit verbundenen Verpflichtungen in die neue Ehe einbringen. Ihre Aufgaben als Vater- bzw. Mutter bringen es mit sich, dass die Beziehung mit dem früheren Partner oft nicht ganz abgebrochen werden kann: Die Kinder betreffende Entscheidungen müssen gemeinsam gefällt und finanzielle Fragen geklärt werden; bei Geburtstagen, der Konfirmation, bei der Hochzeit eines Kindes und anderen Festen begegnet man sich wieder. Es kommt immer wieder zu Kontakten. Wie können die neuen Ehepartner mit dieser Gegebenheit umgehen, ohne dass jedes Mal ein großer Konflikt ausgelöst wird oder eine Eifersuchts-Szene losbricht?

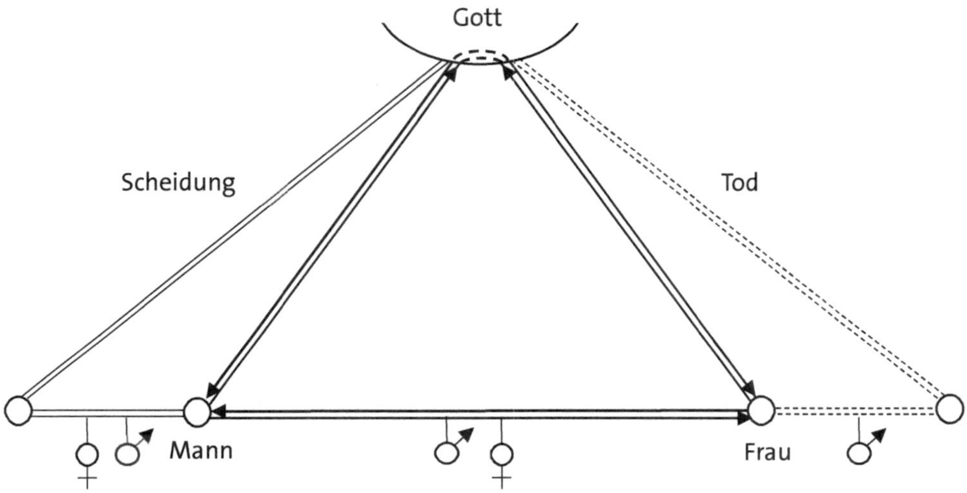

Abb. 15: Das erweiterte Dreieck

Die Lösung besteht in der Beachtung einer einfachen Regel: Alle Verpflichtungen aus den früheren Ehen, welche das Zweitehe-Paar in Freiwilligkeit und Solidarität in seine Beziehung aufnimmt, werden zum verbindenden Kitt. Wenn ein Partner oder beide nicht dazu bereit sind, sich mit den Gegebenheiten zu versöhnen und den Partner in seinem Auftrag zu unterstützen, werden diese Verpflichtungen zum spaltenden Keil. Das zeigt Bericht 43:

> *Herr W. war von seiner Frau verlassen worden. Als Architekt war er „eine gute Partie“. Trotzdem blieb er mehrere Jahre allein. Schließlich heiratete er eine ledige ältere Lehrerin. Die Ehe blieb kinderlos. Die Beziehung erwies sich als schwierig, auch weil die bei der Mutter lebenden Kinder des Mannes ihre „Stiefmutter“ nicht mochten und diese die zwei „Bälge“ verabscheute. Sie suchten Hilfe. Die Beziehung von Herrn W. zu seinen Kindern führte oft zu Eifersuchtsszenen („Für die hat er Zeit; für mich, seine Frau, aber nicht.“) und zu Streit wegen des Geldes („Was er denen gibt, wird mir später dann einmal fehlen.“). Der Plan des Mannes, seine Kinder, die in Übersee lebten,*

längere Zeit zu besuchen, löste einen Erdbeben-Konflikt aus. In ihrer Eifersucht verbot ihm seine Frau, Geschenke für seine Kinder zu kaufen. Sie wollte festlegen, wie viel Geld die Reise kosten dürfe. Ich erinnere mich an die Not dieses Mannes: Er liebte seine Kinder, und die Beziehung mit ihnen bedeutete ihm sehr viel. Er wollte nicht zwischen seinen Kindern und seiner Frau wählen müssen; er liebte beide und fühlte sich beiden verpflichtet. Die Gespräche um diesen Konflikt waren herausfordernd ... Es war nicht einfach, die therapeutische Regel der Unparteilichkeit einzuhalten. Der Mann fand schließlich den Mut, Gott und seinem Herzen mehr zu gehorchen als seiner Frau, und seinen Plan zu verwirklichen. Das verschaffte mir die Gelegenheit, mit der Frau einige Einzelgespräche zu führen ...

Herausforderungen der Zweitehe

In einer Zweitehe sollten sich beide Partner der neuen Realität bewusst sein. Sie leben nur in einer Ehe, der neuen. Die früheren sind aufgelöst worden. Die neue Ehebeziehung hat Vorrang gegenüber den Beziehungen zu den Kindern aus erster Ehe; aber die Partner brauchen einen Weg, wie sie ihre Verpflichtungen im Einverständnis und mit Unterstützung des anderen erfüllen können. (Vergleiche die obige Regel.)

Beispiel 43 macht eine weitere Herausforderung deutlich: In einer Zweitehe ist man auch mit der Geschichte verheiratet, die zum Partner gehört. Wenn man diese nicht annehmen kann, sollte man ihn nicht heiraten. Der Stachel der früheren Ehen kann nur so entfernt werden, dass beide sich auch mit dem versöhnen, was der oder die andere in der ersten Ehe erlebt hat. Das beinhaltet letztlich auch, dem früheren Partner des anderen zu vergeben und ihn so anzunehmen, wie er ist. Ohne dass beide zum Geschehen in den früheren Beziehungen ein Ja finden, kommt kein Friede in die neue Ehe.

Ein häufiger Konfliktpunkt ist die Beziehung zu den Kindern des anderen aus erster Ehe. Kinder wollen keine Scheidung; sie wünschen sich (mit wenigen Ausnahmen), dass sich ihre Eltern vertragen und sich lieben. Sie wollen eine Beziehung zu Papa und zu Mama haben dürfen; sie kommen mit beiden zurecht; sie wollen nicht wählen müssen, wen sie lieber haben. Der neue Mann von Mama ist für sie ein Stachel; sie geben ihm oft eine Mitschuld am Scheitern der elterlichen Ehe. Und zu der neuen Frau von Papa werden sie nie „Mama" sagen. (Sie ist es ja auch nicht!). Die Zweitehe-Partner sollten das unrealistische Ziel fahren lassen, mit den

Kindern aus den früheren Ehen wieder eine „heile Familie“ bilden zu wollen. Sie sind keine „normale Familie“, und sie werden es nie sein.

Die Situation einer Patchwork-Familie mit Kindern aus mehreren Ehen im selben Haushalt (vergleiche Abbildung 15) stellt die „Haus-Eltern“ vor herausfordernde Aufgaben. Was möglich werden sollte, sind die Einhaltung einiger Regeln, die ein geordnetes Zusammenleben erlauben, und der Respekt aller Kinder dem „Haus-Vater“ und der „Haus-Mutter“ gegenüber. Wenn sich die „Haus-Eltern“ ihrer schwierigen Aufgabe solidarisch stellen, wird ihre Ehe dadurch gestärkt. Und wenn sie immer wieder um kreative Lösungen ringen und bitten und im hörenden Gebet Gottes Rat suchen, kann Frieden in die an sich für alle überfordernde Situation kommen. Von Gott her kann das Wunder geschehen, dass die Patchwork-Situation allen zum Segen gereicht.

Wenn sich das Zweitehe-Paar den Herausforderungen bewusst und mutig stellt, kommt Gott ihnen zu Hilfe. Zweitehen sind zwar anders, aber sie können gelingen und ebenso glücklich werden wie Erst-Ehen. Die Dankbarkeit für die geschenkte zweite Chance kann das Glück der Partner noch vermehren. Ich kenne sehr glückliche und entfaltete Zweitehe-Paare. Gott sei Dank!

Und nun, liebe Leserin, lieber Leser, schreiben Sie sich auf, was Ihnen in den letzten Kapiteln besonders wichtig geworden ist. Wie hat Gott Sie ermutigt, herausgefordert oder aus einer falschen Bahn zurückgerufen? Gibt es Entscheidungen, die Sie nun treffen sollten? Worüber möchten oder sollten Sie sich mit Ihrem Ehepartner austauschen? Und wofür wollen Sie mit ihm zusammen Gott danken? Aus der Lektüre dieser Kapitel soll Frucht entstehen, die bleibt.

9. LOB DES EHE-ALLTAGS

Noch bevor ich geboren war, sahen mich deine Augen,
in deinem Buch war alles verzeichnet, die Tage waren schon geformt,
als noch keiner von ihnen da war. (Psalm 139,16)

Jesus sagt: ... Ich bin bei euch alle Tage bis an der Welt Ende. (Matthäus 28,20)

Am Anfang schuf Gott Tag und Nacht. Die Portionierung der Zeit ist einer der weisesten Gedanken Gottes. Jeder Tag ist ein von Gott im Voraus geformtes Ganzes. Dem Leben im Heute misst Gott große Bedeutung zu. Jeden Morgen erwartet uns seine Gnade: *All Morgen ist ganz frisch und neu des Herren Gnad und große Treu.*[271] Jeder neue Tag ist wie ein neuer Anfang und ein von Gott für uns gestaltetes Geschenk.

Wir brauchen über das Heute hinaus aber auch Kontinuität; etwas, das die einzelnen Tage miteinander verbindet. Das „alle Tage" von Matthäus 28 ist wie ein in die Zukunft weisender, durch alle kommenden Tage gelegter roter Faden; es schafft eine Perspektive. Jesus kennt unsere Tage, er wird bei uns sein und uns tragen.[272] Auch unser Alltag mit seinen gewohnten Abläufen und Ritualen bewirkt Kontinuität und verbindet die Tage miteinander. Er ist wie eine Schnur, auf der unsere Tage wie Perlen aufgereiht sind.

Der gemeinsame Ehe-Alltag ist einerseits durch gegebene Abläufe und Gewohnheiten und andererseits durch spontane Entscheidungen und Handlungen geprägt. Sie bestimmen das „Klima" des Miteinanders in der Ehe und in der Familie. Im

271 Morgenlied von Johannes Zwick (um 1541). Die erste Strophe: *All Morgen ist ganz frisch und neu des Herren Gnad und große Treu; sie hat kein End den langen Tag, drauf jeder sich verlassen mag.*

272 Vgl. Jesaja 63,9.

Alltag kommt die eigentliche Qualität unserer Beziehungen zum Ausdruck. Unser alltägliches Verhalten wird von der Gesinnung, der Grundhaltung unseres Herzens, geprägt. Hier setzt Gottes Wirken zu unserer Veränderung an. Er führt uns schrittweise in die zur neuen Schöpfung gehörende Gesinnung hinein; wir dürfen sie uns schenken lassen: *Lasst euch eine neue Gesinnung schenken. ... Ihr wisst dann, was gut und vollkommen ist und was Gott gefällt.*[273] Gott nutzt den Alltag, um uns auf sein Ziel hin wachsen zu lassen.

9.1. Im Heute leben

Gott ist der ganz Gegenwärtige. Das von ihm für uns vorbereitete Leben geschieht heute. Heute leben wir, heute will er uns begegnen, im Heute mit uns sein, im Heute unser Herz ansprechen, im Heute in und durch uns wirken. Gott ist aber auch der Ewige. Er hat unser Leben auf eine Zukunft hin angelegt. Gottebenbildlichkeit bedeutet, dass die meisten Menschen sich eigentlich danach sehnen, ganz im Heute leben zu können, sich aber auch nach Wachstum ausstrecken und sich ein zielgerichtetes Leben wünschen.

Im Motto aus Psalm 139 wird jeder Tag als ein eigenes Ganzes umschrieben. Gott hat ihn im Voraus geformt wie ein Töpfer ein Gefäß. Und doch lässt er uns die Freiheit, ihn so zu gestalten, wie wir wollen. Ein Bild, das mir dazu eingefallen ist: Jeder neue Tag ist wie ein unberührtes Schneefeld. Gott hat die Spur in meiner Schrittlänge schon gelegt; in ihr zu gehen, ist wenig beschwerlich; wenn ich ihr folge, komme ich ans Ziel des Tages. Ich darf aber auch meine eigene Spur legen; das wird mehr Kraft erfordern; und ich gehe das Risiko ein, mich zu verlaufen. Wenn ich Gottes Spur folge, begeben sich die Dinge, eines nach dem anderen; der Tag entfaltet sich Schritt um Schritt vor mir.

Ich freue mich über Gottes Realismus. Er weiß, dass unser Leben kein Spaziergang ist. In der Bergpredigt rät Jesus den Jüngern: *Sorgt euch… nicht um den morgigen Tag, denn der morgige Tag wird für sich selber sorgen. Jeder Tag hat genug an seiner eigenen Last.*[274] Gott hat die *Plage*, die zu jedem Tag gehört, bemessen. Er rät uns, sie durch Sorgen nicht unnötigerweise zu vergrößern. Auch für die Freude, das Schöne und das Wohltuende hat er das Maß für heute bestimmt. Er weiß, wie

273 Römer 12,2; GN.

274 Matthäus 6,34. *Last* kann auch mit *Plage* (LUT), *Übel* (ELB) übersetzt werden.

viel von jedem wir brauchen bzw. ertragen können; er kennt unsere Kraft und unsere Grenzen.

In meiner Seelsorge-Arbeit bin ich Menschen begegnet, die eigentlich nie leben: Entweder sind sie im Heute mit dem beschäftigt, was sie in ihrer Vergangenheit erlebt oder verpasst haben; oder sie werden durch die Angst vor dem bestimmt, was vor ihnen liegt oder liegen könnte. Gott will uns dazu befähigen, voll und ganz im Heute zu leben. Wie können wir unser Heute vor dem schützen, was von Gott her nicht zur „Plage dieses Tages“ gehört und uns am vollen Leben hindert?

Zu dem, was hinter uns liegt, sagt Gott: *Denkt nicht an das, was früher war, und was vormals war – kümmert euch nicht darum. Seht, ich schaffe Neues, schon sprießt es, erkennt ihr es nicht? Ja, durch die Wüste lege ich einen Weg und Flüsse durch die Einöde.*[275] Und Paulus sagt von sich selber: *Was zurückliegt, vergesse ich und strecke mich aus nach dem, was vor mir liegt.*[276] Diese Texte ermutigen uns dazu, uns mit dem zu versöhnen,[277] was hinter uns liegt, und es Gott anzuvertrauen. So können wir es auf gute Weise vergessen und im Heute ganz da sein. Auch das Zukünftige, das uns Sorgen bereiten will, sollen wir Gott anvertrauen: *Alle eure Sorge werft auf ihn; denn er sorgt für euch.*[278] Unser Vertrauen zu Gott und in sein Für-uns-Sorgen gibt uns Frieden für das Leben im Heute.

Im Wechsel von einem Heute zum nächsten schafft das, was ich mit „Alltag“ meine, einen kräftesparenden Rahmen und bewirkt Kontinuität. Die guten Gewohnheiten und Rituale des Alltags – so etwa wann ich aufstehe und wie ich die Zeit vor dem gemeinsamen Frühstück mit meiner Frau gestalte – geben unseren Tagen eine Form und strukturieren ihren Ablauf. Gute Gewohnheiten ersparen uns Zeit und Kraft, die dann für die von Gott fürs Heute vorgesehenen Werke zur Verfügung stehen. In einer neuen Lebenssituation strecke ich mich jeweils danach aus, so schnell wie möglich wieder eine den Tag strukturierende Ordnung zu finden.

Gelingt es Ihnen, liebe Leserin, lieber Leser, Ihre Tage voll und ganz im Heute zu leben? Vielleicht hat Sie die Freude am Heute gepackt, und Sie haben beim Lesen

275 Jesaja 43,18–19.

276 Philipper 3,13.

277 Vgl. die Begriffserklärung zu „Versöhnung“ im Anhang.

278 1. Petrus 5,7; LUT.

entdeckt, wie Sie Ihren Tagesablauf klarer ordnen und Ihr Heute besser vor unnötigen „Plagen“ schützen können. Gott gebe Ihnen Gelingen beim Umsetzen!

9.2. Die Grundhaltung bestimmt den Alltag

Unser Alltagsverhalten ist einerseits durch feste Abläufe und Gewohnheiten bestimmt, und andererseits durch spontane Reaktionen auf das, was geschieht oder gesagt wird. Was steuert unser spontanes, oft kaum überlegtes Verhalten? Jesus sagt dazu: *Der gute Mensch bringt aus dem guten Schatz Gutes hervor, und der böse Mensch bringt aus dem bösen Schatz Böses hervor.*[279] Beim Schatz des Herzens geht es um *die Gesinnung des Herzens,*[280] das heißt um unsere Grundhaltung.[281] Hier ist er in uns am Werk.

Gott verändert uns

Gott hat einen Plan für das Wachstum unserer Person. Sein Ziel ist, dass wir *in allen Stücken hinwachsen zu ihm, der das Haupt ist, Christus.*[282] Er hat uns *im Voraus dazu bestimmt, nach dem Bild seines Sohnes gestaltet zu werden.*[283] Dabei geht es Gott vor allem um die Ähnlichkeit in der Gesinnung. Auf dieses Ziel hin wirkt er in uns, auch im Alltag. Der Impuls für einen nächsten Wachstums-Schritt kommt jeweils von Gott. Wenn wir uns darauf einlassen, beginnt so etwas wie ein Pingpong-Spiel: Solange wir Gottes Anstöße aufnehmen (den Ball zurückspielen), geht der Prozess weiter.[284] Der folgende Bericht zeigt, wie ich selber Gottes Wirken an mir im Alltag immer wieder erlebe. Zum besseren Verständnis des Zusammenspiels zwischen Gott und uns Menschen können Sie meinen Bericht mit Übersicht 13 vergleichen. Bericht 44:

279 Matthäus 12,35; ELB.

280 Hebräer 4,12; ELB.

281 Zum Zusammenhang von Grundhaltung bzw. Gesinnung und Verhalten, vgl. Abbildung 13.

282 Epheser 4,15.

283 Römer 8,29.

284 Vgl. Übersicht 13 „Gott wirkt Wachstum“.

Ich fuhr mit dem Fahrrad zur Beratungsstelle. Der Radweg senkte sich zum Fluss hinunter. Da wurde ich an ein Gespräch erinnert, das ich vor kurzem geführt hatte. Und dann hörte ich in mir: „Wenn du so reagierst, Manfred, so ist das Stolz." – Ich hatte eine andere Begründung für mein Verhalten. – „Es ist Stolz, Manfred!" – „Bist du sicher?" – „Es ist Stolz!" – Ich erinnerte mich an ähnliche Situationen: „Du hast recht: Es ist Stolz." Und jetzt? Aus meiner seelsorgerlichen Tätigkeit wusste ich, was ich nun tun konnte. Ich bat Gott um Vergebung für die Haltung des Stolzes und darum, dass er es an den Personen, die ich damit verletzt hatte, wieder gut machen möge. Ich entschloss mich, diese Haltung abzulegen. Dafür wählte ich einen radikalen Weg: Ich nagelte meinen Stolz an Jesu Kreuz. („Eine Kreuzigung hat noch keiner überlebt", sagte ich mir.) Als neue Haltung zog ich „Barmherzigkeit" an. Ich dankte Gott für die neue Gesinnung und war gespannt, was ich nun erleben würde. Als ich bei der Beratungsstelle ankam, war der ganze Prozess abgeschlossen. Ich konnte mich ganz auf die Gespräche einlassen.

Zwei, drei Nächte später hatte ich einen Traum, der mich sehr freute: Ich war wieder in einer ähnlichen Beziehungs-Situation. Aber ich wusste: Der Stolz ist abgestorben; ich kann gar nicht mehr so reagieren. Und die Haltung der Barmherzigkeit kam spontan zum Tragen. Die neue Gesinnung hatte in mir Raum gewonnen, bis in die Tiefen meiner Person hinab.

Bei der Lektüre des Buches haben Sie sicher die Erfahrung gemacht, dass Gott Ihre persönliche Veränderung am Herzen liegt. Wie haben Sie sein Wirken in Ihnen bisher erlebt? Erkennen Sie eine Ähnlichkeit mit dem, was in meinem Bericht und in Übersicht 13 zum Ausdruck kommt? Sie können Gott bitten, von nun an auch das Alltags-Geschehen für Ihr Wachstum als Person zu nutzen. Unsere Veränderung durch Gottes Wirken bewusst zu erleben, ist eine faszinierende Erfahrung.

Die Grundhaltung

Wie bereits gesagt: Die Qualität unserer Ehebeziehung wird durch die Art bestimmt, wie wir sie im Alltag leben; und unser alltägliches Verhalten entspringt unserer Grundhaltung. Beide – unser Beziehungsverhalten und unsere Grundeinstellung – werden auch durch unser Eheverständnis bestimmt. Wie hat sich Ihr Eheverständnis durch die Lektüre des Buches verändert? Und wie Ihre Grundhaltung? Wenn Sie sich etwas Zeit nehmen, können Sie aus dem, was Ihnen beim Lesen des Buches wichtig geworden ist, die Grundeinstellung formulieren, aus der heraus Sie Ihre Ehe nun eigentlich leben möchten. Vergleichen Sie Ihre Schlussfolgerungen dann mit dem, was für mich die vier Eckpfeiler der anzustrebenden Grundhaltung sind:

1. Gott als mein wichtigstes Gegenüber[285]

Gott ist die Person, mit der ich die tiefste Beziehung habe. In diese Sohn-Vater-Beziehung will ich jeden Morgen bewusst eintreten. Sie soll mich auf den Tag einstimmen, den Gott für mich vorbereitet hat. Im Tagesgeschehen versuche ich, das innere Zwiegespräch mit ihm aufrecht zu erhalten, „on-line" zu bleiben. Vor ihm trage ich die Verantwortung für mein Sein, Fühlen, Denken und Handeln. Alles, was ich tue, soll mit ihm und für ihn geschehen. Jesus nachfolgen bedeutet, meine Beziehung zu Gott so leben, wie er;[286] das ist der Lebensstil der Sohn- bzw. Tochterschaft. Er führt mich in die *herrliche Freiheit der Kinder Gottes,*[287] aus der heraus ich auch die Beziehung zu meiner Frau leben will.

2. Meinen Platz im Gott-Ehe-Dreieck einnehmen[288]

Im Gott-Ehe-Dreieck hat jedes einen ihm zugewiesenen Platz (vergleiche Abbildung 4). Ich will den meinen bewusst einnehmen, ganz ausfüllen und ihn nicht verlassen. Diese Haltung ist mit dem Bewusstsein verbunden: Ich bin verheiratet! Ich habe meine Frau gewählt und bin mit ihr in einen verbindlichen Bund eingetreten. Ich gehöre zu meiner Frau, und sie gehört zu mir. Gott sieht uns zusammen als ein Ganzes; sie ist „meine Hälfte". In meinem Herzen kommt sie direkt nach Gott. Ich will sie lieben und mit ihr leben. Es ist mir wichtig, die „Grenze Null" der Treue einzuhalten. Geschäftsleuten, die häufig auf Auslandreisen gingen, habe ich geraten: „Nehmen Sie Ihre Frau innerlich überallhin mit; und behalten Sie sie immer bei sich!"

---

285 Zur persönlichen Gottesbeziehung, vgl. Kapitel 3.5., 4.1. (Beziehungs-Formel – Freiheit), 5.4. (Den Ehepaar-Glauben aufbauen) und 8.1. (Gottesbeziehung und Selbstdisziplin) sowie die Berichte 4, S. 40, und 7, S. 47.

286 Vgl. Johannes 5,17.19–20.

287 Römer 8,21.

288 Vgl. zu diesem Thema die Kapitel 3.1., 3.4. und 4.1. (Zuwendung) und Bericht 32, S. 153.

3. Mich dem Auftrag der Liebe stellen[289]

Liebe ist die einzige Schuldigkeit dem Partner gegenüber: *Seid niemand irgendetwas schuldig, als nur einander zu lieben!*[290] Gemeint ist die Liebe, wie Gott liebt, die unabhängige Liebe. Der Partner kann und muss sie nicht verdienen; sie ist ein freies Geschenk. Ich habe mich entschieden, diesen Auftrag anzunehmen. Paulus umschreibt ihn als etwas völlig Natürliches: *Wer seine Frau liebt, liebt sich selbst. Denn noch nie hat jemand sein eigenes Fleisch gehasst, nein, jeder nährt und pflegt es.*[291] Durch die neue Schöpfung will Gott mich dazu befähigen.[292] Und so erlebe ich, dass diese Liebe immer wieder einfach da ist, ohne dass ich mir Mühe gebe.

Zum Auftrag der Liebe gehört die Bereitschaft, jeden Konflikt umgehend persönlich zu bereinigen. Dabei hilft mir das Wort eines älteren Professors der Psychopathologie: „Meine Damen und Herren, gehen Sie davon aus, dass das, was eine Person jeweils tut, die beste Möglichkeit ist, die sie jetzt gerade zur Verfügung hat; wenn sie eine bessere hätte, würde sie sie wählen." – „Welche Barmherzigkeit!", ging es mir damals durch den Kopf, „wie Jesus am Kreuz: *Vater, vergib ihnen! Denn sie wissen nicht, was sie tun.*"[293] In diese barmherzige Haltung dem Partner gegenüber will ich immer wieder eintreten.

Für die eheliche Liebe scheint es eine männliche und eine weibliche Ausprägung zu geben: *Für jeden Einzelnen von euch gilt: Er liebe seine Frau so wie sich selbst, die Frau aber respektiere* [oder *achte*] *den Mann.*[294] Jeder soll den anderen so lieben, wie es seiner eigenen Natur entspricht. Das griechische Wort für den Auftrag des Mannes „meint die Ausrichtung des Willens und das Sich-Freuen an etwas"; beim Auftrag der Frau geht es um ein echtes Ernstnehmen des Gegenübers, um Achtung, „Ehrfurcht haben vor jemandem, jemanden scheuen".[295] Ich bin froh, dass ich meine Frau so lieben darf, wie ich es als Mann vermag; und dass sie mir ihre wertschätzende und mich achtende Liebe immer wieder frei schenkt.

289 Vgl. zu diesem Thema das Kapitel 4.1. (Liebe) und die Berichte 9, S. 52f.; 14, S. 74; 22, S. 110, und 24, S. 117f.

290 Römer 13,8; ELB.

291 Epheser 5,28–29.

292 Vgl. Kapitel 4.1. „Liebe".

293 Lukas 23,34.

294 Epheser 5,33.

295 *Elberfelder Studienbibel mit Sprachschlüssel, Neues Testament,* Wuppertal und Zürich 1995², S. 688 und 1028.

4. „Gib acht auf dich!“[296]

Dieser Auftrag gehört zur Freiheit, die Gott uns schenkt. Wie kann ich über mich so wachen, dass ich meine innere Freiheit nicht verliere? Paulus sagt dazu: *Alles ist mir erlaubt, aber nicht alles ist nützlich* [oder *dient zum Guten*]. *Alles ist mir erlaubt, aber ich will mich von nichts beherrschen lassen.*[297] Um mich von nichts beherrschen zu lassen, brauche ich Ehrlichkeit mir selber gegenüber und Selbstbeherrschung. Ich muss meinen Gelüsten widerstehen können, um das zu tun, was ich von Gott her als richtig erkenne; ich muss meine Seele an die Hand nehmen und sie auf den richtigen Weg führen können. Auch meiner Frau gegenüber will ich in Freiheit handeln und alles für Gott tun,[298] statt sie zufriedenzustellen, um des Friedens willen nachzugeben oder mich in mein Schneckenhaus zurückzuziehen.

Den Auftrag, über uns selber zu wachen, müssen wir nicht alleine bewältigen; wir dürfen Gott um Hilfe bitten: *Erforsche mich, Gott, und erkenne mein Herz; prüfe mich und erkenne, wie ich's meine. Und sieh, ob ich auf bösem Wege bin, und leite mich auf ewigem Wege.*[299] Diese Bitte Davids, der um seine Schwachheit wusste, spricht mich an. Gott, der mein Herz besser kennt als ich selber, soll Wächter sein über mir und über meinem Über-mir-Wachen; er soll mich auf seinem Weg leiten. Das ist mein Gebet.

Wenn Sie nun, liebe Leser und Leserinnen, von Ihren eigenen Schlussfolgerungen ausgehen und von dem, was ich berichtet habe: Welches sind für Sie die drei wichtigsten Punkte der für die Ehebeziehung im Alltag wünschenswerten Grundhaltung? Wählen Sie den am leichtesten umsetzbaren aus, treten Sie im Gebet in diese Haltung ein und machen Sie dann Ihre Lernerfahrungen damit im Ehe-Alltag. Später können Sie dann einen nächsten Punkt dazunehmen.

296 1. Timotheus 4,16. Vgl. Kapitel 2.4., 4.1. (Freiheit) und 8.1. (Gottesbeziehung und Selbstdisziplin).

297 1. Korinther 6,12; ELB.

298 Vgl. Kolosser 3,17 und Bericht 7, S. 47.

299 Psalm 139,23–24; LUT.

9.3. Der Ehe-Alltag

Was bedeutet das Motto aus Psalm 139 für den Ehe-Alltag? Unsere Ehe liegt Gott so sehr am Herzen, dass er unsere Tage koordiniert und aufeinander zu *geformt* hat. Unsere Wege sollen uns immer wieder zusammenführen. Wenn beide versuchen, ihren Tag in Gottes Fußspuren zu leben, wird seine Koordination sichtbar werden.

Im Ehe-Alltag kommt den guten Beziehungs-Gewohnheiten und den Ehe-Ritualen eine stabilisierende, die Einheit fördernde Bedeutung zu. An den Fixpunkten des gemeinsamen Tagesablaufs (Mahlzeiten usw.) und spontan – zum Beispiel, wenn sich meine Frau kurz zu mir in mein Büro setzt – ergeben sich immer wieder Berührungspunkte, aus denen eine Begegnung werden kann. Unsere spontanen Reaktionen in diesen Kontakten sind oft Ausdruck unserer momentanen emotionalen Befindlichkeit, die mit dem Partner gar nichts zu tun hat – wir sind unter Druck, unsere Arbeit verlangt viel Konzentration, kurz: Wir sind nicht zuwendungsbereit. Manchmal wird uns dann in Bruchteilen von Sekunden aber bewusst, dass wir die Haltung ja wählen können, aus der heraus wir reagieren wollen. Und dann können wir uns dem Partner kurz zuwenden und ihm unsere *Freundlichkeit kundwerden lassen.*[300]

Ehe-Rituale

An den Fixpunkten des gemeinsamen Tagesablaufes verzahnen sich die persönlichen Programme der Partner. Das gemeinsame Frühstück, der tägliche Spaziergang, eine regelmäßige Gebetszeit, ein Gutenacht-Ritual und Ähnliches schaffen die Möglichkeit für kurze, echte Begegnungen. Es ist wichtig, diese Zeiten des Miteinanders bewusst zu gestalten. Auch der Rahmen (z. B. der schön gedeckte Tisch, oder wo wir uns fürs Gebet hinsetzen) trägt dazu bei, dass sich die Partner auf das Zusammensein freuen können.

Ehe-Rituale, die sich in unserer Beziehung entwickeln, fördern das Bewusstsein der Zusammengehörigkeit und stärken die Einheit. Ein persönliches Beispiel: In einem kurzen Bericht über Woodstock-Veteranen kam ein altes Paar zu Wort, das sich dort kennengelernt hatte, zusammengeblieben war und sich seither jeden Morgen mit einer Umarmung und einem Kuss begrüßte. Das hat uns angesprochen; wir haben diesen Brauch übernommen, ihm aber einen eigenen Namen

300 Philipper 4,5. Vgl. Bericht 10, S. 65.

gegeben. Nun beginnt unser gemeinsamer Tag mit einer festen Umarmung. Solange wir sie ihrer Bedeutung gemäß bewusst leben, haben diese Rituale eine verbindende und die Liebe stärkende Kraft.

Im Erstgespräch mit den Hilfe suchenden Ehepaaren war es mir jeweils wichtig, ihnen am Schluss einen im Alltag umzusetzenden Auftrag zu geben. Einen habe ich immer wieder vorgeschlagen: „Könnten Sie sich vorstellen, dass Sie dem anderen jeden Abend ehrlich eine gute Nacht wünschen?“ Die meisten Paare ließen sich bedenkenlos darauf ein. Und im nächsten Gespräch sagten sie dann: „Sie haben gesagt: *‚ehrlich‘* …?“ Sie hatten eine wichtige Entdeckung gemacht. Wenn ein Ehepaar dieses Gutenacht-Ritual „ehrlich“ einhält, ist der Rat von Paulus erfüllt: *Die Sonne gehe nicht unter über eurem Zorn.*[301] So können beide im Frieden einschlafen.

Der Titel eines Zeitungsartikels ist mir in Erinnerung geblieben: „Ehe: Aus demselben Kühlschrank leben, oder mehr?“ Wie steht es damit bei Ihnen, liebe Leserinnen und Leser? In einem Austausch über Ihre Ehe-Gewohnheiten und Rituale entdecken Sie vielleicht, dass sich beide bewusster gestaltete oder mehr Beziehungs-Fixpunkte und einen reicheren gemeinsamen Alltag wünschen …

Dem Partner Gutes tun

Gott hat die Ehe als Ort des Liebesaustauschs gedacht.[302] Dazu gehören auch die kleinen Aufmerksamkeiten, in denen sich die Liebe ausdrückt – wie der kurze Besuch meiner Frau im Büro. Auch die gegenseitige Ermutigung ist so ein Liebesdienst: *Ermuntert einander jeden Tag, solange es heute heißt.*[303] Es braucht viel Feingefühl, damit das, was wir gut meinen, auch als Ermutigung ankommt. Wenn ich mir dessen nicht sicher bin, frage ich jeweils kurz „oben“ nach. Wir wollen dem Partner immer wieder Hilfe geben, die er sich gar nicht wünscht.[304] Bericht 45:

> *Ich erinnere mich sehr gut an den Anruf des Mannes in meiner Telefonzeit: „Wir brauchen unbedingt Hilfe! Seit wir vor einigen Monaten vier Kinder …“*

301 Epheser 4,26.

302 Vgl. Abbildung 3.

303 Hebräer 3,13; ELB.

304 Vgl. dazu den Satz aus der Familie meiner Frau: „Arrête de faire mon bonheur malgré moi.“

Hatte ich richtig gehört? Ja, seine Frau hatte Vierlinge zur Welt gebracht. Und mit dieser überfordernden Situation kam das Ehepaar nun nicht zurecht. Ich nahm sie als Notfall auf.

In einem der Gespräche beklagte sich Frau J., sie fühle sich von ihrem Mann oft im Stich gelassen, vor allem abends, wenn er von der Arbeit nach Hause komme. Ich bat sie zu erzählen, wie sie es das letzte Mal erlebt habe. Dann bat ich auch Herrn J., sein Erleben zu schildern. Ich spürte, dass er alles tat, was er konnte; aber seine Frau war damit nicht zufrieden. So fragte ich denn Frau J.: „Ihr Mann nimmt sich ja wirklich Zeit für Sie und die Kinder, wenn er nach Hause kommt. Was fehlt Ihnen denn, Frau J.?" – „Ja, er hört mir auch zu, wenn ich ihm erzähle, was wieder alles schiefgelaufen ist. Aber dann gibt er mir jedes Mal Ratschläge, wie ich es morgen besser machen könne, statt mich einfach in den Arm zu nehmen und anzuerkennen, dass ich einen schwierigen Tag hinter mir habe." (Herr J. war Computer-Spezialist und Problemlöser von Beruf.) Er war erleichtert, dass sich seine Frau nur Verständnis für ihr Erleben und die Anerkennung für ihren großen Einsatz wünschte. Diesen Wunsch nahm er gerne auf: Er nahm sich weiterhin Zeit für seine Frau, wenn er nach Hause kam, aber gab ihr nur dann einen Rat, wenn sie ihn darum bat. Nun, da Frau J. die Zuwendung ihres Mannes erhielt, suchte sie immer häufiger auch seinen Rat.

Die Erfahrung, dass der Partner uns dort helfen will, wo wir es uns gar nicht wünschen, oder so, wie es für uns nicht passt, erleben nicht nur Frauen, sondern auch Männer. Ein offenes, freies Gespräch darüber kann Abhilfe schaffen, wie bei Ehepaar J.

Das „Band des Friedens"

Bemüht euch, die Einheit des Geistes zu wahren durch das Band des Friedens![305] Das ist eine entlastende Botschaft: der Heilige Geist schafft die Einheit; unser Teil ist es, sie durch das Band des Friedens zu bewahren. Wenn meine Frau und ich selber im Frieden leben, kann auch zwischen uns Frieden herrschen.[306] Der innere Frieden der Partner schafft gute Voraussetzungen für den Beziehungs-Frieden; dieser hält das Paar zusammen wie ein Band. Aber es gelingt uns nicht immer, im Frieden

305 Epheser 4,3.

306 Vgl. Kapitel 3.4.

zu bleiben. Was können wir tun, wenn wir spüren, dass wir ihn verlieren? Kurz innehalten und uns fragen: *Was bist du so gebeugt, meine Seele, und so unruhig in mir?*[307] Wenn wir den Grund erkennen, können wir mit Hilfe von Gottes Angeboten den Weg zurück in den Frieden finden.[308]

Wie können wir unseren Alltag so leben, dass wir im Frieden bleiben? Im Philipperbrief gibt Paulus seinen Lesern eine Art „Anleitung" dafür:

> 4 *Freut euch im Herrn allezeit! Nochmals will ich es sagen: Freut euch!*
> 5 *Lasst alle Menschen eure Freundlichkeit spüren. Der Herr ist nahe.*
> 6 *Sorgt euch um nichts, sondern lasst in allen Lagen*
> *eure Bitten durch Gebet und Fürbitte mit Danksagung vor Gott laut werden.*
> 7 *Und der Friede Gottes, der alles Verstehen übersteigt,*
> *wird eure Herzen und eure Gedanken bewahren in Christus Jesus.* (Philipper 4,4–7)

Wer im Alltag so lebt, bleibt mit Jesus Christus, der bei uns ist (vergleiche das Motto), in so enger Verbindung, dass sein Friede, *der Friede Gottes, der weit über alles Verstehen hinausreicht, über (unseren) Gedanken wachen und (uns) in (unserem) Innersten bewahren wird* (NGÜ). Für diesen „Lebensstil des Friedens" kann man sich nicht nur persönlich, sondern auch als Ehepaar entscheiden. Dann können die Partner einander darin unterstützen, in der Dankbarkeit zu leben, sich über Gottes Nähe zu freuen, Sorgen in Bitten zu verwandeln und alle Menschen ihre Freundlichkeit spüren zu lassen. Und wenn sie straucheln, hilft ihnen die Ermutigung des anderen wieder auf die Beine.[309]

9.4. Gesegnet und zum Segen gesetzt

Ich will dich segnen ... und du sollst ein Segen sein! (1. Mose 12,2; ELB)

Ich bin gewiss, dass Gottes Zusage an Abraham auch für uns als Ehepaare gilt. Als göttliche Ordnung ist die Ehe ein Ort des Segens. „Segnen" ist die Art, wie Gott aus seiner Gnade und Liebe heraus dem Menschen gegenüber handelt. Gesegnet-

307 Psalm 42,6.

308 Vgl. zu Gottes Angeboten den Artikel „Seelsorge an der eigenen Seele" im Anhang.

309 Vgl. dazu Prediger 4,9–10.

Sein bedeutet, dass Gott uns unverdient mit Gutem beschenkt, im materiellen (zum Beispiel Bewahrung in großer Gefahr), im körperlichen (ein medizinisches Wunder), im seelischen (Frieden in schwierigen Umständen), im beziehungsmäßigen (mit Agape-Liebe beschenkt) oder im geistlichen Bereich (eine schwere Erfahrung stärkt uns im Glauben). Den Segen empfangen heißt: ihn als Geschenk wahrnehmen, darüber staunen und Gott dafür preisen. Um den Segen zu bewahren gilt: *Vergiss nicht, was er dir Gutes getan hat.*[310]

Die Segens-Dusche

Gottes Segens-Angebot lässt sich mit einer fest installierten Dusche vergleichen. Gott will uns reich segnen. Wie viel Wasser uns als Person und als Paar erreicht, hängt aber vom Platz ab, wo wir uns hinstellen. In der Mitte der Duschwanne gibt es Wasser in Fülle; wenn wir am Rand oder außerhalb stehen, erreichen uns nur ein paar Spritzer. Wer den Platz einnimmt, den Gott für ihn vorbereitet hat,[311] steht direkt unter der Brause. Auch unsere Grundhaltung[312] bestimmt mit, wo wir stehen, und wie viel Segen uns erreichen kann.

Auch jeder einzelne Tag steht unter Gottes Segen. Dieser wird groß sein, wenn wir in „Gottes Fußstapfen" gehen. Ein Text von Paulus hilft uns zu verstehen, was damit gemeint sein könnte:

> *Wir sind ... in Christus Jesus geschaffen zu guten Werken,*
> *die Gott vorher bereitet hat,*
> *damit wir in ihnen wandeln sollen.* (Epheser 2,10; ELB)

Gott hat nicht nur unsere Tage vorbereitet, sondern auch das, was heute konkret zu tun sein wird. Wie können wir das erkennen? Hier kommt uns der Heilige Geist zu Hilfe: *Die vom Geist Gottes getrieben* [oder *geleitet*] *werden, das sind Söhne und Töchter Gottes.*[313] Das galt auch für Jesus; so hat er wohl jeden seiner Tage durchlebt. Auch uns gelingt es manchmal, uns so vom Geist führen zu lassen, dass wir einen guten Teil des Tages in den für uns vorbereiteten Werken leben und unter

---

310 Psalm 103,2.

311 Z. B. im Gott-Ehe-Dreieck, in Gottes Ehe- und in der Familien-Ordnung.

312 Vgl. die Grundhaltung Jesu in Johannes 5,19–20 und Kapitel 9.2. „Die Grundhaltung".

313 Römer 8,14.

Gottes Segens-Dusche bleiben können. Das erleben wir als einen wirklich gelungenen und gesegneten Tag; und am Abend sind wir glücklich und dankbar.

Zum Segen gesetzt

Zahlreiche Menschen sind mir in meinem Leben zum Segen geworden, durch ihr Sein, ihre Worte oder ihr Handeln. Auch Sie, liebe Leserin, lieber Leser, will Gott anderen zum Segen setzen. Die erste Person, die durch Sie gesegnet sein soll, ist Ihr Ehepartner. Gott will ihm durch Sie Gutes tun; vor allem durch die Art, wie Sie ihm begegnen und mit ihm leben. Gott setzt uns auch unseren Kindern zum Segen. Sie sollen gesegnet sein durch die Weise, wie wir unsere Ehe leben und das Familienleben gestalten: *Er segnet deine Kinder in deiner Mitte.*[314] Für diese Mitte sind wir als Eltern verantwortlich; es gilt, unser Familienleben zu gestalten und zu pflegen.[315]

Durch die Art, wie wir unseren Alltag, unseren Glauben, unsere Ehe und unseren Beruf leben, will Gott auch andere segnen und ermutigen. Nach Abschluss eines großen, jahrelangen Auftrags hat Gott meiner Frau und mir zu verstehen gegeben, dass unser neuer Auftrag darin bestehe, für die Menschen, mit denen er uns zusammenführt, ein Gegenüber von ihm her zu sein; sie sollen durch die Begegnung mit uns gesegnet werden. Ob das dann auch geschieht, hängt von der inneren Haltung ab, mit der wir ihnen begegnen. In diesen Begegnungen erleben wir mit Erstaunen immer wieder etwas von Gottes Zusage:

> 13 *Ihr seid das Salz der Erde. …*
> 14 *Ihr seid das Licht der Welt. Eine Stadt, die oben auf einem Berg liegt, kann nicht verborgen bleiben.* 15 *Man zündet auch nicht ein Licht an und stellt es unter den Scheffel, sondern auf den Leuchter; dann leuchtet es allen im Haus.*
> 16 *So soll euer Licht leuchten vor den Menschen, damit sie eure guten Taten sehen und euren Vater im Himmel preisen.* (Matthäus 5,13–16)

Durch „Licht-und-Salz-Menschen“ will Gott seine Liebe und seine Gnade sichtbar werden lassen; er will Menschen einladen, ihm zu vertrauen, sie zu sich ziehen; er will sie ermutigen und vielleicht auch herausfordern. Durch „Licht-und-Salz-Ehe-

314 Psalm 147,13; LUT.

315 Vgl. Kapitel 7.1 und 7.2.

paare“ soll offenbar werden, dass die Ehe eine Segens-Ordnung und durch Jesus Christus wieder zu Gottes Geschenk für Mann und Frau geworden ist.

Dass Gott „Licht-und-Salz-Ehepaare“ braucht, könnte Sie auch betreffen, liebe Leserinnen und Leser. Wenn Sie den obigen Bibeltext nochmals durchgehen, stellen Sie erstaunt fest: Jesus erteilt den Jüngern gar keinen Auftrag; er sagt: *Ihr seid!* Er sagt auch nicht: Einige von euch sind hie und da, ein bisschen mehr oder weniger … So unvollkommen die Jünger auch sind, sie *sind* das Licht der Welt. Gott hat kein anderes Licht, das er in der Welt leuchten lassen kann, als seine Kinder. Das drückt das Bild des Lichts auf dem Leuchter aus: Gott hat es dorthin gestellt, damit alle es sehen können. Was tut das Licht? Nichts; es scheint. Es ist Gottes Licht, das durch uns hindurch leuchten will. Wir dürfen etwas sein zum Lobpreis seiner Herrlichkeit.[316] Das Lob und die Ehre dafür sollen Gott zukommen.

Braucht es dafür wirklich keinen Beitrag von uns? Luther übersetzt Vers 16 etwas aktiver: *Lasst euer Licht leuchten …* Nehmen Sie sich einmal Zeit, liebes Leser-Ehepaar, sich der Tatsache zu stellen, dass Sie für Gott ein „Licht- und Salz-Ehepaar“ *sind.* Im Austausch und im Hören auf Gott können Sie sich dann auch mit der Frage beschäftigen, ob und wie Gott Ihren Lichtschein noch heller und zu mehr Menschen hin leuchten lassen möchte.

9.5. Frucht, die bleibt

Und nun, liebe Leserinnen und Leser: Was von dem, was Sie während der Lektüre des Buches persönlich oder als Ehepaar erlebt, als richtig erkannt und für sich angenommen haben, wird bleiben und Ihren Ehe-Alltag nachhaltig entlasten und bereichern? Jesus sagt: *Ich habe euch erwählt und dazu bestimmt, dass ihr euch aufmacht und Frucht bringt und dass eure Frucht bleibt.*[317] Sie haben sich aufgemacht und das Buch gelesen; wie kann nun Frucht entstehen, die bleibt? Indem Sie die Ernte der Lektüre einbringen. Übersicht 14, „Die Ernte einbringen“, zeigt, wie Sie dabei vorgehen können. Von dieser Erntearbeit könnte es abhängen, ob aus der Lektüre des Buches bleibende Frucht entsteht für Ihr persönliches Wachstum, für die Entwicklung Ihrer Beziehung und für Ihr Erleben im Ehe-Alltag.

316 Vgl. dazu Epheser 1,12.

317 Johannes 15,16.

Was hat Sie bei der Lektüre angesprochen? Welche Entscheidungen haben Sie getroffen und umzusetzen versucht? Wie haben Sie sich aufgrund der Lektüre zu verändern begonnen; und wie hat sich Ihre Ehebeziehung entwickelt? Nehmen Sie sich zuerst Zeit für die persönliche Ernte, bevor Sie sich darüber und über die Auswirkungen auf Ihre Ehebeziehung und das Miteinander im Alltag austauschen.

Etwas aber wird im Alltag ganz gewiss Bestand haben, liebe Leserinnen und Leser: Gottes liebevolle Zuwendung, seine Impulse für Ihr persönliches Wachstum, sein Zusammenfügen und sein Wirken zum Gelingen und zur Entfaltung Ihrer Ehebeziehung, das wird im Alltag weitergehen. Gott und sein Wirken werden bleiben. Jesus sagt: *Mein Vater ist bis heute am Werk, und auch ich bin am Werk.*[318] Das wird auch noch morgen und übermorgen gelten.

318 Johannes 5,17.

SCHLUSSWORT

Was ich für meine Leserinnen und Leser erhoffe, habe ich beim Schreiben auch erlebt: Gott hat mich als Person, als Mann und als Ehepartner im Herzen angesprochen, neu motiviert, an früher vollzogene Schritte erinnert, mich herausgefordert und zu neuen Entscheidungen ermutigt. Er hat mir das Schreiben des Buches zum Segen werden lassen.

Durch die Herausforderung, meine Gedanken klar und verständlich in schriftlicher Form auszudrücken, hat sich mein über Jahre entstandenes Eheverständnis geschärft und vertieft. Und ich kann sagen: Ja, so wie es das Gott-Ehe-Dreieck (Abbildung 4) und die dazu gehörenden Konzepte als Zielbilder ausdrücken, kann die Ehe zum Ort des Segens, des Friedens, der Freude und zum Geschenk für Mann und Frau werden. Je klarer Gott seinen Platz einnehmen kann, desto freier, entlasteter und stärker durch die unabhängige Liebe geprägt wird eine Ehebeziehung sein.

Durch das Schreiben des Buches sind mein Staunen und meine Dankbarkeit für Gottes liebevolle, vollkommene Gedanken für die Ehe gewachsen. Deshalb möchte ich – bevor ich Sie, liebe Leserinnen und Leser, zum Abschluss segne und Gott anvertraue – zuerst Gott den Dank bringen für das Geschenk der Ehe und für alles Gute, mit dem er uns Ehepaare und unsere Kinder täglich beschenkt. Die Ehe und die Familie sind und bleiben eine göttliche Ordnung und ein Ort des Segens!

Ein Dank- und Segensgebet

Herr,

ich danke dir für das Geschenk der Ehe.
Deine Gedanken sind voll Liebe und Gnade; sie schaffen Entlastung.
Danke, dass du mit uns in den Bund der Ehe eingetreten bist und uns zusammenfügst.
Du schenkst uns, was wir brauchen, damit unsere Ehe gelingen kann.
Wir wollen sie so leben, wie es dir gefällt und dir Ehre bringt.

Ich danke dir für jeden Leser, jede Leserin, die sich für dein Reden geöffnet haben.
Du hast sie angesprochen, ermutigt, herausgefordert, ihnen Angebote gemacht.
Ich danke dir für die Entscheidungen, die sie vor dir getroffen haben.
Schenke dort, wo du das Wollen bewirkt hast, nun auch das Vollbringen.
Es soll Frucht aus der Lektüre entstehen, die bleibt; zu ihrer Freude und dir zur Ehre.

Danke für alle Ehepaare, die in der Lektüre einen gemeinsamen Weg gegangen sind.
Du hast sie näher zu dir gezogen. Sie sind in ihrer Liebe zu dir gewachsen.
Du beschenkst sie mit Freiheit und Frieden und mit unabhängiger Liebe zum Partner.
Du stärkst ihre Einheit und entfaltest ihre Eheperson.
Du gebrauchst sie als Licht-und-Salz-Ehepaare. Du setzt sie anderen zum Segen.

Danke, Herr, für deine vollkommenen Gedanken.
Danke für deine Liebe, deine Treue, deine Geduld und deine Gnade!
Danke, dass du über uns Gedanken des Friedens hast und uns eine Zukunft schenkst.
Danke für deine Kraft, die in uns am Werk ist.
Danke, dass du dein Werk in uns zur Vollendung bringen wirst.

Ich segne Sie, liebe Leserin, lieber Leser, liebes Leser-Ehepaar,
mit Frieden, Freude, der Freiheit der Kinder Gottes und unabhängiger Liebe zum Partner
und mit bleibender Frucht!

Amen.

ÜBERSICHTEN

Übersicht 1

Der Plan der Erlösung

Gott schafft eine neue Schöpfung

- Gott überwindet den Zerbruch des Sündenfalls durch eine neue Schöpfung.
- Jesus lebt als Mensch ohne Schuld; er durchbricht das Gesetz der Perpetuierung.
- Jesus Christus ist der Adam und „Prototyp“ der neuen Menschheit.
- Durch Christus eröffnet sich uns ein neuer Stand als Sohn/Tochter Gottes.
- Im Wachstumsprozess der Heiligung werden wir, was wir in Christus schon sind: eine neue Schöpfung.

Christusähnlichkeit

- Wir gehören zu Gottes Familie und dürfen zum Vater in einer Beziehung der Liebe und freiwilligen Unterordnung leben (vgl. Johannes 5,19–20).
- Jesus lädt uns ein: *„Lernt von mir!“* (Matthäus 11,19). Er ist unser Modell für den Lebensstil der Gotteskindschaft.
- Der Heilige Geist ist der Geist der Sohnschaft (Römer 8,14–16). Er wirkt in uns Jesu Gesinnung (Galater 5,22: die Frucht des Geistes) und er stattet uns mit Jesu Gaben aus.

Gott beschenkt mit neuem Leben

- Jesus hat unsere Verletzungen getragen und will unsere Defizite stillen.
- Aufgrund von Gottes Zusage (Römer 8,28) können wir uns mit dem versöhnen, was hinter uns liegt, und vorwärtsgerichtet leben.
- Aus unguten Erblinien und seelischen Bindungen dürfen wir austreten (1. Petrus 1,18–19) und in das göttliche Erbe eintreten (Epheser 1,3.11–14).
- Unbrauchbare Gesinnungen können wir ablegen und die zur Neuschöpfung gehörenden anziehen (Kolosser 3,9–12).
- Wir können lernen, *in der Wirklichkeit eines neuen Lebens unseren Weg zu gehen* (Römer 6,4).

Übersicht 2

Agape-Liebe praktisch

Was die Agape-Liebe tut

- Sie nimmt den Partner bedingungslos an.
- Sie lässt ihn frei für seine Eigenverantwortung vor Gott.
- Sie will ihn mit den Augen Gottes sehen lernen. Sie hat Hoffnung für ihn.
- Sie bringt ihn und seine Last in der Fürbitte vor Gott.
- Sie achtet ihn höher als sich selbst (vgl. Philipper 2,3).

Was die Agape-Liebe nicht tut

- Sie stellt keine Bedingungen: „Ich liebe dich, wenn du …"
- Sie pocht nicht auf ihr Recht: „In einer Ehe hat man ein Recht auf …"
- Sie rechnet nicht; sie verzichtet auf die innere Buchhaltung.
- Sie strebt nicht nach Symmetrie: „Ich habe so oft …, jetzt musst du …"
- Sie stützt sich nicht auf Regeln, Gesetze und territoriale Aufteilungen.
- Sie lässt keine Hintertüren offen: Gedanken an Scheidung, Untreue usw.

Zur Agape-Liebe gehört auch die Bereitschaft, die Folgen des Verhaltens des Partners und seine Not mitzutragen, mitzuleiden, zurückgewiesen zu werden, sich nicht zu entziehen, 7 mal 70 Mal zu vergeben und die Beziehung immer wieder aktiv zu suchen. So zu lieben ist innere Stärke.

Übersicht 3

Das Ehe-Gebet

- Im Ehe-Gebet findet das Eins-Sein der Ehepartner konkreten Ausdruck. Es liegt eine große Verheißung auf ihm (Matthäus 18,19–20).
- Lieber ganz klein beginnen als gar nicht, zum Beispiel zehn Minuten an einem festen Wochentag. Später können Sie die Zeit verlängern oder die Häufigkeit steigern.
- Bevor Sie beginnen, sollten Sie sich über den Rahmen einigen, damit sich beide wohlfühlen können: den Rhythmus (Regelmäßigkeit ist wichtig), den Zeitpunkt, die Dauer und den Ort.
- Tragen Sie die Themen zusammen, die Sie für das gemeinsame Gebet auf dem Herzen haben. Aus dieser Liste wählen Sie eine kleine Anzahl aus, hinter die sich beide stellen können; später können Sie neue dazu nehmen oder die Themen wechseln.
- Tauschen Sie sich über die Wünsche und Befürchtungen bezüglich des gemeinsamen Betens aus.
  Daraus ergeben sich die „Spielregeln“. Hier einige Hinweise:
  - Eher kurze Gebete zu *einem* Thema.
  - Einfachheit (Gott braucht keine langen Erklärungen) und Nüchternheit (statt salbungsvolle Seufzer-Gebete).
  - Auf ellenlange „Rasenmäher-Gebete“ verzichten, die dem anderen nichts mehr übriglassen.
  - Gebet *für* das Neue (statt Kampf *gegen* das Negative). Gott das Anliegen bringen und es ihm überlassen, wie er es erhören will.
  - Das Gebet soll ehrlich sein. Jeder darf seinem Glaubensstand gemäß beten.
  - Das Gebet des Partners ernst nehmen, es weder verbessern noch wiederholen. Ihm nicht ins Wort fallen oder „zu Hilfe kommen“.
  - Im Gebet keine indirekten Botschaften oder Belehrungen übermitteln.
  - Bei längeren Gebetszeiten soll die Aufmerksamkeits-Spanne des „schwächeren“ Partners beachtet werden.

- Nach guten Erfahrungen mit dem gemeinsamen Fürbittegebet können Sie weitere Arten entdecken: gemeinsame Anbetung und Danksagung, im hörenden Gebet Gottes Rat suchen, im Gebet Entscheidungen treffen, spontane Gebete, den Partner segnen, Gebet als geistlicher Kampf usw.
- Machen Sie von Zeit zu Zeit eine gemeinsame Standortbestimmung.

Übersicht 4

Ehekonflikte verdauen

1) Einseitige Bereinigung

- Wahrnehmen, was sich in mir abspielt.
- Das Herz vor Gott ausschütten.
- Das emotionale Durcheinander entflechten: zerstörerische Gefühle – Vorwürfe und Anklagen – schlechtes Gewissen und eigene Fehler.
- Zerstörerische Gefühle abgeben: Rachegelüste, Neid, Selbstmitleid, Minderwertigkeitsgefühle, die Opferrolle usw.
- Vergebung gewähren: Zusammentragen, wofür ich den anderen anklage – ihm Punkt für Punkt vergeben – nun ist er mir nichts mehr schuldig.
- Vergebung empfangen: Mir meiner Schuld bewusst werden – sie Gott bekennen – um Vergebung bitten – diese empfangen und annehmen.
- Mir bewusst gewordene falsche Haltungen und Verhaltensweisen ablegen – die der neuen Schöpfung gemäßen anziehen.
- Mich mit dem, was geschehen ist, und seinen Folgen versöhnen.
- Mich dem Partner wieder in Liebe zuwenden und in die Beziehung zurückkehren.

2) Ehepaar-Austausch

3) Versöhnung

Übersicht 5

Ergänzung als Bereicherung

- **Ich verzichte auf Gleichartigkeit:**
  - Ich akzeptiere meine Ergänzungsbedürftigkeit.
  - Du darfst anders sein,
    auch anders, als ich möchte; dies gilt vor allem in …
- **Ich stehe zu meiner Wahl:**
  - Damals gefiel mir an dir …
  - In all dem nehme ich dich (wieder) an.
  - Später habe ich an dir entdeckt …
  - … und nehme heute an …
- **Ich erkenne unsere subjektiven Realitäten an:**
  - Ich akzeptiere, dass du Gleiches anders erlebst.
  - Ich stehe zu meiner subjektiven Realität.
  - Ich will deine persönliche Sichtweise verstehen lernen, vor allem in …
- **Ich entschließe mich zum gegenseitigen Austausch:**
  - Ich nehme von dir an …
  - Ich will dir geben …
- **Da, wo ich stärker bin, ordne ich mich dir unter.**
  - Dies gilt vor allem in folgenden Bereichen …

Übersicht 6

Die Dialog-Fähigkeit stärken

Station 1: Austausch über das persönliche Erleben.

Gemeinsamer Spaziergang: Eine(r) drückt aus, was ihm gerade auffällt, was ihm durch den Kopf geht oder Ähnliches. Die oder der andere verzichtet auf kritische Bemerkungen und Kommentare; Verständnisfragen sind möglich.

Die Zuhör-Haltung: Ich höre dir zu; ich interessiere mich für das, was du erlebst und denkst; du kannst alles sagen.

Dann die Rollen tauschen.

Station 2: Zugewandte Zuhör-Haltung.

Eine(r) erzählt, was sie oder er heute erlebt hat. Die innere Haltung des Zuhörers (vgl. die Bibeltexte in Kapitel 6.2.): Zugewendet zuhören – es geht um Verstehen, nicht um Helfen – sich in den inneren Bezugsrahmen des Partners versetzen (wie fühlt sich das Erlebte von innen an?).

Sein Verständnis für den Erzähler und für sein Erleben ausdrücken – dem Redenden *Gnade geben.*

Station 3: Die subjektive Realität des Partners annehmen.

Austausch über ein gemeinsames Erlebnis (Ausstellungs-Besuch, Anlass, Verwandten-Besuch oder Ähnliches). Einer der beiden beginnt, sein Erleben auszudrücken; der oder die andere knüpft daran an. Die unterschiedlichen Erlebensweisen stehen lassen. Darauf verzichten, sein Erleben zu begründen, Recht haben zu wollen. Den Blickwinkel des anderen als Ergänzung annehmen lernen.

Station 4: In die Tiefe gehen.

Je tiefer der Austausch geht, desto mehr Vertrauen zum Partner braucht es. Wir gehen von Stufe zu Stufe in die Tiefe. Auf einer Stufe bleiben, bis der Austausch ohne Verletzung oder Konflikt gelingt. Hier einige mögliche Stufen (Sie können auch eigene formulieren): Smalltalk – Informationen austauschen – Planung eines Tages – ein gemeinsames Projekt entwickeln – sich nach der persönlichen Verdauung über einen Konflikt austauschen (vgl. Übersicht 4, Phase 2) – dem anderen eine Sorge oder Not anvertrauen – den Partner um Gebet bitten – Austausch über tiefe Fragen, über Leben und Tod.

Station 5: Die Stärke der unabhängigen Liebe.

Oder: Vom Verhalten des Gegenübers unabhängiger werden. Jesus ist unser Vorbild: Eine tiefe Verwurzelung in der Liebe des Vaters – er bleibt mit Gott verbunden – er stellt sich dem Auftrag der unabhängigen Liebe. Seine Liebesfähigkeit bleibt erhalten: Er kann seinen Gegnern *Gnade geben*, auch wenn sie ihn provozieren, falsch beschuldigen oder tätlich angreifen. Im Sinne der „Christusähnlichkeit" will Gott uns auf dieses Ziel hin wachsen lassen. Dafür ist die Ehebeziehung ein ideales Übungsfeld.

Übersicht 7

Die Sexualität unserer Eheperson entwickeln

- Für das gemeinsame Projekt braucht es zwei freie, unabhängige Ja.
- Was persönlich bereinigt werden muss, sollte vorher geschehen.
- Das Vorgehen besprechen: Wo und wann wollen wir uns miteinander austauschen? Wie soll der Austausch gestaltet werden? Spielregeln bestimmen (vgl. dazu Übersicht 6, vor allem die Stationen 1–3). Welchen Platz wollen wir Gott und dem Gebet in unserem Projekt geben?
- Im ersten Treffen:
  - Gott im Gebet die Führung für das Projekt übergeben.
  - Was ich als Erstes sagen möchte … anhören, nicht diskutieren.
  - Schwieriges können Sie im Gebet vor Gott bringen.
- Im zweiten Treffen:
  - Einander Anteil geben: Was du von mir wissen solltest …
  - Zuletzt wieder gemeinsame Zeit vor Gott.
- Fortsetzung: Wie ich unsere sexuelle Beziehung zurzeit erlebe. – Worüber ich mich freue. – Was mir fehlt.
- Was im sexuellen Miteinander Klärung und Entwicklung braucht … (Nehmen Sie sich für die einzelnen Stationen genügend Zeit):
  - Wie drücken wir den Wunsch nach einem sexuellen Zusammensein zurzeit aus? Finden wir eine bessere Möglichkeit?
  - Welche inneren und äußeren Vorbereitungen für mich hilfreich wären …
  - Die besten Rahmenbedingungen suchen: Ort, Tageszeit, äußere Umstände.
  - Wollen wir am Anfang jeweils beten und in Gottes Gegenwart treten?
  - Das Vorspiel: Anschauen, Berührung, Zärtlichkeit; was für mich schön ist …
  - Wie können wir den Höhepunkt gemeinsam erleben?
  - Nach dem Orgasmus zusammen bleiben, Umarmung, Liebkosung …
  - Wollen wir mit einem Dankgebet abschließen?

- Was besprochen worden ist, im nächsten Zusammensein umsetzen. Sich am nächsten Tag über das Erleben austauschen. Schlüsse ziehen.
- Weiterentwicklung: Spielerisch und kreativ neue Wege erkunden.
- Neue Lebensphasen und gesundheitliche Situationen (gewisse Operationen, eine progressive Erkrankung o. ä.) bedingen eine Anpassung des Projektes.

Übersicht 8

Unsere Ehebeziehung hat sich entwickelt

- **Die Entwicklung unserer Beziehung vor der Hochzeit**

- **Die Grund-Herausforderungen der ersten Ehejahre:**
  - Einen gemeinsamen Lebensstil finden.
  - Gute Gewohnheiten und Rituale im Miteinander aufbauen.
  - Eine zufriedenstellende Aufgabenverteilung.
  - Ergänzungs- und Beziehungsmuster, die sich eingespielt haben.
  - Unsere Streit- und Versöhnungskultur (vgl. Kapitel 4.4.).
  - Seinen Platz in Gottes Eheordnung einnehmen (vgl. Kapitel 3.6.).
  - Unsere eheliche Sexualität entwickeln (vgl. Kapitel 6.3.).
  - Der Liebes-Austausch (vgl. Kapitel 1.4., 5.5., 6.2.).

- **Wie das Familie-Werden unsere Ehebeziehung verändert hat:**
  - Beim ersten Kind – beim zweiten Kind /usw.
  - Durch das Ausbleiben von Kindern.

- **Einschneidende Lebensereignisse und deren Auswirkungen auf unsere Ehebeziehung**

- **Standortbestimmung:**
  - Wie steht es zurzeit mit den Grund-Herausforderungen (s. oben)?
  - Was charakterisiert unsere Beziehung heute?
  - Braucht es Kurskorrekturen?

- **Falls es in der Entwicklung Knicke oder „Bruchstellen“ gibt:** Was braucht Klärung, Bereinigung, Vergebung, Heilung? Brauchen wir dafür Hilfe von außen?

- **Wie können wir die Ko-Evolution fördern?** (Vgl. Kapitel 5.3.) Welche konkreten Schritte planen wir?

- **Was bedeutet es, wenn wir Philipper 1,6 auf unsere Ehe übertragen:**
  Ich bin dessen gewiss, dass er, der das gute Werk in euch angefangen hat, es bis zum Tag Christi Jesu auch vollendet haben wird.

Übersicht 9

Unsere Familien-Ordnung

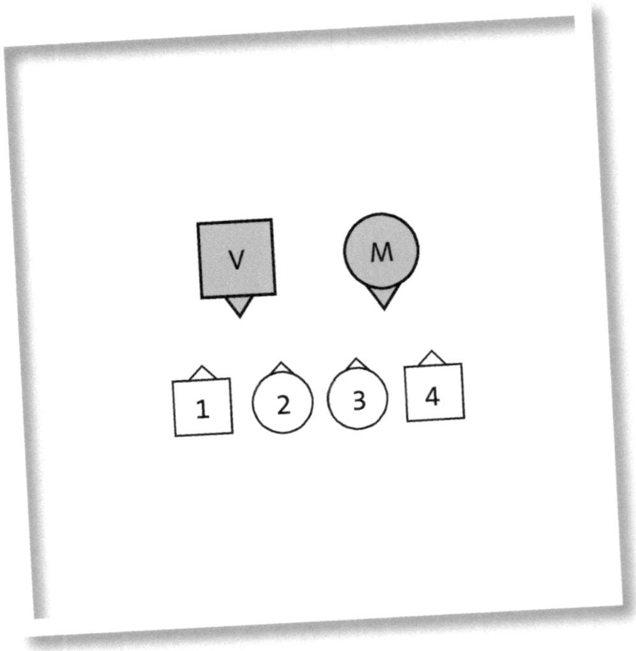

Vorbereitungen

- Ein ausgeschnittenes Quadrat bildet den Rahmen für Ihre Familie.
- Die ausgeschnittenen Symbole von Abbildung 14 (mit „Nase“) stellen die Familienmitglieder dar:
- Frauen = Kreise; Männer = Quadrate.
- Groß = Eltern; klein = Kinder.
- Bereiten Sie auch ein Symbol vor für mit Ihnen lebende Personen (z. B. eine Großmutter) und für bereits verheiratete Kinder, auch wenn sie nicht mehr zu Hause wohnen.
- Die Symbole für die nicht zur Kernfamilie gehörenden Personen (z. B. die Großmutter) kennzeichnen Sie durch eine besondere Farbe, die für außer Haus lebende Kinder mit einem Kreuz.

- Bereiten Sie zwei Sets vor (zwei Mal ein quadratisches Blatt und alle Symbole).

Standortbestimmung für unsere Familie

- Beide Partner legen zuerst die Familie von Iris so, wie sie sie gezeichnet hat. Sie haben dafür den ganzen Raum des Quadrats zur Verfügung. Beachten Sie die zwei Ebenen (über – unter), die Distanzen (nahe – entfernt) und die Zuwendung (die „Nase“). Nun vergleichen und begründen Sie ihre Darstellungen. Sprechen Sie über die Unterschiede. Legen Sie Kriterien für die Darstellung fest und einigen Sie sich auf ein gemeinsames Bild für Iris’ Zeichnung. Nun sind Sie bereit.
- Jede(r) legt nun die Kern-Familie. Dann fügen Sie die im Haushalt mitlebenden Personen bei.
- Nun zeigen und erläutern Sie dem anderen Ihr Bild. Wer beginnt? Der schlechtere Zuhörer! Beachten Sie wieder: Es gibt zwei subjektive Realitäten! Sie müssen sich nicht in allem einig sein.
- Nach dem Austausch erstellt jede(r) sein eigenes Schluss-Bild.
- Die beiden Bilder legen Sie nebeneinander und ziehen die Schlussfolgerungen: Welches ist das Gesamt-Fazit? / Wofür können wir dankbar sein? / Wer leidet in unserer Familie am meisten? / Was hat das mit unserer Ehebeziehung zu tun? / Wie können wir für Frieden und einen Lebensraum sorgen, der jedem Entfaltung ermöglicht? / Sie können mit einer Zeit des gemeinsamen Gebets abschließen.

Übersicht 10

Heilung für unsere Familie

In der uns von Gott als Eltern geschenkten Autorität nehmen wir für uns selber und stellvertretend für unsere Kinder Gottes Angebote im Glauben in Anspruch. Es ist Ausdruck der Liebe zu unseren Kindern und unser Beitrag dazu, dass Gottes Erlösung in unserer Familie Freisetzung, Heilung und Entfaltung bewirken und Frieden schaffen kann.

- **Einheit als Ehepaar im Glauben** (Matthäus 18,19–20)
  - Sich im Gebet vor Gott eins machen für die gemeinsamen Schritte.

- **Gott danken** (Psalm 103,1–2)
  - Gott danken als Eltern für …
  - Gott danken als Familie für …

- **Gott die Ehre geben** (Kolosser 3,17 – vgl. Bericht 7)
  - Umadressieren, was wir für unsere Kinder getan haben.

- **Schuld vor Gott bringen** (1. Johannes 1,18–19 und Hiob 1,4–5)
  Wir bitten um Vergebung für unsere Schuld:
  - Meine persönliche Schuld an (einzelnes Kind) … –
    an allen Kindern …
  - Unsere gemeinsame Schuld als Eltern …

  Wir bitten stellvertretend um Vergebung für die Schuld unserer Kinder:
  - Die Schuld von (einzelnes Kind)…
  - Die Schuld all unserer Kinder uns Eltern gegenüber … –
    den Geschwistern gegenüber … –
    anderen Menschen gegenüber … usw.
  - Die Schuld unserer verheirateten Kinder
    als Ehepartner … – als Eltern …

- **Bitte um Heilung und Freisetzung** (Jesaja 53,4–5)
  Wir versöhnen uns stellvertretend mit … (Römer 8,28)
  Unsere Kinder brauchen … (für jedes Kind persönlich … –
  für alle Kinder …)
  - Freisetzung vom unguten Erbe und Modelllernen (1. Petrus 1,18–19)
  - Heilung von seelischen Verletzungen (Jesaja 53,4–5)
  - Stillung ihrer Defizite (Johannes 7,37–39)
  - Lösung von Abhängigkeiten und Bindungen (Jesaja 61,1)
  - Versöhnung mit Gott (2. Korinther 5,20)
- **Sorgen abwerfen** (1. Petrus 5,7)
  Wir werfen unsere Sorgen auf Gott ab
  - für … (einzelnes Kind)
  - für alle unsere Kinder …
- **Gott im Voraus danken für sein Handeln** (Philipper 4,6)

Übersicht 11

Die Aufarbeitung eines Ehebruchs

Die Arbeit mit dem Schuldigen

- **Unabdingbare Voraussetzungen für eine zum Ziel führende Aufarbeitung:**
    - Die außereheliche Beziehung muss klar und endgültig beendet sein.
    - Offenheit und Ehrlichkeit.
    - Bereitschaft, die ganze Verantwortung für sein Handeln zu übernehmen.
    - Echte Buße und Bereitschaft zur Umkehr.
- **Sorgfältige Klärung der Ehebruch-Beziehung:**
  Beginn, Verlauf, Dauer, Folgen
- **Wichtige Schritte der Aufarbeitung:**
    - Die emotionale Befindlichkeit:
      Das Erleben im Ehebruch. – Und heute?
    - Das Herz vor Gott ausschütten;
      die Gefühle zu Gott hin abfließen lassen.
    - Anklagen gegen den Partner und andere Personen. – Ihnen vergeben.
    - Seine eigene Schuld erkennen und Gott bekennen. –
      Buße tun, Umkehr.
    - Gott um Vergebung bitten. –
      Sie annehmen, sich mit sich selber versöhnen.
    - Die Fremdbeziehung im Gebet lösen;
      entstandene Bindungen durchtrennen.
    - Die Folgen für alle Betroffenen unter Gottes Gnade stellen.
    - Bereitschaft, die Folgen zu tragen;
      wenn möglich Wiedergutmachung.
    - Die Wurzeln und Hintergründe
      des schuldhaften Handelns aufarbeiten.

- Wesenszüge, Muster, Haltungen ablegen. –
  Gottes Angebote anziehen.
- Schutzmaßnahmen gegen einen Rückfall erarbeiten.

Hilfe für den verratenen Partner

- Emotionale Befindlichkeit. – Die Gefühle benennen und abfließen lassen.
- Den Partner anklagen. – Ihm mit Gottes Hilfe volle Vergebung schenken.
- Die eigene Schuld erkennen und Gott bekennen. – Vergebung empfangen.
- Falsche Haltungen (z. B. Verachtung, sexuelle Verweigerung) ablegen.
- Bitte um Heilung der inneren Wunden. – Wiederherstellung der Würde.
- Die Herausforderung:
  Dem Partner wieder Vertrauen schenken (obendurch).

Die Eheepaar-Arbeit

- Jeden über die Arbeit mit dem anderen informieren. – Versöhnung feiern.
- Erneuerung des Ehe-Bundes (z. B. in die Geschenk-Position eintreten).
- Gebet für die Heilung des Vertrauens, der Beziehung und der Eheperson.
- Unverarbeitete Krisen aufräumen. – Den „Ehe-Misthaufen" entsorgen.
- Sich mit den Konsequenzen versöhnen. – Sie gemeinsam tragen lernen.
- Sorgfältige Planung des Neuanfangs. – Begleitende Paargespräche.

Übersicht 12

Die Scheidung aufarbeiten

Vor der Scheidung

- Kampf um die Rettung der Ehe, um das Überleben der Eheperson.

Nach der Scheidung

- Die hilfesuchende Person berichtet über den Weg bis zur Scheidung.
- Einfühlendes Verständnis gewähren.
- Den Weg der Gnade als ein göttliches Angebot erklären.
- Braucht es vor der Aufarbeitung noch Erholung und Kräftigung?
- Die Voraussetzungen: Bereitschaft zu vergeben, sich der eigenen Schuld zu stellen, sich mit der Realität zu versöhnen, als Person wachsen zu wollen.

Seelsorgerliche Aufarbeitungsschritte

- Das Herz vor Gott ausschütten; die Gefühle kommen und abfließen lassen.
- Umfassende Anklage des Partners. – Ihn aus aller Schuld entlassen.
- Gebet um innere Heilung und Wiederherstellung der Person.
- Erkenntnis der eigenen Schuld. – Buße und Bereitschaft zur Umkehr.
- Seine Schuld Punkt um Punkt bekennen. –
Von Gott Vergebung empfangen.
- Falsche Haltungen ablegen. – Gottes Angebote annehmen.
- Die Beziehung zum früheren Partner und die Frage der Treue klären.
- Klären, ob es eine Lösung im Gebet aus der geschiedenen Ehe braucht.
- Die neue Realität. – Was es nun zu lernen gilt. –
Klärung des weiteren Weges.
- Falls nötig: Gottes Rat suchen im Hinblick auf eine Wiederverheiratung.

Übersicht 13

Gott wirkt Wachstum

Das Zusammenspiel von Gottes Wirken und unserem Teil

Gottes Wirken	Unser Teil
Gott lockt, zieht uns (Philipper 3,12b).	
	Uns für Gottes Reden öffnen.
Er redet zum Herzen, schickt Anstöße.	
	Wir sehen unsere Not und Gottes Angebot.
Er schafft das Wollen (Philipper 2,13a).	
	Entscheidung: das Angebot annehmen.
	Einen Schritt im Gebet vollziehen.
Gott wirkt Neues (Jesaja 43,19).	
	Unseren Entschluss im Alltag umsetzen.
Der Heilige Geist als Erinnerer, Ermutiger.	
	Rückfälle ins Alte bearbeiten.
Er wirkt das Vollbringen (Philipper 2,13b).	
	Im Neuen leben (Römer 6,4).

Übersicht 14

Die Ernte einbringen

Persönliche Ernte

- Wofür ich Gott danken möchte: für mich persönlich – für den Partner – für unsere Beziehung.
- Veränderungen in meiner Gottesbeziehung. – Im Glaubensverständnis.
- Was ich gewonnen habe und nicht mehr verlieren möchte.
- Was Entlastung im Blick auf unsere Ehebeziehung bewirkt hat.
- Mein Blick auf meine Frau – auf meinen Mann.
- Wo ich bei ihr – bei ihm Veränderung wahrnehme.
- Entscheidungen, die ich getroffen habe – Erfahrungen bei der Umsetzung.
- Die zwei nächsten persönlichen Entwicklungsschritte könnten sein …
- Was ich mir für unsere Ehebeziehung wünsche …
- Ein nächster Wachstumsschritt könnte sein …
- Eine gemeinsame Entscheidung als Ehepaar, die ich mir wünschen würde.

Ehepaar-Ernte

- Freier Austausch über die Punkte der persönlichen Ernte.
- Austausch über die Wünsche für die Ehebeziehung.
- Welches könnten nächste Wachstumsschritte für unsere Beziehung sein?
- Dort, wo es zwei freie Ja gibt, im Gebet eine Entscheidung treffen.
- Den Ehepaaraustausch mit einer Dank-Zeit abschließen.

ANHANG

BEGRIFFE

(Die Worterklärungen beanspruchen keine objektive Gültigkeit. Sie umschreiben, mit welcher Bedeutung ich einen Begriff verwende.)

Angebote Gottes Sie sind Ausdruck der Gnade Gottes und dessen, was Jesus Christus am Kreuz für uns getan hat. Gottes Angebote befähigen uns zum Leben in der Sohn- bzw. Tochterschaft. Wenn wir sie im Alltag immer wieder in Anspruch nehmen, treten wir schrittweise in unsere persönliche Neuschöpfung ein. (Vgl. die Übersicht im Artikel *Seelsorge an der eigenen Seele.*)

Autorität Von Gott verliehene Macht, um in der Verantwortung vor ihm über eine Person (z.B. über sich selber) oder über eine Sache bestimmen und in seinem Namen vollmächtig handeln zu können. Dies gilt ganz besonders in allen von Gott uns übergebenen Aufträgen (z.B. Elternschaft) und für die für uns vorbereiteten Werke (vgl. Epheser 2,10). Jesus hat seinen Jüngern auch Autorität verliehen dem Feind gegenüber (vgl. Lukas 10,19).

Dialog Die tiefste Form des Austausches von Mann und Frau; ein gemeinsamer gedanklicher oder geistlicher Weg, auf dem sich die Gedanken der Partner ergänzen und gegenseitig befruchten. So wächst ihr Erkennen spiralförmig in die Tiefe. Das Ehe-Gebet kann zu einem geistlichen Dialog werden. (Kapitel 6.2 und Übersicht 6.)

Ehe als Bund Die Ehe ist eine von Gott gestiftete Ordnung und ein biblischer Bund. Bei der Hochzeit tritt Gott als Zeuge, Bundes-partner und Garant in den Bund von Mann und Frau ein. Ein Bund ist heilig, verbindlich (das Treue-Versprechen) und unauflösbar. Die Partner tragen ihre Verantwortung jeweils direkt vor Gott. (Kapitel 3.3.)

Eheperson Beim Eheschluss von Mann und Frau schafft Gott die Eheperson. Sie hat einmalige Züge und soll in Gottes Bild hineinwachsen. Gott entfaltet sie durch das persönliche Wachstum der Partner und durch die Koevolution. Die Ehebeziehung zeigt auf, wie es der Eheperson geht. Beim Tod eines Partners „stirbt" sie. (Kapitel 3.2., Abbildung 5 und Bericht 5, S. 42.)

Eigenverantwortlichkeit Die Bereitschaft, vor Gott die Verantwortung für seine Gefühle, sein Denken, sein Handeln und sein Sein zu 100 Prozent zu tragen. Es bedeutet, sich seiner Schuld zu stellen und aus Gottes Vergebung zu leben. Wer frei sein will, muss in die Eigenverantwortung eintreten. (Kapitel 4.1.)

Ein-Fleisch-Prinzip Ein von Gott eingesetztes „Natur-Gesetz". Bei der sexuellen Vereinigung von Mann und Frau gibt jeder Anteil an allem, was zur eigenen Person gehört, und bekommt Anteil an allem, was zu der des anderen gehört. Ein Ehebruch zerstört die gottgewollte Einheit und öffnet die Ehe für fremde Anteile. (Kapitel 1.3. und Abbildung 2.)

Entflechtung Ein Begriff aus der Finalen Eheseelsorge. Ein vorrangiges Ziel der ersten Phase einer Paarseelsorge: die Beziehungs-Verhakungen lösen. Die Partner an ihren Platz im Gott-Ehe-Dreieck (Abbildung 4) führen, in die Freiheit gemäß der Beziehungs-Formel (Abbildung 6) und in die Eigenverantwortung.

Ergänzung, Ergänzungsprinzip Gott formt Eva aus einem Teil des Mannes; sie soll sein Gegenüber auf Augenhöhe sein. So sind beide ergänzungsbedürftig; gemeinsam bilden sie die Gottebenbildlichkeit ab. Der Wunsch nach Ergänzung lenkt unsere Partnerwahl. Der Punkt der Anziehung wird später oft zum Punkt des Konflikts. (Kapitel 1.2. und 6.1. und Übersicht 5.)

Erlösung Durch seinen Tod am Kreuz versöhnt uns Jesus Christus mit Gott. Wer sein Werk annimmt, wird ein Kind Gottes (vgl. Johannes 1,12). Erlösung bedeutet Befreiung vom Zwang zur Sünde, eine persönliche Neuschöpfung, die Freiheit zu wählen und Autorität über seine Person. (Kapitel 2.4. und *Seelsorge an der eigenen Seele.*)

Finale Eheseelsorge Seelsorge von Paar zu Paar unter Einbeziehung des Glaubens und des Gebets. Das Seelsorger-Paar versteht sich als Mitarbeiter in dem, was Gott wirkt. Die Neuschöpfung und die Angebote Gottes ermöglichen ein finales, auf Gottes Ziel ausgerichtetes Arbeiten. Durch die persönliche Veränderung der Partner auf der Gesinnungsebene entwickelt sich auch die Ehebeziehung. (Vgl. zahlreiche Berichte.)

Flexibilität Die Fähigkeit, sich frei auf einen Wunsch des Partners so einzulassen, dass ich selber Gewinn davontrage. Es geht nicht darum, ein Opfer zu bringen oder den Partner zufriedenzustellen; es geschieht aus Liebe. Flexibilität gehört zur Gottebenbildlichkeit. (Vgl. Bericht 12, S. 71.)

Freiheit der Kinder Gottes, das Gesetz der Freiheit Sie ist die Frucht der Erlösung und der Ausdruck der neuen Stellung der Sohn- bzw. Tochterschaft. Wie Jesus haben wir die Freiheit zu wollen, was Gott will. Da wir nicht mehr sündigen müssen, leben wir unter dem „Gesetz der Freiheit“ (Jakobus 1,25; 2,12). (Kapitel 4.1.)

Geist (Vgl. *Innere Ordnung der Person.*)

Geschenk-Position Die freiwillige Hingabe eines Ehepartners an Gott: „Ich gebe mich dir; mache aus mir ein göttliches Geschenk für …“ Der stärkste Ausdruck für die Liebe zum Partner. Dieser Schritt kann einseitig vollzogen werden. Er verändert die Einstellung zur Ehebeziehung: weg von dem, was „mir zusteht“ – hin zum freien Geschenk-Sein. (Kapitel 5.5. und Abbildung 11.)

Gesinnung Der Ausdruck der Haltung des Herzens. Die Gesinnung ist der tiefste bewusste Teil der Person; sie umfasst unsere Grundhaltungen, Werte und Ziele. Weil unser Verhalten von hier aus bestimmt wird (vgl. Abbildung 13), setzt Gottes Wirken zu unserer Veränderung hier an.

Gott-Ehe-Dreieck Das Grundkonzept unseres Eheverständnisses. Gott kommt darin eine zentrale Stellung zu (vgl. *Ehe als Bund*). Mann und Frau haben jeweils einen eigenen Platz. Sie sind vor Gott eigenverantwortliche Gegenüber. Die Beziehung zu Gott soll für beide Priorität Nr. 1 sein. Die anderen Konzepte zeigen Aspekte des Dreiecks auf. (Kapitel 3 und Abbildung 4.)

Grundhaltung (Vgl. *Gesinnung*)

Hörendes Gebet, Hörstille Mann und Frau machen sich im Gebet eins, um Gottes Rat zu suchen. Gott schenkt ihn uns gerne (vgl. Jeremia 17,7–8 und Jakobus 1,5). So erkennen wir seine Weisheit an und ordnen uns seinem Plan unter. Die gemeinsame Überzeugung ermöglicht es uns, eine Entscheidung zu fällen, für die wir die Verantwortung solidarisch tragen. (Kapitel 5.4.)

Innere Ordnung der Person Ein biblisches Modell für die menschliche Person (siehe 1. Thessalonicher 5,23). Ihre Anteile: der Leib (Körper), die Seele (die psychischen Prozesse: Denken, Empfinden, Wollen) und unser Geist (mit ihm glauben wir, erkennen Gott und dienen ihm). Unser Geist soll die Führung haben und unsere Seele leiten. Gott will diese Ordnung durch den Heiligen Geist in uns aufrichten; sie schafft Frieden und ermöglicht uns die Selbststeuerung.

Interpretationsfalle Es fällt uns schwer, das Handeln der anderen einfach festzustellen. Wir interpretieren es mit der Tendenz, ihnen die für uns verletzendsten Motive zuzuschreiben. So schlagen wir uns selber Wunden und müssen dann vergeben, was uns gar nicht angetan worden ist. (Bericht 13, S. 72f.)

Koevolution Als Ehepartner entwickeln wir uns an- und miteinander: durch die Reaktionen des anderen, durch Reibung und Konflikte und indem wir uns voneinander abgrenzen. Das Zusammenleben, der Austausch und das gemeinsam Erlebte verändern uns in dieselbe Richtung. Gott nutzt diese Prozesse und entfaltet uns aufeinander zu. (Kapitel 5.3.)

Konfliktfähigkeit Beziehungs-Konflikte sind normal. Deshalb gehört die Fähigkeit, sie einseitig zu verdauen, zur Liebesfähigkeit. Je konfliktfähiger beide Partner sind, desto stärker kann ihre Beziehung durch unabhängige Liebe und Frieden geprägt sein. (Kapitel 4.4. und Übersicht 4.)

Konzept Konzepte sind Ziel-Bilder und Gleichnisse, welche das Herz ansprechen (vgl. die Abbildungen 4, 5, 7, 8 usw.). Sie lassen uns Gottes Ziel intuitiv, rasch und ganzheitlich erfassen und zeigen uns den Weg dorthin auf. Sie machen klar, wo Veränderungsschritte nötig sind. Das Grundkonzept unseres Eheverständnisses ist das Gott-Ehe-Dreieck.

Liebe, unabhängige Die Agape, die göttliche Art der Liebe. Sie ist unabhängig vom Verhalten des Gegenübers (vgl. 1. Korinther 13,4–7); ihr Grund liegt im Herzen des Liebenden. Gott beschenkt uns damit; sie ist die Frucht des Geistes (Galater 5,22f.) und gehört zur neuen Schöpfung (Kolosser 3,14). (Kapitel 4.1. und Übersicht 2.)

Makarios Griechisch für „glücklich“. Die höchste Form des Glücks in der Bibel: Von Gott gesegnet, durch die Gemeinschaft mit ihm zufriedengestellt, mit Gott, sich selber und den anderen im Frieden zu sein. Dieses innere Erleben ist unabhängig von den äußeren Umständen. Vgl. mein Buch *Makarios – Der Weg, ein glücklicher Mensch zu werden*, Cuxhaven 2018^{4}.

Mitarbeiter Gottes In der *Finalen Eheseelsorge* stellt sich das helfende Ehepaar Gott zur Verfügung, damit er durch sie handeln kann. Nach dem Vorbild Jesu (vgl. Johannes 5,19–20) ordnen sie sich in allem Gottes Wirken unter. Gott koordiniert das Mitarbeiter-Ehepaar, begabt sie durch den Heiligen Geist und rüstet sie in der Praxis zu. (Vgl. die Berichte aus der Seelsorge.)

Neue Schöpfung, Neuschöpfung Mit Jesus Christus hat Gott einen Neuanfang gemacht. Jeder Mensch ist in ihm neu geschaffen worden (vgl. Epheser 2,10). Durch das Annehmen der *Angebote Gottes* treten wir in unsere persönliche Neuschöpfung ein und wachsen darin. (Kapitel 2.4., Übersicht 1 und *Seelsorge an der eigenen Seele.*)

Ordnungen Gottes Die von Gott zum Schutz und zur Entfaltung des Lebens und der Beziehungen verordneten Regeln (z.B. die Zehn Gebote) und Strukturen (z.B. die Ehe-Ordnung). Wer am für ihn vorgesehenen Platz lebt, steht unter Gottes Segen, hat Frieden und ist den anderen zum Segen gesetzt. (Kapitel 1.5., 3.6. und 7.2., Abbildung 14 und Übersicht 9.)

Perpetuierung, Gesetz der Das seit dem Sündenfall wirksame Prinzip, dass wir den Zerbruch von Generation zu Generation weitergeben. Wo wir als Opfer gelitten haben, werden wir selber zu Tätern. Jesu Erlösung befreit uns von diesem Gesetz. (Kapitel 2.3. und *Seelsorge an der eigenen Seele.*)

Schuld, Sünde Sünde handelt gegen Gottes Liebesgebot; sie hindert das Leben, das Gott schafft, und zerstört Beziehungen; sie bewirkt Leiden und Not. Gott hasst die Sünde. Jesus Christus hat uns aus dem Sündigen-Müssen erlöst und den Preis für unsere Schuld bezahlt. Vergebung ist ein Angebot Gottes; den anderen vergeben ein Grundauftrag. (Kapitel 2.1. und 2.2.)

Seele (Vgl. *Innere Ordnung der Person*)

Seelsorge an der eigenen Seele Gott wirkt in uns auf sein Ziel hin: Christusähnlichkeit. Wir können bei der Umgestaltung unserer Person mitwirken, indem wir seine Anstöße auf- und die Angebote aus der neuen Schöpfung annehmen. (Bericht 44, S. 176f., Übersicht 13 und *Seelsorge an der eigenen Seele.*)

Vergebung Ein Doppel-Angebot Gottes: Vergebung von Gott für die eigene Schuld empfangen – Menschen, gegen die wir Vorwürfe haben, Vergebung gewähren. Eines ist ohne das andere nicht möglich. Das Ziel ist Friede; der Weg dorthin führt über unumgängliche Stationen. (Vgl. dazu *Seelsorge an der eigenen Seele* und Bericht 41, S. 166.)

Versöhnung, sich versöhnen mit… Die freie Entscheidung, zu etwas Unabänderlichem Ja zu sagen. Sie ermöglicht es uns, konstruktiv mit der daraus entstandenen Not umgehen zu lernen und in den Frieden zu finden. Das Ungute kommt unter die Verheißung von Römer 8,28; Gott kann für uns Segen daraus entstehen lassen. (Vgl. dazu *Seelsorge an der eigenen Seele.*)

Weg der Gnade Gottes Gnade ermöglicht den Menschen, die Jesu Erlösung für sich annehmen (vgl. Johannes 1,12), aus Not, Zerbruch und tiefer Schuld wieder in seine Ordnungen und in den Frieden zurückzufinden. Der Weg der Gnade ist herausfordernd; über mehrere Stationen führt er zurück in ein versöhntes und freies Leben. (Kapitel 8.3.)

„SEELSORGE AN DER EIGENEN SEELE"[319]

Paulus fordert Timotheus auf: *Hab acht auf dich selbst.*[320] Wie macht man das? In den Psalmen begegnen wir Menschen, von denen wir es lernen können. Ihr Geist sagt ihrer Seele, was sie tun soll: *Lobe den HERRN, meine Seele, und alles, was in mir ist, seinen heiligen Namen. Lobe den HERRN, meine Seele, und vergiss nicht, was er dir Gutes getan hat.*[321] Das ist Seelsorge an der eigenen Seele. Sie soll Frieden schaffen und unser Wachstum auf Gottes Ziel hin fördern, Christusähnlichkeit: Er hat uns *im Voraus dazu bestimmt, nach dem Bild seines Sohnes gestaltet zu werden.*[322]

Erlösung und Neuschöpfung

Durch seinen Tod am Kreuz hat Jesus Christus jeden Menschen, der das annehmen will, zur Gotteskindschaft erlöst: *Die ihn aber aufnahmen, denen gab er Vollmacht, Gottes Kinder zu werden.*[323] Er hat uns aus der Macht Satans befreit. Wir können wählen und selber über unser Leben bestimmen. Nun müssen wir nicht mehr sündigen; wir können tun, was Gott gefällt. Wir haben Autorität über unsere Person und können in Jesu Namen bestimmen, was für uns Gültigkeit haben soll (vgl. Bericht 24, S. 117f.).

In ihm sind wir auch neu geschaffen worden: *Denn sein Gebilde sind wir, geschaffen in Christus Jesus zu einem Leben voller guter Taten, die Gott schon bereitgestellt hat.*[324] Gott hat für jedes seiner Kinder eine Neuschöpfung bereit, damit *wir in der Wirklichkeit eines neuen Lebens unseren Weg gehen können.*[325] Gottes Angebote ermöglichen es uns, Schritt für Schritt zur neuen Person zu werden, die wir in Jesus Christus schon sind.

319 Der Titel eines Buches von Erich Schick, Hamburg 1960.

320 1. Timotheus 4,16; LUT.

321 Psalm 103,1–2.

322 Römer 8,29.

323 Johannes 1,12.

324 Epheser 2,10.

325 Römer 6,4.

Gottes Angebote

Gott wirkt in uns, um uns auf sein Ziel hin zu verändern. Das kann er ohne unseren Beitrag tun. Er kann uns in sein Wirken aber auch mit einbeziehen, indem er durch den Heiligen Geist unser Herz anspricht (vergleiche Bericht 44, S. 176f.). Wenn wir seinen Impuls aufnehmen, erkennen wir, welches Angebot er uns machen oder wo er uns eine neue Gesinnung schenken will.

Ein Angebot annehmen ist eine freie Entscheidung, die wir im Gebet treffen: „Im Namen Jesu lege ich meinen Zorn ab und ziehe Langmut als Gottes Geschenk an" (vgl. unten: ablegen – anziehen). Viele Angebote gilt es in Etappen anzunehmen, um in den Frieden zu kommen; Abkürzungen führen oft nicht zum Ziel. Die angeführten Hinweise zeigen wichtige Stationen auf. Vertrauen Sie sich Gottes Führung an, er wird Sie durch seinen Geist leiten.

Einige biblische Schlüssel-Angebote und der Weg, sie anzunehmen:

- **Vergebung empfangen:** *Wenn wir sagen: Wir haben keine Sünde, führen wir uns selbst in die Irre, und die Wahrheit ist nicht in uns. Wenn wir aber unsere Sünden bekennen, ist er so treu und gerecht, dass er uns die Sünden vergibt und uns reinigt von aller Ungerechtigkeit.*[326] Die Stationen: Seine Schuld im Einzelnen notieren. – Sie Gott Punkt für Punkt bekennen und ihn um Vergebung dafür bitten. – Gottes Vergebung empfangen, sie für sich annehmen. – Fürbitte für die durch unsere Schuld Betroffenen.

- **Anderen vergeben:** *Seid gütig zueinander, seid barmherzig und vergebt einander, wie auch Gott euch in Christus vergeben hat.*[327] Die Stationen: Die Vorwürfe und Anklagen auflisten. – Falls nötig, in Jesu Vergebungsbereitschaft eintreten (vgl. Bericht 38, S. 162). – Der Person Punkt für Punkt vergeben, sie aus ihrer Schuld entlassen. – Jesus gegebenenfalls um innere Heilung für die eigene Person bitten.

- **Innere Heilung empfangen:** *Unsere Krankheiten hat er getragen, und unsere Schmerzen hat er auf sich genommen … und durch seine Wunden haben wir Heilung erfahren.*[328] Die Stationen: Den Schmerz und das verletzende Erleben vor Gott ausschütten. – Den an uns schuldig gewordenen Personen vergeben. – Für die eigene Schuld um Vergebung bitten, sie annehmen. – Um Heilung für die Seele und den Geist bitten. – Die aus der Verletzung entstandenen falschen Haltungen und Verhaltensweisen ablegen und neue anziehen.

- **Ablegen – Anziehen:** *Legt jetzt alles ab: Zorn, Wut, Bosheit …, da ihr den alten Menschen mit seinen Handlungen ausgezogen und den neuen angezogen habt. … Zieht nun an als Auserwählte Gottes: herzliches Erbarmen, Güte, Demut, Milde, Langmut!*[329] Die Stationen: Gott die falsche Haltung oder Verhaltensweise eingestehen. – Ihm die damit verbundene Schuld bekennen, Vergebung dafür empfangen. – Das alte „Kleid“ vor Gott ablegen. – Die zur

326 1. Johannes 1,8–9.

327 Epheser 4,32.

328 Jesaja 53,4–5.

329 Kolosser 3,9–12; ELB.

Neuschöpfung gehörende Haltung anziehen wie ein neues Kleid. – Gebet für die Umsetzung des Neuen im Alltag.

- **Aus Erblinien und Modelllernen austreten:** … *ihr wisst, dass ihr nicht mit vergänglichen Dingen, mit Silber oder Gold, erlöst worden seid von eurem eitlen* [oder *sinnlosen, nichtigen*], *von den Vätern überlieferten Wandel, sondern mit dem kostbaren Blut Christi als eines Lammes ohne Fehler und ohne Flecken.*[330] Die Stationen: Die *eitlen* Verhaltensweisen Gott bekennen. – Um Vergebung bitten für die damit verbundene Schuld. – Im Namen Jesu aus der väterlichen/mütterlichen Erblinie austreten. – Die damit verbundenen schlechten Gewohnheiten und Handlungen ablegen. – Die zur Christusähnlichkeit gehörenden Haltungen anziehen. – Sich öffnen für das göttliche Erbe.

- **Sich mit dem Unabänderlichen versöhnen:** *Wir wissen aber, dass denen, die Gott lieben, alles zum Guten dient.*[331] Dank dieser Zusage können wir uns mit dem in unserem Leben versöhnen, was wir nicht ändern können: mit Ereignissen und Entscheidungen in der Vergangenheit, mit Krankheit und Gebrechen, dem Verlust eines lieben Menschen, mit unveränderbaren Umständen, dem Älterwerden usw. Dazu ja sagen bedeutet: Ich nehme es an; es gehört zu meinem Leben; es darf so sein. Die Stationen: die Not und die Auflehnung vor Gott ausschütten. – Gegebenenfalls den Personen vergeben, die die Not verursacht haben. – Vergebung erbitten für die eigene Schuld. – Gebet: Ich sage ja zu … – Gott für das Gute danken, das daraus entstehen wird.

- **Dankbarkeit:** *Siehe, ich wirke Neues! Jetzt sprosst es auf. Erkennt ihr es nicht?*[332] Auch geringe Anfänge von Neuem in unserem Erleben und Verhalten wahrnehmen. – Das Aufsprießende mit Dank begießen. Das ist unser Beitrag, dass es wachsen kann.

Neben diesen Schlüssel-Angeboten, die große Veränderungen bewirken können, macht Gott uns noch viele andere Angebote. Hier ein Überblick über die wichtigsten. In Ihrer Bibellektüre können Sie noch andere entdecken.

330 1. Petrus 1,18–19.

331 Römer 8,28.

332 Jesaja 43,19; ELB.

Gottes Angebote

Das Grund-Angebot:	Erlösung durch Neuschöpfung (Epheser 2,10; 2. Korinther 5,17).
Erlösung als Prozess:	Wachstum (Johannes 1,12; Epheser 4,15; Römer 8,29; Philipper 2,13).
Unser Beitrag:	Gottes Angebote empfangen (Römer 8,32; 2. Petrus 1,3). Im Neuen wandeln (Jesaja 43,19; Römer 6,4). Mit Dank begießen (Psalm 50,23; 1. Thessalonicher 5,18).

Gottes Angebote:

- Versöhnung mit Gott: In die Gottes-Kindschaft bzw. Sohn-/Tochterschaft eintreten (Johannes 1,12; 2. Korinther 5,18–20; Römer 8,14–16).
- Nur einen Herrn haben: Alles für Gott tun; niemanden sonst zufriedenstellen (Apostelgeschichte 5,29; Matthäus 11,28–30; 23,8–10; 1. Korinther 4,1–4; Kolosser 3,17).
- Freiheit: In der inneren *Freiheit der Kinder Gottes* leben; diese bewahren (Johannes 8,36; Galater 5,1; Jakobus 1,25; 1. Korinther 6,12).
- Liebesfähigkeit: Die Frucht des Heiligen Geistes – Gottes Kleiderschrank (Matthäus 22,36–40; Galater 5,22–23; Kolosser 3,12–14).
- Ein göttliches Erbe: Aus den unheilvollen Erblinien austreten. – Ins göttliche Erbe eintreten (1. Petrus 1,18–19; Römer 8,16–17; Kolosser 1,12).
- Ablegen – Anziehen: Portionen der Neuschöpfung in Besitz nehmen (Kolosser 3,9–12; Epheser 4,22.24).
- Vorbereitete Werke: In den zur Neuschöpfung gehörenden Werken leben (Epheser 2,10).
- Das Wort Gottes: Das Brot des Lebens, eine zurechtbringende Kraft, ein Wegweiser (Psalm 119,105; Matthäus 4,4; Johannes 6,68; Römer 1,16; Hebräer 4,12–13; Jesaja 55,10–11).
- Versöhnung mit dem Leben: mit der Vergangenheit – dem Heute – der Zukunft (Psalm 31,16; Lukas 9,62; Philipper 3,12–14; Römer 8,28).
- Vergebung: seine Schuld bekennen, Vergebung empfangen (2. Korinther 5,18–19; 1. Johannes 1,8–9). – Den Mitmenschen vergeben (Matthäus 6,14–15; Epheser 4,32).

- Bitten – Empfangen: Gottes Gnade vertrauen; bitten statt Anstrengung (Matthäus 7,7–11; Jakobus 4,2–3; Römer 11,6).
- Stillung: Gottes Liebe empfangen (Römer 5,5) – Defizite Gott zur Stillung übergeben (Joel 2, 25; Johannes 7,37–39).
- Heilung für die Wunden der Seele und des Geistes (Jesaja 53,2–5; 57,18–19) – Heilung für den Körper (Jesaja 53,4–5; Matthäus 10,1; Markus 16,18; Jakobus 5,16).
- Befreiung von menschlichen Bindungen (Jesaja 61,1; Johannes 8,36; Matthäus 18,18) – Befreiung von finsteren Mächten (Kolosser 1,13–14; Lukas 10,17).
- Sorgenfrei leben: Die Sorgen abwerfen (Matthäus 6,34; 1. Petrus 5,7).
- Geistliche Gemeinschaft: Glied am Leib Christi sein (Römer 12,4–5; 1. Korinther 12,4–7.11–13) – Bereicherung durch die Geschwister (Epheser 3,18–19; 1. Petrus 4,10).

„In der Wirklichkeit eines neuen Lebens unseren Weg gehen“ (Römer 6,4)

Wenn wir ein göttliches Angebot im Gebet angenommen haben, beginnt ein Lernprozess:

- Mit unserer Entscheidung sind wir in etwas Neues eingetreten. Nun geht es darum, darin leben zu lernen. Unser inneres Verhalten (Denken, Empfinden, Wünsche usw.) und das äußere (spontane Reaktionen, Beziehungs-Mechanismen usw.) sind geprägt durch Automatismen und Gewohnheiten. Nach dem Ablegen einer alten Haltung müssen die damit verbundenen Gewohnheiten ab- und unserer Entscheidung gemäße neue aufgebaut werden. Dieser Lernprozess braucht Zeit, Geduld und Entschiedenheit.

- Rückfälle ins alte Muster gehören zum Lernprozess, so wie Umfallen zum Laufen-Lernen gehört. Ärgern Sie sich nicht über die „Abstürze“, aber bereinigen Sie jeden sofort mit Gott:
  1. Den Rückfall ins alte Gleis eingestehen.
  2. Ihn Gott als Schuld bekennen und dafür Vergebung empfangen.
  3. Die Entscheidung bestätigen, wieder ins Neue eintreten und mit Entschiedenheit weitergehen.

  Wenn Sie das jeweils umgehend tun, werden die Rückfälle mit der Zeit seltener, und Sie können sie früher unterbrechen.

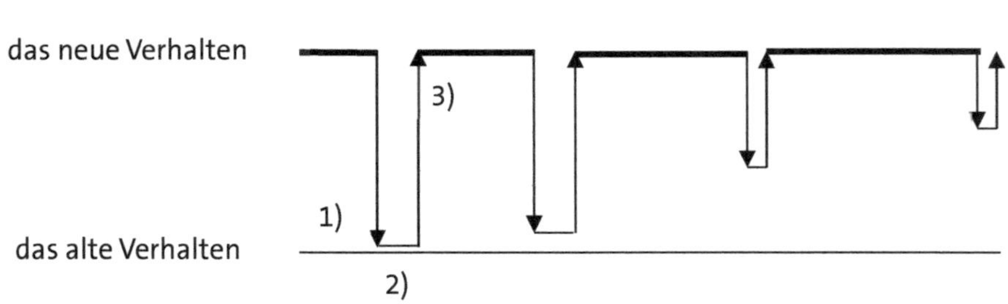

- Im Neuen leben: Wenn Sie eine alte Grundhaltung abgelegt und eine neue in Besitz genommen haben (vgl. zum Beispiel Kolosser 3,9–12: *Bosheit ablegen – Milde anziehen*), sollte sich dieser Schritt in allen Bereichen Ihres Verhaltens auswirken: im Denken, Ihren spontanen Reaktionen, in der Kommunikation, der Hilfsbereitschaft, der Sexualität usw. Weil Sie die neue Haltung aber nicht in allen Bereichen gleichzeitig umsetzen können, wählen Sie einen kleinen Einstiegs-Bereich aus, z. B. den Verzicht auf boshafte Bemerkungen dem Partner gegenüber am Mittagstisch. Der erste Umsetzungsschritt sollte so einfach und klein sein, dass Sie 95 Prozent Erfolgschancen haben. Wenn Ihnen die Umsetzung hier während zwei, drei Wochen gelungen ist, weiten Sie den Bereich aus (z. B. auf alle Mahlzeiten), oder sie wählen einen anderen kleinen Bereich aus (z. B. dem Partner einmal täglich ein *mildes* Wort schenken). Das ist die „Kunst der kleinen Schritte“. Wenn Sie die neue Haltung in drei, vier kleinen Bereichen umgesetzt haben, wird sich das Neue auch in den anderen Bereichen durchsetzen. Gott belohnt die Treue im Kleinen.

- Dankbarkeit: Für alles Neue, das gelingt, bringen Sie Gott sogleich den Dank. Treue im Danken vertieft und beschleunigt den Veränderungsprozess.

Die persönlichen Entscheidungen sind eigenverantwortlich und ohne das Mitwirken des Partners umzusetzen. Der Heilige Geist kommt Ihnen dabei zu Hilfe: Er erinnert Sie an Ihre Entscheidung, er warnt Sie im Voraus, er ermutigt Sie und hilft Ihnen bei einem Rückfall wieder auf. Sie können dem Partner zwar andeuten, wo Sie dran sind; aber wecken Sie keine hohen Erwartungen. Er soll die Veränderungen selber feststellen können.

Wenn Sie als Ehepaar eine gemeinsame Entscheidung getroffen haben, sollten Sie sich für die Umsetzung absprechen: In welchem Bereich und mit welchem kleinen Umsetzungs-Schritt beginnen Sie? Die persönlichen Teile des Neuen setzt jede(r) eigenverantwortlich um. Gemeinsame Rückfälle ins Alte bereinigen Sie miteinander im Gebet. Machen Sie von Zeit zu Zeit eine Standortbestimmung („Wo stehen wir in der Umsetzung?“). Haben Sie Geduld miteinander; der Lernprozess, im Neuen zu leben, sollte nicht zum Konfliktpunkt werden.

Durch den oben umschriebenen Weg der „Seelsorge an der eigenen Seele“ begeben Sie sich bei Gott selber in die „Seelsorge“. Er ist der kompetenteste und liebevollste Seelsorger.

VERZEICHNIS DER BERICHTE

VERZEICHNIS DER ABBILDUNGEN

BIBELZITATE

Die Bibelzitate wurden den folgenden Übersetzungen entnommen:

Ohne Angabe: Zürcher Bibel, Ausgabe 2007, Theologischer Verlag Zürich

ELB Revidierte Elberfelder Bibel © 1985/1991/2008 by SCM R.Brockhaus in der SCM Verlagsgruppe GmbH, Witten/Holzgerlingen

GN Gute Nachricht Bibel, revidierte Fassung, durchgesehene Ausgabe, © 2000 Deutsche Bibelgesellschaft, Stuttgart.

HFA Hoffnung für alle © 1983, 1996, 2002, 2009, 2015, Biblica, Inc.

LUT Die Bibel nach Martin Luthers Übersetzung, revidiert 2017 © 2016 Deutsche Bibelgesellschaft, Stuttgart.

NGÜ Neue Genfer Übersetzung – Neues Testament und Psalmen © 2011 Genfer Bibelgesellschaft

ZUM AUTOR

Manfred Engeli, geboren 1937, ist promovierter Psychologe und Psychotherapeut. Er und seine Frau Anne-Fleurette sind seit über 50 Jahren verheiratet; sie haben fünf erwachsene Kinder.

Manfred Engeli gründete die Christliche Beratungsstelle Bern und leitete diese dann 20 Jahre lang. Nach seiner Pensionierung nahm der Paar- und Familientherapeut eine internationale Vortrags- und Lehrtätigkeit auf und widmete sich der Ausbildung von Paarseelsorgern. So entstand der Verein *LiSa Eheatelier*, der seine Ehearbeit nun weiterführt.

Manfred und Anne-Fleurette Engeli leben in der Umgebung von Bern in der Schweiz.

Das in diesem Buch dargestellte Eheverständnis hat sich in der Arbeit von Dr. Manfred Engeli als christlicher Paartherapeut herausgebildet. Er hat es in Vorträgen, Seminaren, Ehewochen und Ausbildungskursen an zahlreiche Paare weitergegeben. Zudem bildet es die Grundlage für die Ausbildung von Ehepaaren in Finaler Eheseelsorge, die durch den von ihm gegründeten Verein *LiSa Eheatelier* angeboten wird.

Mehr Informationen über den Verein und die aktuell von *LiSa Eheatelier* geplanten Ehewochen, Seminare und Ausbildungskurse finden Sie unter:

www.lisa-eheatelier.ch sowie *www.lisa-eheatelier.de*

DIE FRUCHT MEINER ERFAHRUNGEN

Viele Lebensgeschichten haben eine innere Logik, auch die meine, scheint mir. Sie lässt sich an meinen Büchern ablesen. Mein Leben ist durch gewisse Meilenstein-Erkenntnisse geprägt, die ich dann im Alltag umzusetzen versucht habe. Dabei machte ich wichtige Erfahrungen, die mein Leben bleibend verändert haben. Diese mussten reifen wie eine Frucht, bevor ich darüber schreiben konnte; das hat oft Jahre gedauert. Für das vorliegende Buch über Ehe etwa habe ich während sechs bis sieben Jahren mehrere Anläufe unternommen, bis ich die inhaltliche Auswahl, die richtige Form und den passenden Stil gefunden hatte. Die Zusammenhänge zwischen meinen drei Büchern ergeben sich aus der inneren Logik meines Lebens, in dem jede neue Schlüssel-Erfahrung sich aus den früheren entwickelt hat.

Makarios – Der Weg, ein glücklicher Mensch zu werden

Eine erste große Entdeckung war, dass es Gott eine Freude ist, uns Gutes zu tun, und dass er unser Glück will. Beim Versuch, dem Erkannten gemäß zu leben, habe ich Jesus als Vorbild entdeckt. Als ich die Beziehung zu Gott, meinem Vater, in Jesu Grundhaltung (vgl. dazu Johannes 5,17.19–20) zu leben begann und den Lebensstil der Sohnschaft entdeckte, eröffnete sich mir der Weg zum „Makarios-Sein"; dem Glück, das Gott sich für uns wünscht. Es bedeutet, dass wir durch die Beziehung zu Gott und in der Unterordnung unter seine Gedanken von ihm zufriedengestellt, freigesetzt, gesegnet und glücklich werden. Das geschieht nicht durch die Umstände, sondern durch unsere Gottes-Beziehung. Das Buch zeigt, wie der Leser sich auf dieses Ziel hin auf den Weg machen und darin wachsen kann.

Manfred Engeli
Makarios
Der Weg, ein glücklicher Mensch zu werden
127 Seiten, kartoniert
ISBN 978-3-86256-019-6
Neufeld Verlag, Neudorf bei Luhe, 5. Auflage 2024

Gottes Angebote – Final ausgerichtete Seelsorge

Auf dieser Erfahrung baute meine nächste Entdeckung auf: Der Makarios-Lebensstil hat Auswirkungen auf unsere berufliche Tätigkeit. Wir können, wie Jesus, Gottes Mitarbeiter werden. Was das bedeutet (vgl. dazu nochmals Johannes 5,17.19–20), habe ich in meiner psychotherapeutischen Arbeit entdeckt. Es hieß damit zu rechnen, dass Gott in meinem Gegenüber schon am Werk ist und mir zeigt, was er tut, damit ich mich in sein Handeln einordnen kann. Mich von seiner Führung abhängig zu machen, war ein Lernprozess, in dem ich ganz neue Erkenntnisse gewonnen habe. Als sein Mitarbeiter habe ich Gott tiefer kennen und lieben gelernt; ich habe verstanden, dass Mitarbeiter Gottes eine eigene „Professionalität" der Zusammenarbeit mit ihm lernen müssen. Und so hat sich ein neuer, vorwärts gerichteter seelsorgerlicher Ansatz entwickelt: Die Finale Seelsorge. *Gottes Angebote* ist die Frucht meiner in der Mitarbeit mit Gott gemachten Erfahrungen.

Manfred Engeli
Gottes Angebote
Final ausgerichtete Seelsorge
306 Seiten, gebunden, mit 14 Abbildungen und 30 Übersichten/Tabellen
ISBN 978-3-86256-020-2
Neufeld Verlag, Cuxhaven, 4. Auflage 2022

Was Gott zusammengefügt hat ... Ermutigung für die Ehe

Mein Versuch, das in der Arbeit mit Einzelpersonen Gelernte auf die Arbeit mit Paaren zu übertragen, gelang zuerst nicht. Dies führte zur nächsten Erkenntnis: Um mit Paaren arbeiten zu können, brauchte ich ein klares Zielbild. Ich musste verstehen, wie Gott die Ehe gemeint hatte, welchen Platz er in ihr einnehmen wollte, was sein Erlösungsplan für die Ehe bedeutete und wie er Ehen verändern wollte. In der Auseinandersetzung mit der Bibel und in der Zusammenarbeit mit Gott fand ich Antworten auf diese Fragen. So bildete sich das Entlastung schaffende Ehebild heraus, das ich im vorliegenden Buch weitergebe. Es ist charakterisiert durch Konzepte (z. B. das Gott-Ehe-Dreieck), Zielbilder, aus denen sich praktisch umsetzbare Wege ergeben. Durch sein Wirken und seine Angebote will Gott die Ehe wieder zu einem Raum des Friedens, der Entfaltung und des Segens werden lassen. Mittels konkreter Hilfestellungen können die Leser durch die Lektüre einen inneren Weg der Veränderung gehen, durch den sich auch ihre Ehebeziehung entfalten wird, und dabei entdecken, was Seelsorge an der eigenen Seele bedeutet.

Manfred Engeli
Was Gott zusammengefügt hat …
Ermutigung für die Ehe
237 Seiten, gebunden, mit 15 Abbildungen und 14 Übersichten
ISBN 978-3-86256-173-5
Neufeld Verlag, Neudorf bei Luhe, 2. Auflage 2024

WEITERE BÜCHER AUS DEM NEUFELD VERLAG

Kenneth E. Bailey, *Der ganz andere Vater – Die Geschichte vom verlorenen Sohn aus nahöstlicher Perspektive.* ISBN 978-3-937896-23-6, 4. Auflage 2021

Marcus Bastek, *Der Angst entkommen.* ISBN 978-3-86256-179-7, 2022

Markus Baum, *Jochen Klepper.* Biografie. ISBN 978-3-86256-014-1, 3. Auflage 2021

Friedemann Büttel, *Mehr! Warum es sich lohnt, Jesus zu folgen.* ISBN 978-3-86256-158-2, 2020

Timothy J. Geddert, *Verantwortlich leben – Wenn Christen sich entscheiden müssen.* ISBN 978-3-937896-49-6, 5. Auflage 2019

Adam Hamilton, *Gegen die Angst – 31 Lektionen der Hoffnung für unsichere Zeiten.* ISBN 978-3-86256-163-6, 3. Auflage 2021

Henri J. M. Nouwen, *Adam – Mein Freund ohne Worte.* ISBN 978-3-86256-177-3, 2022

Henri J. M. Nouwen, *Jesus nachfolgen – Nach Hause finden in einem Zeitalter der Angst.* ISBN 978-3-86256-162-9, 2. Auflage 2021

Bernhard Ott, *Tänzer und Stolperer – Wenn die Bergpredigt unseren Charakter formt.* ISBN 978-3-86256-156-8, 2. Auflage 2021

Bernhard Ott, *Wegbegleiter in Krisenzeiten – Impulse von Martin Buber.* ISBN 978-3-86256-165-0, 2. Auflage 2024

Heinrich Christian Rust, *Heilen, trösten, begleiten – Die Heilungskompetenz der christlichen Gemeinde.* ISBN 978-3-86256-151-3, 2019

Hanna Schott, *Von Liebe und Widerstand – Magda & André Trocmé: Der Mut dieses Paares rettete Tausende.* ISBN 978-3-86256-017-2, 5. Auflage 2021

Anders-Petter Sjödin, *Verwandelt in Gottes Nähe.* ISBN 978-3-86256-021-9, 2012

Alfred und Sylvia Sobel, *Stärke fürs Leben entwickeln – So meistern Sie den Alltag mit einem behinderten Kind.* ISBN 978-3-86256-096-7, 2018

Gary L. Thomas, *Die Kraft der unscheinbaren Kleinigkeiten – Vom Abenteuer, Jesus ähnlich zu werden.* ISBN 978-3-86256-028-8, 2012

Dallas Willard, *Jünger wird man unterwegs – Jesus-Nachfolge als Lebensstil.* ISBN 978-3-86256-008-0, 6. Auflage 2022

Daniel Zindel, *Gestillt – Nachtgespräche mit David.* ISBN 978-3-86256-051-6, 2014